좌파 예수

좌파 예수
― 재미 지식인 문영조 에세이

2025년 1월 13일 처음 펴냄

지은이   문영조
펴낸이   김영호
펴낸곳   도서출판 동연
등 록   제1-1383호(1992년 6월 12일)
주 소   서울시 마포구 월드컵로 163-3
전 화   (02) 335-2630
팩 스   (02) 335-2640
이메일   yh4321@gmail.com
인스타그램   instagram.com/dongyeon_press

ISBN 978-89-6447-080-0 03040

재마 지식인 문영조 에세이

좌파

예수

문영조 지음

동연

추천의 글

조헌정

(향린교회 은퇴목사)

"엄니, 이 사람 임신했어요. 허락해 주세요."

문영조 장로님과의 인연은 45년 전 1979년으로 거슬러 간다. 당시 나는 3년 동안의 38선 철조망 병역을 마치자마자 입대 전에 이미 LA로 이민을 떠난 가족에 합류하면서 LA 평화의 교회(당시는 해람장로교회)에 다니기 시작함으로 20여 년간의 이민 생활을 시작했다. 뉴욕으로 옮겨가기 전까지 2년간 몸담았던 고향 같은 교회이다.

당시 나는 이민자들이 그러했듯이, 학비 마련을 위해 낮에는 부모님이 운영하시는 작은 햄버거 가게에서 일을 하면서 저녁에는 인쇄공장을 다녔다. 다양한 인종들 틈바구니에서 주 6일을 밤낮없이 일하다 교회에 가는 일요일은 참으로 행복한 순간이었다. 지금은 이민자들의 생활양식이 많이 달라졌지만, 70, 80년대 이민 1세대들에게 있어서 미국이란 말이 통하지 않는 나라에서 몸으로 때우는 일밖에 할 수 있는 일이 없었다.

나는 후에 유대민족의 바빌론 포로를 주제로 박사학위 논문을 썼지만, 이는 학문의 주제가 아닌 내 삶의 이야기이기도 했다. 창세기

1장에서 온 우주를 창조하신 하느님이 안식일을 제정하신 뜻이 몸으로 직접 와 닿았다.

교회에서 좋은 분들을 많이 만났지만, 그중에서도 문 장로님은 항상 위트 섞인 얘기와 넉넉한 너털웃음으로 좌중을 움직이시는 특이한 분이셨다. 목사 안수 후 교회 강단에 몇 번 서면서 여러 차례 만나긴 했는데, 이번에 뵈니 거동이 많이 불편해지셨다. 그러나 청년 같은 호기는 여전하셨다. 교회 창립 50주년을 맞아 책을 내신다며 추천사를 부탁하시는데, 내심 존경하던 장로님이시라 흔쾌히 원고를 받아 들었다. 읽으면서 추천사 부탁받기를 참으로 잘했다고 생각했다.

70년대 이민자 중에는 크게 두 가지 부류가 있다. 하나는 경제적인 이유로 이민을 온 경우이고, 다른 하나는 극소수라 할지라도 박정희 유신 독재의 핍박을 받아 반강제로 떠나온 경우이다. 문 장로님은 후자에 해당한다. 당시 많은 민주인사가 긴 옥고를 경험했으니 그나마 다행이라고 해야 할까?

그런데 추천사를 쓰는 지금은 윤석열이 국회에서 탄핵을 받은 바로 다음 날이다. 한국 정치에 관한 예언자적인 글이 여러 번 나오는데, 직접 인용을 해본다.

"무능, 무지, 무식, 무대책, 무데뽀, 무작정의 사나이. 그의 미래는 밤안개처럼 예측 불가다. 과연 신의 손은 어디로 뻗으시려나?"

이는 1년 6개월 전에 쓴 글인데, 윤 정권의 무모한 계엄 선포를 예견한 듯하여 감탄을 금할 수가 없다.

이뿐만이 아니다. 조국 대표에 대한 예언 또한 그대로 적중하고 있다. 그리고 이런 글도 있다.

"만일 한국도 5.16 군사 쿠데타 주동자 중 열 명만 단두대로 처리했으면 그 후의 나라 사정이 지금처럼 난장판이 되지는 않았으리라."

그렇다. 이번 기회에 확실하게 쿠데타 반란에 동조한 군사 정치 집단에 대해 철저히 응징해야 할 것이다.

책에는 단순히 정치 얘기만 나오는 것이 아니다. 이민자의 애환이 담긴 이야기는 물론 교회와 성서에 관련된 재미있는 이야기, 자녀 교육에 관한 여러 이야기, 북한 방문 이야기들이 나온다. 처음에는 짧은 글들이라 쉽게 읽히리라 생각했는데, 이게 완전히 착각이다. 역투지배 力透紙背! 글 안에 담긴 뜻을 헤아리는 일이 결코 쉽지 않다. 하나하나의 글이 그대로 삶의 명언들이다. 모두에게 추천한다. 특히 목사들이 읽었으면 좋겠다. 왜냐하면 성서 이야기를 삶의 진리로 재해석하여 주면서 세파에 물들지 않도록 영혼을 일깨워주기 때문이다. 마을에 나이 많으신 한 분이 돌아가시면 도서관이 하나 없어진다는 말이 있다. 이런 비유에 가장 적합한 분이 아닐까?

끝으로 남북 화해와 평화통일을 위해 기도해 온 사람으로 저자가 제안하는 하나의 해결책에 전적으로 동감하면서 새롭게 선출되는 대통령에게 이 방법을 건의해 본다.

"엄니, 이 사람 임신했어요. 허락해 주세요."

허허실실이다. 이웃 강국들은 남북이 하나되는 일에 결코 동의하지 않는다. 자신들에 맞서는 또 하나의 강국으로 나서는 것을 동의할수가 없다. 그러니 남북이 만나 일을 저지르자는 것이다.

추천의 글

김성회

(더불어민주당 국회의원)

돌이켜보면 스무 살까지는 부모님이 날 키워주셨다. 먹여주고 재워주고 끝없는 사랑을 주어서 크게 다친 적 없고 큰 트라우마 없이 청소년기를 보냈다. 열아홉 대학 시절부터 20대는 대학이, 아니 사회가 날 길러주었다. 사회를 바꾸고자 하는 열망, 그 열망을 가진 또래들과 끊임없이 싸우고 독재 체제에 도전하며 하나의 인격을 다듬어 갔다. 미국에서 보낸 30대는 '평화의 교회'라는 울타리 안에서 우리 가족을 보호받고 교회가 길러줬다고 고백할 수 있겠다.

담임목사인 김기대 님—우린 '노사모'에서 그를 '크리스 님'이라고 불렀다—의 장기 계획에 인도되어 난 결국 '평화의 교회'에 안착하게 되었다. 평화의 교회에는 역전의 노장 여러분이 계셨는데 그중 좌장이 바로 이 책의 주인공 문영조 장로였다. 젊었을 때는 꽤 강인한 인상이었을 것이나 교회 장로로서의 문영조 님은 참 너그럽고 인자한 분이셨다. 다듬어지지 않은 객기 넘치는 나를 그 너른 품으로 품어주셨고 교회 전도사로 이끌어 주셨다.

미국 한인 사회의 진보 세력은 항상 소수^{minority}였다. 그런 미주 한인 사회에서 평화의 교회는 진보의 상징으로 근거지로 50년을 버텨온 곳이다. 그 평화의 교회를 뜻 맞는 소수의 사람과 50년 전에 창립해 오늘까지 끌고 온 장본인이 바로 문영조 장로님. 그가 연세대 문과대 학생회장으로 군부 독재 정권에 맞서다 조국에서 쫓겨나 여든 평생을 바쳤던 교회와 한인 사회에 대한 회고가 켜켜이 쌓여 『좌파 예수』로 태어났다.

여든이 훌쩍 넘은 나이에도 변치 않는 필력으로 책을 써 넘긴 저력도 대단하지만, 한인 이민 역사의 한복판에서 언제나 가난한 자, 바른 자, 소외된 자의 편이었던 문 장로 입장에서는 반드시 남겨야 할 의무감과도 같은 책이었으리라 어렵지 않게 짐작된다.

이 책을 읽으며 누구에겐 기회의 땅이겠으나 여전히 '이방인'으로 살아야 했던 문 장로가 평생 따라 걸어온 예수의 발자취를 느낄 수 있었다. 그가 평생 하나님으로부터 받았던 단련을 견뎌내며 기록한 그의 비망록을 여러분께 추천한다.

> "그 삼분의 일은 내가 불 속에 집어넣어서 은을 단련하듯이 단련하고, 금을 시험하듯이 시험하겠다. 그들은 내 이름을 부르고, 나는 그들에게 응답할 것이다. 나는 그들을 '내 백성'이라고 부르고, 그들은 나 주를 '우리 하나님'이라고 부를 것이다"(슥 13:9).

프롤로그

짧게 쓴다. 쉽게 쓴다.

찰나가 영원이라는 말도 있다. 언어가 쉽다고 삶도 쉬울 리가 없다.

졸로 살았다. 젊어서 쫓겨나 아직 촌티 나고 하늘마저 흐리멍덩하던 미국 나성촌에 떨어진 지 벌써 55년이 넘었다.

젊은 사람들 38명이 모여 진보 교회라고 시작한 지 50년이다. 다민족 도시에서 한국의 이미지 고양高揚이 급할 때였다. 식자들 사이에서나 코리아를 알던 때다. 미국장로교 소속의 한국교회는 분쟁이 끊이지 않아 평판이 나빴다. 그래서 더욱 몸가짐에 주의하여 모범 교회로 명망을 얻기 시작했다. 나도 노회 파견 장로로 참석하여 미국 목사들과 친분을 쌓아 나갔다.

그러나 결국 엘에이 폭동이 일어나고 그 원인을 우리 교포들에게 돌렸다. 원통했다. 우리는 총단결하여 방어하고 호소하며 그 큰 강을 간신히 넘어서 살아났다. 미국 장로교단의 도움도 매우 컸다. 그립고 고마운 목사님들이다.

그들도 다 떠나가고 때마다 회포를 풀던 동창생들도 절반이 넘게 가버렸다. 외로워서 펜을 잡고 하소연을 하지만 허전하기는 마찬가지다.

"가방끈이 짧아서"라는 말이 있다. 나는 가방끈이라는 말 자체가 힘겹다.

미국 나성이라는 동네는 사계절이 없다. 그래서 일부 동부 사람들이 '철없는 도시'라고 놀린다. 소위 깨어있는 목회자들만 모시다 보니 어느새 평화의 교회는 진보 교회라고 부른다. 자기들끼리는 빨갱이라고도 한다. 김기대 목회자와 나는 노무현과 문재인의 통치 기간에 두 번인가 나성평통위원을 지내며 북한을 교대로 방문하여 2005년 6월 20일 남쪽에서 북쪽으로 20만 톤의 비료 공급 실현에 혁혁한 공을 세웠다. 그해 가을 북녘땅 온 들마다 황금벌판이 펼쳐져서 물결처럼 나부낀다는 뉴스가 터지니, 곧 해방 후 최고의 풍년으로, 한국인의 동포애로 얻은 역사적인 사건이다. 미국의 작은 교회 몇 사람의 땀 흘린 결과로 지지부진한 남북 회의의 마지막 고리를 잡아챈 기적이다. 그 이유는 6월 20일 비료 전달한 날이 마지막 유효 일로 하루라도 늦으면 그해 벼농사는 80~90% 망친다고 했다.

나이 들어 교회에서도 밀어내니 몸과 달리 마음이 고프다. 한가한 시간에 몇 자 적다 보니 양심의 밑바닥에서 꿈틀거리는 사색의 가면을 쓴 고통을 토해 내 본다. 창고에 남아 있는 인품이 열악하고 서툰 레토릭으로 횡설수설로 장수만 늘어서 서너 페이지가 되니 지루하다. 그것을 반 페이지로 줄여서 가능한 한 짧게 마무리한다. 나도 좋고 남도 좋은 일이다. 쉬운 글에 간단하면서도 아무 때나 덮어 버리기 쉽다.

끝으로 개념 없는 황무지에서 모진 비바람 맞으며 의를 향해 달려가는 두 거인의 도움을 받게 되니 곧 로스앤젤레스의 이단아 김기대 박사와 이욱종 박사다. 동서양 사상을 모두 섭렵하는 최고의 학위를 가진 두 분이 평신도의 뜻이 가상하다며 자신의 일처럼 밤새워 도우시니 몸들 바를 모르겠다. 도서출판 동연의 김영호 대표님과 편집부에도 무한한 감사를 드리고 싶다.

2024년 11월
문영조

1부

무엇이 먼저인가

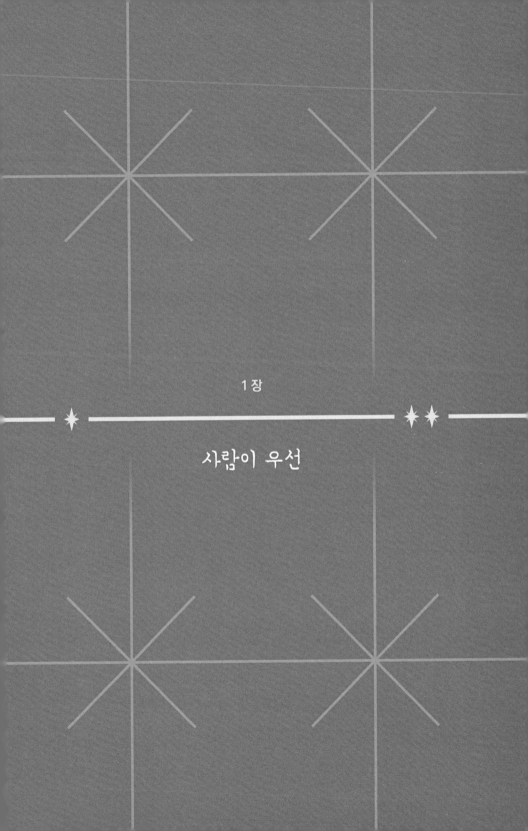

1장

사람이 우선

전 국민 건강보험

그들은 미국 의사를 부러워했다. 아니 미국 의사들의 돈에 침을 흘렸다. 김대중은 한국 의사들이 더 살찌기 전에 그러면 못 쓴다고 달래며 봉사와 헌신의 기쁨을 심어줬다. 전 국민 건강보험으로 갈무리했다. 한편 미국은 살찐 의사들이 더 많은 돈을 향해 직진, 움직일 수 없는 뚱보가 되었다. 코로나바이러스에 대한 대처가 뚜렷하게 갈리고 말았다. 사람이 먼저냐, 돈이 먼저냐에 대한 컨시퀀스Consequence가 우리 눈앞에 지금 펼쳐지고 있다.

전교 일 등

이 나라의 엘리트는 바로 나다. 전교 일 등 하던 아이들이 의사가 되고 으스대는 한국 사회가 코믹하다. 히포크라테스의 선서는 그들의 버릇대로 달달 외워서 한 번만 써먹고는 그 자리에서 토해버리고 그 빈자리를 탐욕으로 채운다. 한국의 교육 제도는 1백 년 전보다 더 추악해져서 인성은 없고 기술에만 집중하니 교육기관이라기보다 간이 배 밖으로 나온 천한 기술자 양성소가 되었다. 다시 말해서 몸은 악마요 그 손은 돈 만드는 요술사를 배출하는 복마전이 되었다.

며칠 전 캐나다에 사는 최 모 씨의 글을 우연히 접하고 나는 큰 충격을 받았다. 그는 8학년이 되는 아들의 성적이 마음에 들지 않아서 어느 과목이 제일 어렵냐고 물었다. 아이의 대답은 수학이란다. 그러면 책을 내놓으라고 하니 학교에 있다고 한다. 아이가 매일 등에 지고 다니는 큰 가방에는 운동복, 점심, 장난감만 있고 책은 없었다. 그 이유는 학업보다 서로 교통하며 돕는 단체 운동 심지어 장난감을 통해서도 친구들과 서로 협동하며 어울리는 법을 배워야 한다고 하니 성장기에 자연스럽게 좋은 심성을 넣어주려는 게 그 목적인 모양이다.

그럼에도 아버지는 아들에게 수학책을 일단 들고 오라고 명령했다. 그러나 선생님은 그 책을 내놓지 않았다. 할 수 없는 몇 주가 지나고 선생님과 면담할 일이 있어서 일을 마치고 돌아서며 수학책을 내놓지 않는 이유를 물었다. 선생님은 가벼운 미소로 응답했다.

"나도 알고 있지요. 그런 아이들을 가끔 보게 되지만 학교에서는 정책적으로 책을 빌려주지 않습니다. 그 이유는 수학 문제 한두 개 더 안다고 그의 인생이 행복한 것이 아니기 때문입니다. 이 아이들이 성적이 뛰어나기를 우리 교직자들은 바라지 않습니다. 사회에 나가서 이웃과 어울리며 어려운 사람을 도와주고 살 수 있도록 가르치는 것이 우리의 바람입니다."

최 씨는 그 순간 뒤통수를 되게 얻어맞은 것처럼 띵 했다고 한다. 세월이 지나고 반항하는 아들을 의과대학에 억지로 지원하게 했다. 그런데 시험 날짜가 다 되어도 입학시험 공부를 아니 하고 하루 종일 싸돌아다니는 게 아닌가. 그 이유를 물으니, 그의 대답이 또한 그를 놀라게 했다. 학교 성적이나 입학시험보다 더 중요한 것이 믿을 만한 사회 인사의 추천서를 받아야 한다는 것이다. 그 이유는 이 녀석이 의사가 되어 환자의 등을 쳐 피를 빨아 먹을 놈이냐 아니면 환자의 아픔을 같이 느끼며 치료해 줄 놈이냐가 더 중요하기 때문이란다. 과연 선진국의 자격 여부는 성적이나 돈으로 결정되기보다 깊고 두터운 윤리가 먼저라는 생각이 들었다. 그들의 여유가 나 자신도 부끄럽게 만든다. 우리는 인간다운 교육을 받아본 적이 없는 버려진 세대가 아닐까 하며 미적거리는 밤이다.

대형 교회

어느 교회에서 다음과 같은 말을 강조하면 이 시대의 교인들은 모두 다 집으로 가버릴 것입니다.

여러분, 우리 모두 깨끗한 양심을 지니고 사십시다. 돈에 너무 집착하지 말고 좋은 일이 있어도 뒤에 서는 여유를 가집시다. 이웃을 도우며 봉사와 희생하며 즐깁시다. 여러분, 주님은 기득권자들이나 부자들의 오만을 싫어하십니다. 넓고 큰길보다 좁고 거친 길을 찾아 참 보물을 얻어 가집시다. 이러면 교회당은 텅텅 비고 말 것입니다.

———

그래서 요즘은 성경의 예언대로 거짓말을 슬쩍 꾸며서 이것저것 적당히 섞어 아름다운 요리를 차려줍니다. 여러분, 주님은 우리를 위해 고통을 당했으니 우리는 평안을 누릴 자격이 있습니다. 주님은 가난한 몸으로 먼지 길을 다니셨으니 우리는 깨끗한 환경에서 부를 누리면서 잘살아야 합니다. 십일조 내면 하늘 창고에서 여러분 금고로 직접 부어주실 것입니다. 부자로 살다가 축복받고 구원받는 것이 이 교회의 최종 목표 중 하나입니다. 이렇게 선언하고 더해서 신비스러운 모습과 이상한 행동으로 연출하면 만사 오케이가 되는 것입니다. 구름처럼 모여듭니다.

———

무서운 코로나-19의 공포가 지구 전체를 대상으로 퍼지고 있습니다. 왜 나타났을까. 거짓과 사악을 미워하시던 주님은 많은 대형 교회와 그 추종자들을 모른 척하신 지 오래되었습니다. 이들은 전염병도 패가망신도 두려워하지 않고 덤벼드는 광신자들입니다. 우글우글 모여 헛소리로 떠드는 꼴은 인간의 눈에도 역겨운데 정의의 재판장이신 주님의 시선에는 상상을 초월하는 광경이 어떠하실까 무척 궁금합니다. 독재 정권이 틀림없이 타락하듯이 교회가 비대해지면 사람의 욕심이 큰돈과 어울려 엉망으로 요동치기 마련입니다. 무슨 진리나 고난 극복과 인내의 찌꺼기나마 남아 있을 리가 없습니다. 코로나-19의 세력이 사라질 때 교회의 거짓과 기만이 영원토록 날아가기를 바라마지않습니다.

헌금

심령이 가난하다. 뭔 말일꼬.
육이 배고프면 밥 먹지.
영이 배고프면 뭘 먹나.
그렇군. 영은 이슬을 먹나.
아니면 영은 헛것을 먹나.
아니면 영은 거짓을 먹나.
아니면 영은 꾸민 말 먹나.
아니면 영은 금덩이 잡나.
아니면 영은 쇼 구경 하나.
아니면 영은 큰 교회 가나.
아니면 영은 판검사 되나.
아니면 영은 검은돈 먹나.
아니지 영은 말씀을 먹지.
인생 최고의 낙은 무엇일까.
나를 알고 회개하며 용서받음.
영이 배고프면 복음을 먹는다.
혼자 힘들면 전문가를 찾는다.
그래서 교회 나간다.
의자도 필요하고 인건비도.

학교도 돈이 교회도 돈이 든다.

그런데 진리는 가난하다. 왜 그럴까. 나도 모른다. 누가 십일조 내라나. 그냥 힘써 보자는데. 공짜처럼 허무한 것 없다. 나부터 회개할 시간이군.

보물찾기

성경은 어렵다. 그래서 교회에 나가 성경을 배운다. 요즈음 성경을 축복의 도구로 삼는 곳이 많다. 성경의 주목적은 하늘나라 구현이다. 돈이나 축복은 그 결과물일 뿐이다. 나중에 오는 돈을 미리 달라는 곳이 현대 교회다. 어서 모여 헌금하고 크게 소리 지르고 울며 기도하자. 그리고 인간 대뇌 신피질에서 만드는 공포심을 동원하여 '지옥 팔이'로 위협한다. 일찍이 바울도 정확하게 예언해 두었다. 이런 날이 오리라. 귀를 즐겁게 하고 욕심을 채워주고 성경을 왜곡하고 꾸며서라도 모인 허깨비들의 속을 채워준다. 교회 선택은 내 생명보다 귀하다. 해변의 모래 속에서 바늘 찾기처럼 어렵다.

황금만능

돈을 얻을 수만 있으면 나머지 것은 전부 부차적인 것일 뿐이다. 사회적 규범과 법을 준수하며 돈을 버는 것은 황금만능주의가 아니다. 법을 남 몰래 어겨서라도 돈을 더 많이 벌 기회와 유혹이 그 사회적 지위가 높은 자들일수록 유리하게 다가온다. 대부분 편법이 자연스럽게 사용됨은 물론이다. 그러나 본인과 주변 사람들이 힘들거나 불행해지지 않도록 할 정도의 돈은 당연히 있어야 하지만 그 이상은 부질없다는 것이다. 미국인 대상으로 한 연구에 따르면 연 소득이 8만 달러를 넘기면 돈은 더 이상 행복에 이바지하지 못한다고 한다. 바보 하나가 누구 한 사람을 바보라고 손가락질하면 둘 중 하나가 된다. 진짜 바보든가 아니면 천재든가. 감히 세계 무대에서도 인정하던 국제신사를 바보라고 불러대는 바보가 진짜 바보다. 쩍하면 튀어나오는 자유민주주의도 그렇다. 이 말은 바로 '역전앞'이나 '동해바다'보다 더 어리석은 언어다. 민주주의라는 말 안에는 자유라는 말이 충분히 함의되어 있다. 백성이 나라의 주인인데 주인에게 자유가 없을 리가 없다. 사족처럼, 버릇처럼 되뇌는 자유민주주의의 자유는 민초나 백성의 자유가 아니고 1%도 안 되는 대기업과 기득권의 착취 행위를 자유롭게 하겠다는 의미가 아닐까? 무지한 종교 지도자가 내뱉는 자유민주주의보다 더 흉해 보이는 자유 어쩌고를 TV 뉴스에서 보지 않을 날이 언제쯤에나 오려나? 주여, 우리의 죄를 용서하소서.

의와 믿음

1907년 1월 14일 평양 장대현교회에서 일어난 회개와 성령의 역사는 한국교회가 착근하는 데 기여한 시발점이 되었다. 이 소식을 들은 김구는 교회 하나 세우는 것이 경찰서 10개 늘리는 것보다 더 우리 사회에 유익하다고 기뻐했다. 이후로 우상 숭배나 무속이 줄어들고 여권이 신장되고 학교들이 설립되었다. 자유라는 단어가 유통되면서 세계관이 정립되어 민주 의식이 함양되기 시작했다.

그러나 그 믿음은 또 하나의 짝꿍이 필요하다. 그것은 바로 의다. 믿음과 의는 동전의 앞뒤다. 교회는 믿음에만 천착하여 의를 소홀히 하더니 결국 예수 천당으로 귀결되었다. 그다음 단계로 승격시킨 결과가 예수 부자다. 잘 믿고 부자 되어 살다가 천국 가자는 레퍼토리다. 부자가 되면 얼마나 겸손해야 하는지 또 이웃을 얼마나 돌보아야 하는지 알 까닭이 없다. 의가 없는 믿음은 이미 종교가 아니라 무속으로 보는 것이다.

엽전 제사

과부가 엽전 두 닢을 헌금함에 넣자 땡그랑 소리가 요란하게 들린다. "에쿠" 하고 도망친다. 부끄럽고 창피하다. 그러나 주는 그의 행동에 찬사를 보낸다. "끼니가 걱정되는 과부의 간절한 제사를 너희는 본받아라." 동전 두 개로 올린 진실된 헌금이요 영과 진리의 제사다.

돼지

배부른 돼지보다 배고픈 소크라테스가 낫다고 한다. 박정희가 보릿고
개를 날려버리고 빈곤을 극복한 일은 기나긴 한국 역사에 특기할 만한
공로다. 문제는 그 후의 부작용이다. 군인들의 득세와 함께 새로운 기득
권 세력이 형성되면서 친일파와 손을 잡고 철 지난 매카시즘으로 그 기
본 철학을 삼아서 사회악을 키운 것이다. "잘 살아보세"가 수단 방법을
가리지 말고 어떻게든 "부자 되세"로 곡해되어 그나마 남아 있던 양심
을 오염시켜 버리고 말았다. "잘 살아보세" 대신 "사람답게 살아보세"
라고 시작했다면 그 뒤의 사정이 많이 변했으리라고 상상해 본다. 배부
른 돼지는 결국 그 끝이 도살장이요, 배고픈 의인의 끝은 진리의 왕국이다.

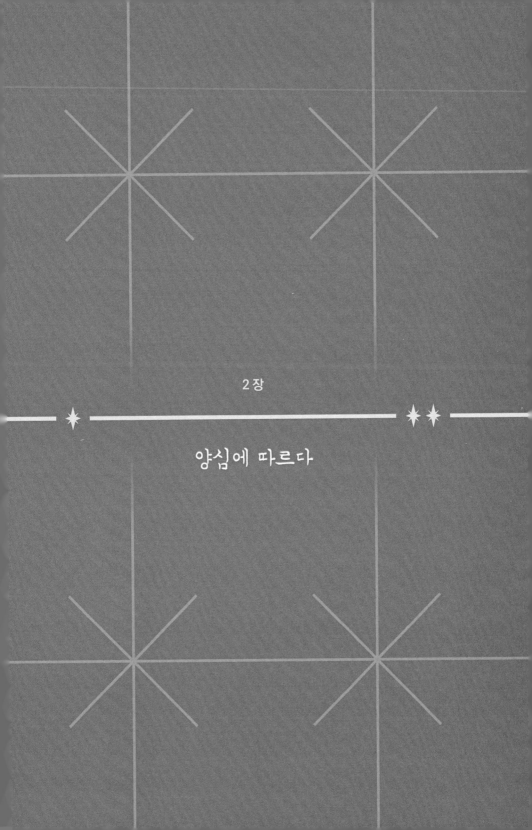

2장

양심에 따르다

문재인은 무사한가

자본+머리+조직+경력+행동.

 공룡 카르텔과 정치 검찰이 기레기와 더불어 쓰인 시나리오를 실천한다. 유신과 신군부, 이명박근혜 밑에서 암약하던 수많은 무리는 지금 새 직장에서 얼마나 열심히 임무 수행 중이려나. 김대중, 노무현, 문재인, 유시민, 노회찬, 이재명, 김경수, 조국, 안희정, 박원순까지 하나하나 쓰러져 간다. 한국 역사상 보기 드문 맑은 양심의 소유자들인 노, 노, 박 셋이 사라졌다. 겨우 살아남은 조국 등과 희생된 세 명을 조사한 사람들은 곧 들어설 공수처에서 똑같은 조사를 받아야 마땅하다. 단 공수처의 인원을 2천 명으로 늘려 미국의 FBI처럼 만들고 쌓인 적폐를 청소해야 하리라. 정신 차리고 주위를 살피지 않으면 다음엔 또 누가 당할지 모를 일이다. 문재인은 무사한가. 그들의 제일 표적이 누구인지 다 알고 있는 마당에.

원조 교인

나라의 주요 행사인 제천 의식이라는 제사를 마친 임호가 환궁하려고 돌아와 보니 매여 있던 말들이 없다. 사방을 둘러보니 저쪽 언덕 너머에 연기가 피어오른다. 저것이 무엇일까 하고 찾아가 보니 이 일을 어쩌나. 아늑한 골짜기에서 말고기 파티가 한창이다. 산도둑 300명이 말들을 잡아서 시시덕거리며 즐기는 모양은 아론의 금송아지 잔치보다 역겹다. 얼굴을 붉히며 이를 가는 경호 대장을 무표정으로 보고 있던 진나라 임호가 입을 연다.

"저놈들을 어찌해야 할까?"

"언덕 넘어 대기 중인 경호대가 3천 명입니다. 그들을 불러서 다 쓸어버리는 것이 좋겠습니다."

"네 말이 시원은 하다만 저놈들을 다 죽이면 내가 사랑하는 천리마와 용마가 모두 살아서 돌아올 수 있을까?"

"이미 저놈들의 배속에 들어간 말을 어찌 살릴 수 있겠습니까?"

임호는 긴 한숨을 지으면서 내뱉듯 명령을 내렸다.

"저놈들 즐기는 꼴이 처음에는 거슬렸지만, 지금은 내 마음이 차분해지고 또 측은하기도 하다. 조금 전에 천제께 제사를 정성껏 드렸는데 이런 일이 일어났으니 하늘의 뜻이 있음을 알겠다. 아무리 천리마가 귀환들 사람보다 나을 수는 없다. 저것들도 내 백성들이 아니냐. 말고기는 좋은 술을 곁들여야 소화가 잘 된다. 제사 지내고 남은 술이 있느냐?"

"네, 아직 한 수레 그대로 있습니다."

"그러면 전부 저들에게 나누어주도록 하라."

몇 년이 흐르고 진 목공은 큰 전쟁에 참전하게 된다. 정오까지 유리하던 전세가 점점 밀리면서 해 질 무렵에 적군의 3겹 포위 속에 그 목숨이 경각에 이르렀다. 그때였다. 북쪽 귀퉁이가 무너지면서 미친 듯이 도끼를 휘두르며 달려드는 무리가 있었다. 적군은 맥없이 흩어지며 물러났다. 구출된 임호가 감격하여 그 두목을 만나보니 생소한 얼굴이다.

"너희가 누구관데 목숨을 걸고 나를 구한단 말이냐?"

"저희는 오래전에 말 도둑질한 놈들입니다. 그때 우리가 모두 결심했습니다. 임금님을 위해 때가 되면 우리의 목숨을 바쳐 보답하기로 말입니다."

진 목공은 2,600년 전 인물이고 주님도 오시기 전이지만 원조 교인의 자격이 있다고 여겨진다. 로마서 2장 14절 말씀을 함께 열어보자.

"율법 없는 이방인이 본성으로 율법의 일을 행할 때는 이 사람은 자기가 스스로 율법이 되나니 이런 이들은 그 양심이 증거가 되므로 율법을 지키는 자라 할 수 있다."

맑은 양심

의인은 믿음으로 말미암아 살리라는 말씀은 유명합니다. 사람은 의 하나만으로는 부족하다는 말입니다. 그래서 또 하나의 필수 덕목이 믿음이라고 합니다. 그런데 엊그제 평소 존경하는 동창생 박 군이 한국에서 장거리 전화 통화 중 나도 모르게 내 입에서 성경 이야기가 툭 나오는 바람에 나도 모르게 에쿠 이 친구는 아닌데 하고 후회 중, 아니나 다를까 소리내어 웃어젖히며 하는 말이 나를 당황케 하더군요.

> "아니, 자네는 보통 때는 그렇게 멀쩡하게 이론도 펴고 판단력도 남다른데 어떻게 그렇게 보이지도 증명도 안 된 하나님 이야기를 본 듯이 떠벌리다니. 아깝도다. 괜찮은 친구 하나를 부분적으로 남아 꽉 막히게 만들다니. 이민 생활이 힘들기는 힘든 모양일세그려."

이렇게 놀림을 당하다니. 그러나 그의 말이 내가 젊었을 때 떠들고 다니던 말과 한 톨도 틀리지 않으니 이를 어쩌나. 지금 와서 천사의 말을 한들, 바울처럼 멋진 말을 편들 무슨 소용이 있으리오. 이제 와서 후회한들 뿌린 씨의 결과는 어김없이 나를 덮쳐옵니다. 그 친구에게는 더듬거리다가 화제를 다른 곳으로 옮기는 수밖에 없었습니다. 박 군은 다른 학교 동문들에게도 이름난 한국의 큰손으로 H 자동차 전 회장의 단짝이기도 합니다. 그러나 그에게는 믿음이 없습니다. 의 하나만으로는 부족하다는 내 생각은 여전합니다.

괴수

도둑 중의 도둑, 괴수라고 바울은 자신을 소개한다. 거의 완전한 인간으로 추대받는 그분이 그렇다면 우리 평민은 좀비거나 괴물 정도도 과하다. 그 당시에 바울은 매우 시달렸다. 무엇이건 좀 보여달라고 조르는 신자들의 요구에 너무도 조용하신 하늘의 반응에 당황하면서 그들을 달래주기가 여간 힘든 게 아니었으리라. 그는 계속 강조하며 일러주기에 최선을 다한다. '우리는 소망으로 구원을 얻었다. 소망이란 눈에 보이지 않는다. 보이면 이미 세상의 것이 되어 그 가치가 거의 허무로 주저앉아 버린다. 고로 보이는 소망을 누가 바라리오. 여러분, 참으세요. 인내가 최고의 가치요, 결국 마지막 결승 테이프를 끊을 것이다.' 그런데 바울은 주님을 직접 만나게 된다. 보고 듣고 매 맞고 거의 죽다가 살아나는 무서운 경험을 하게 된다. 결국 꼬꾸라져 행복하게 되고 죽기까지 복종한다. 그렇게 당하고도 믿지 않고 돌아설 수 있는 것이 가능할까? 여기서 바울은 자괴감을 품게 되는 것 같다. 주님을 뵌 적이 없고 부활 후에도 만나보지 못한 신도들이 자신을 따르며 목숨 걸고 일하는 모습은 충격일 수밖에 없었다. 그래서인가? 바울은 밑바닥까지 자신을 내려놓고 회개한다. 도둑의 괴수라고 고백한다. 말씀을 공부하고 기도와 명상으로 진리의 길을 가는 사람은 축복받은 사람이다. 보이지 않는 소망을 품고 믿음을 끝까지 지키는 자는 면류관의 소유자가 된다고 성경이 말한다.

살아남기

이상한 현상이다. 올바른 말을 하고 실천하는 사람은 '또라이' 취급을 받는다는 사회적 통념이다. 그러기를 벌써 수백 년의 전통으로 이어오는 악습이 상식으로 둔갑한 것 같다. 그것은 세조가 조카를 밀어내고 왕좌를 강탈한 후로부터가 그 연원인 것 같다. 죄 없이 죽어간 단종과 사육신 등은 안됐지만 모른 척하며 속히 잊기로 하고 가능한 한 힘 있는 사람에게 신속하게 줄을 서서 살길을 찾아야 했다. 내 새끼들과 같이 살아가려면 정인지, 신숙주가 최고라고 우겨야 한다. 그들은 분명히 영재급이었지만 영혼 없는 책상 벌레였다. 벌레는 이미 인간이 아닌 해충일 뿐이다. 해방 후에도 해충들이 들끓어 수많은 인재를 희생시킨 역공로가 혁혁한 바 있다. 그래서인가? 노무현의 모친께서는 때마다 당부했다.

"무슨 짓을 해서라도 살아남기만 해라. 모난 돌이 정 맞는다. 계란으로 바위 치기 하지 마라. 바람 부는 대로 물결치는 대로 눈치껏 줄을 서라."

이렇게 말씀을 마치면서 왜 모친은 아들의 눈을 똑바로 쳐다보지 못하고 외면하듯 얼굴을 숙였을까? 노무현의 명석한 눈은 그 모친의 말씀 뒤에 빚어지는 무언의 진실을 불행하게도 간파하고 젊은 가슴속 깊이 새겨 넣었다. 그래서인가. 그는 벌과 나비처럼 자연의 일부로 영원히 스며들었다.

숯불구이

의인은 어떻게 생길까?

안 된다. 불가능하다. 딱 한 가지 방법이 있다. 예수님이 나의 죄를 대신하여 죽으셨다는 사실을 믿으면 된다. 사람이 의인으로 변하는 방법은 그 외에는 없다. 그렇게 되면 좋겠습니다만 그게 그리 쉽지 않다. 나도 그 사실을 잘 안다. 그래서 그 지점에 들어서는 방법을 연구하자. 단단한 음식을 먹는 대신 아기들의 이유식 정도로 시작하는 것이다.

성경 읽기가 바로 그것이다. 그러나 성경은 어렵고 낯설다. 1971년 여름, 평화의 교회 탄생 4년 전 LA 어느 교회에서 한 설교다.

"생선을 먹듯 성경을 읽어라. 쉬운 구절을 즐겨라. 차차 연륜이 쌓이면 나머지도 자연스럽게 이해되기 때문이다."

나는 그 후로 어려운 부분(뼈와 가시)은 지나치고 쉬운 것(살)만 먹는다. 주님도 부활하신 후 베드로 무리와 갈릴리 해변에서 숯불구이로 살을 골라서 맛있는 식사를 즐겼다.

그렇게 읽으면 씨가 마음 밭에 뿌려지고 자란다. 물, 햇빛, 걸음은 천사들이 와서 무료로 제공한다. 우리는 그냥 성경만 보면 된다. 매일 시간을 정해서 꾸준히 하는 것이 중요하다. 그래서 믿음으로 믿음에 이른다고 쓰여 있다. 가랑비에 옷 젖듯이 의인의 반열에 들게 한다. 믿음도 따라온다.

"너희는 교만하고 정직하지 못하다. 그냥 의인이라고 불러주마. 믿음도 있다고 치자. 다시 말해 '의인은 믿음으로 말미암아 살리라'라는 선물을 주겠다"(합 2:1-4).

여기서 살리라는 말은 우리 삶에 플러스 원을 의미한다. 여기서도 살고 저기서도 사는 영생을 말한다.

"나를 믿는 자는 죽어도 살겠고 무릇 살아서 나를 믿는 자는 영원히 죽지 않으리라"(요 11:25).

북극성

임은정 검사의 양심은 영원히 빛날 북극성이다. 그는 박형규 목사의 무죄 의견을 진술할 때 다음과 같은 명문을 역사 속에 깊숙이 넣었다.

"이 땅을 뜨겁게 사랑하여 권력의 채찍에 맞아가며 시대의 어둠을 헤치고 걸어간 사람들이 있었습니다. 몸을 불살라 그 칠흑 같은 어둠을 밝히고 묵묵히 가시밭길을 걸어 새벽을 연 사람들이 있었습니다. 그분들의 숭고한 희생과 헌신으로 민주주의의 아침이 밝아 그 시절 법의 이름으로 그분들의 가슴에 날인했던 주홍글씨를 뒤늦게나마 법의 이름으로 지울 수 있게되었습니다. 그리하여 지금 모진 비바람 속에서 온몸으로 민주주의의 싹을 지켜낸 우리 시대의 거인에게서 그 어두웠던 시대의 상흔을 씻어내며 역사의 한 장을 함께 넘기고 있습니다."

때가 이르면 고등학교 교과서에 실려서 두고두고 읽고 기려야 할 명문이다.

김대중

담벼락에 대고 욕이라도 해라. 예수를 모른다고 하며 배반한 베드로도 용서받았다. 비굴한 것이 자기 양심을 변명하는 것이나 속이는 것보다 훨씬 낫다. 알면서 일부러 삐뚤어진 자는 영원히 버려진다고 주께서 경고했다.

> "선비적 문제의식과 장사꾼의 현실 감각을 지닌 정치인이 되라. 말을 위한 말장난을 삼가고 정직하고 현실성 있게 행동하라. 국익을 위해서는 악마라도 손을 잡아라. 백성들의 안녕과 복지를 위해서라면 목숨을 걸고 나서라."

이런 신념으로 이룬 그의 업적을 나열해 본다.

IMF 극복, 세계적 KT 문화 기초 확립, 10년 후에 닥칠 IT 산업 창립 후원, 전무후무한 선진형 의료복지 창조, 남북문제 해결의 유일한 방법은 평화적 접근밖에 없다고 밝힌 공로 등 시간이 지날수록 그 위업은 빛을 발할 것이다.

글 쓴 이유

'가방끈이 짧아서'라는 말이 있다. 나는 '가방끈이 하나도 없다'고 말한다. 거기다가 이런저런 사람들이 많아서 그런지 여기도 저기도 개념의 사랑방이 보이지 않는다. 미국 나성이라는 동네가 그렇다는 말이다. 한 교회에 50여 년 평신도로 봉사하다가 75세에 물러나서 멍때리고 있으려니 허무하고 외롭고 쓸쓸하다. 그래서 펜을 들고 보니 텅 빈 가슴속에서 울리는 듯한 양심의 응어리가 용트림하는데 그것들을 정리해서 소화해 낼 수가 없다. 그래서 선택한 방법이 쉽고 짧게다. 두서없이 쓰고 보면 서너 장이 된다. 그것을 반 장 정도로 확 줄인다. 나도 남도 좋은 일이다. 쉬운 글에 간단하면 K-팝처럼 경쾌하고 신나는 일이다. 하긴 꿈도 야무지다고 해도 왕도가 없으니 피할 수가 없다.

자유

자유는 정의라는 학교를 졸업한 자가 받는 최고의 가치다. 사랑의 토양에서 자라난 진리의 나무에 대롱대롱 달린 생명의 열매가 진리다. 맑은 양심의 소유자가 이웃과 함께 땀 흘려 얻은 수확물로 하늘에 감사할 때 얻게 되는 영혼의 만나다. 너희가 내 말에 거하면 참 내 제자가 되고 진리를 알지니 진리가 너희를 자유케 하리라(요 8:32).

시바스 리갈

1977년 구마고속도로 개통식에 참석한 박정희는 서울로 돌아가는 길에 해인사에 들렀다. 주지의 영접을 받은 뒤 그 유명한 성철 스님을 찾았다. 주지는 손수 백련암으로 달렸다. "큰 스님, 지금 대통령께서 저 아래 와 계시니 어서 내려가십시다. 스님을 찾으십니다." 그러나 성철 스님은 돌아앉으며 내뱉어내듯 대꾸했다. "나는 산에 사는 중인데 대통령 만날 일이 없구려. 나 만나기 전에 부처님께 삼천 배 하라고 이르시오." 이쑤시개를 쓰고 나서 살살 닦아서 그늘에 말려 두었다가 다시 사용하기를 6개월이나 하며 지내는 처지에 기세등등한 독재자가 감히 오라 가라 하다니 괘씸하도다. 한편 박정희도 놀랐다. 내 호령 한 마디에 천하가 납작인데 감히 중놈이 이럴 수가 있나? 그러나 그는 그때만 해도 총기가 있었다. 계면쩍어하면서도 농수산부 장관을 쳐다보며 지시를 내린다. 해인사 주위를 가리키며 "말라서 죽어가는 소나무가 많구먼. 저것들 다 살려내도록 하시오." 정부는 만사 제치고 방제에 매달렸다. 정신을 차린 소나무들이 하늘을 향해 경쟁하듯 솟아올랐다. 이것이 정부의 공인지 성철 스님 고집의 결과인지는 아직 알 수가 없다.

부산물

길, 진리, 생명이란 말씀을 명상해 본다. 삼위일체 신혼은 이성으로 이해하거나 분석하기보다 신비의 영역에서 하나님들의 하나 됨을 믿는 대상이 되고 있다. 그러나 길, 진리, 생명을 분별해 보는 것은 가능할 것 같다. 길은 진리의 본향을 향해 걷게 되는 수단이다. 보통 좁고 거칠지만, 인내와 연단의 강을 건너는 고통이 따른다. 그다음은 자유다. 왜일까? 진리의 집에 들어서면 저절로 생명이란 큰 상을 받게 되기 때문이다. 이 생명이란 세상의 생명이 아니고 그다음으로 이어지는 새로운 생명이다. 그래서 첫 발걸음을 잘 찾아서 출발해야 한다. 맑은 양심을 가지고 기도하면 틀림없이 성령께서 손을 잡고 앞장서서 이끄실 것이다.

사후생

공자가 위대한 것은 개인적인 욕망을 누르고 정직했기 때문이다. 유교의 확장을 위해 사심 없이 양심에 충실했다는 사실이 우리를 감동시킨다. 죽으면 그다음에는 어찌 되느냐는 제자의 질문에 "이 세상의 삶도 모르는데 어찌 사후 생까지 알꼬?" 하는 대답은 영원토록 우리를 감동시키고도 남을 것 같다. 간단히 "군자로 살면 으레 좋은 곳으로 갈 것이다." 이렇게라도 정리해 볼 만한데 그 유혹을 물리친 것이다. 타락한 종교와 이단의 창궐함이 사회를 혼탁으로 몰고 있는 시대에 정직과 맑음의 종교가 얼마나 귀한지 모를 지경이다. 진리를 외면하고 축복과 구원만 앞에 내걸고 음모를 꾸미는 자들의 꾐에 빠지는 어리석음에서 벗어나야 한다.

저주

예수는 직설적인 저주의 말을 남겼다. 영원히 용서받지 못한다고 쐐기를 박았다. 성령을 거역하면 그렇다는 것이다. 그게 무슨 의미인지 애매하다. 성부 성자는 모른 척하고 대부분 눈감아주는데 왜 성령은 우리를 그다지도 선을 긋고 외면하는지 알 길이 없다. 평신도인 내 생각을 펼쳐보자. 성령은 하나님 자신이면서 우리의 양심에 직접 방문하여 자신의 생각을 전달한다. 이때가 바로 지각을 사용하여 결단하는 시간이다. 선과 악의 분별이 나타나서 두 가지 길 중에 하나를 선택하여 성공하면 하늘의 자식으로 호적에 오르고 실패하면 버려지되 그것도 다시 바꿀 수 없는 상태가 되고 만다.

잡초

'교회 누이'로 통하는 혜정이는 말기 암 환자다. 6개월 남았다는데 벌써 3개월이 지났다. 교회당 맨 앞줄에서 한 줄 뒤에 앉아 예배를 본다. 설교를 듣는 중 고개가 몇 번이고 앞으로 꺾인다. 남편 이 장로가 45도 왼쪽으로 고개를 돌려 혹시나 쓰러질까, 초 단위로 살핀다.

네 번째 칸에 앉은 나는 마음을 다하여 간구한다. "주여, 저분을 살려주세요. 꼭 부탁드립니다", "잠잠히 주님을 바라고 주님만을 애타게 찾아라. 저가 나를 사랑한즉 내가 저를 건지리라."

휜칠한 키에 또렷한 이목구비, 심성도 순하디순한 양 같은 누나. 길동 무회의에서 그녀는 말했다. "다람쥐로 거친 들에서 살아온 인생입니다. 내 나이 67세, 꽤 살았지요." "다람쥐가 살다가 큰 짐승에게 잡히기도 하고 그러잖아요. 해를 당함이 자연의 순리인데 그냥 잠잠히 순응하고 있어요."

성경 66권 어디에서도 보기 힘든 저 담대한 철학, 누구에게서도 경험하지 못한 마음의 평화. 대대로 믿어오던 그녀의 가정에는 목사와 전도사 장로로 병풍처럼 둘러 있건만 아, 한 달 반 후에 그녀는 홀연히 떠나고 말았다. 나는 중얼댄다. 나 같은 것도 살아있는데, 어찌 잡초는 남겨 놓고 알곡만 거두십니까. 2016년 9월의 일이다.

알로하 여인들

3,000명이 살았다. 1970년의 로스앤젤레스 한인 인구다. 구멍가게 비슷한 마켓 하나가 올림픽 길과 하버드 교차로에 있었다. 그러나 막상 찾아가니 어떤 날은 열기도 닫기도 할 정도로 한산했다. 50년이 지난 지금의 한국타운을 어느 누군들 상상할 수가 없었다.

교회도 네 곳 정도로 로버트슨 거리에 감리교, 제퍼슨에 장로교, 타운에 침례교와 또 하나 독립교회가 전부였다. 가까운 장로교회를 택했다. 한인 이민자들의 최초 기념관이요, 애국 운동의 중심지인 국민회관과 형제처럼 나란히 서 있는 오래된 벽돌 건물이었다. 그곳에는 하와이에서 건너온 사탕수수 노동자들의 가족도 있었다. 남자는 한 분도 안 보이고 여자 장로 한 분과 권사 몇몇 분이 계셨다. 그야말로 사진결혼을 하신 역사의 산증인들이었다.

나는 80세 전후의 그녀들이 신기하기도 하고 존경스럽기도 하여 친할머니처럼 대해서 막역한 사이가 되었다. 그들은 교회 정원과 꽃밭을 가꾸며 옆에서 도우미 하며 따르는 나와 여러 애기를 나누게 되었다. 남편들은 16시간의 노동 후에 돌아와 마루에 쓰러져 자고 아침에 일어나서 보면 신발이 그대로 신겨 있고 또 벗지도 못하고 사탕수수밭으로 나갔다고 했다. 여자들은 7, 8명이나 되는 아이들을 돌보고 곧 원주민의 집이나 일터에 나가니 아무도 아이들을 돌볼 수가 없었다. 집에 돌아와서 이것저것 섞어서 한 냄비 그릇에 비벼서 방 안에 던져주면 그 많은 아이

가 악귀처럼 달려들어 눈 깜짝할 사이에 비워놓고 더 달라고 아우성쳤다는 것이다. 그런 중에도 조국 땅이 그리워 빼앗긴 나라를 찾으려고 정성을 다해 돈을 모아 상해의 임시정부로 송금하기를 잊지 않고 계속했다고 할 때마다 나는 너무나 부끄러운 자신을 돌아보며 고개를 들 수가 없었다. 그러다가 나는 사랑하는 아름다운 하와이 여인들과 헤어질 날이 오고 말았다.

교회 분규가 나고 살길을 찾던 머저리 청년은 평화의 교회 교인이 되어 있었다. 9가와 보니브래 근처의 천주교 평신도 회견에서 셋방살이할 때였다. 내 기억으로 1977년 여름인가 보다. 내 사랑 알로하 여인들이 쳐들어온 것이다. 나를 에워싸고 소리도 지르고 달래기도 했다. 네 교회 놔두고 왜 여기 와서 이게 무슨 꼴이냐며 눈물을 글썽거렸다. 나도 속으로 끝없이 울었지만, 확답하지 못하고 그들을 위로하며 돌려보내니 아직도 내 가슴엔 첫사랑의 상처 같은 아련한 자국처럼 남아 있다.

알곡

한국의 밭에서는 알곡과 가라지가 같이 자란다. 알곡도 실하고 가라지도 기름지다. 둘이서 같이 경쟁하며 익어가니 겉으로는 친구 같아도 속으론 원수다. 도저히 공생할 수 없지만 수확할 가을을 기다린다. 주인이 주는 물과 비료는 가라지가 더 많이 차지한다. 원래 가라지는 독식이 본성이요 알곡은 이웃과 나누기를 즐긴다. 밭 주인은 그들의 심성을 잘 알게 된다. 그래서 다음부터는 새싹이 나올 때를 기다렸다가 애초부터 가라지를 솎아낸다. 마침내 알곡의 시대가 가까워오고 있다. 주인은 오랜 경험과 학습을 통해 가라지의 시대를 마감할 것이다.

2부

헛똑똑이들

1장

교활한 늑대

늑대와 먹잇감

사람이 많이 모이면 없던 힘도 솟아오른다. 무엇인가 이뤄질 것으로 착각하고 흥분하는 것이 보통이다. 이와 같은 군중 심리는 큰일을 이루기도 하지만 유치한 결말로 웃음거리가 되기도 한다. 일회성 행사인 연극이나 오페라, 영화 등은 값을 지불하고 즐기는 서로 좋은 일이다. 문화 발전에도 이바지하는바 크게 장려할 일이다. 문제는 종교다. 때에 따라서는 생 전체를 '올인'하며 고민해야 하는 문제가 군중 속에서 떠들며 소리 지르고 하며 해결되기가 쉽지 않다. 더구나 주최 측이 욕심이 동하여 대중을 이익집단의 도구로 만들 수도 있다. 그럴 경우, 말씀과 사이비를 멋지게 섞어 아름다운 새 비빔밥을 창조하니 준비 못 한 대부분은 그대로 녹아든다.

때가 되면 사람들에게 일어날 현상을 바울은 일찍이 예언해 두었다. 귀를 즐겁게 하는 설교자와 욕심을 채워주는 스승과 진리를 피해가는 원로, 성경을 왜곡하고 꾸미는 각색자와 내용을 피하고 한 구절을 훔쳐서 자기 소설을 쓰는 작가, 들리는 대로 듣지 않고 듣고 싶은 것만 듣고 다니는 자들과 보이는 대로 판단하기보다 자기가 좋아하는 것만 보는 무리가 들끓을 것을 예고했다.

오병이어로 배불리 먹은 5천 명은 예수님을 추대하여 왕으로 삼자고 웅성거리기 시작했다. 이들을 데리고 가서 올리브 산 아래 큰 시나고그synagogue 만들어 포교에 전념하였으면 굳이 나무에 달리실 일이 없었으련만 그는 한국의 대형 교회와 그 주인처럼 자신을 위해 오신 분이 아니라 우리를 위해서 오신 분이다. 그는 군중을 피하여 산으로 숨어들었다. 날이 어둡기까지 기다리다가 해안에 와서 보니 배가 하나도 없다. 급한 김에 물 위로 걸어서 제자들과 합류했다. 그럼에도 끝까지 따라붙는 군중에게 말했다. "내 살과 피는 하늘에서 내리는 너희 양식이다. 내 살과 피를 너희는 먹고 마셔야 한다." 자세한 설명도 없이 이 말을 들은 무리는 놀라고 무서워 다 흩어져 버리고 열두 제자만 남았다.

5천 명 집회 이후 다시는 군중집회를 열지 않았다. 교활한 늑대는 한국 사회에서 한창 유세를 떨며 휘젓고 다닌다. 감언이설로 사람들이 모이면 자기 주머니 채워주는 호구로 만들어버린다. 입 벌리고 달려드는 호구들의 입에 불량식품으로 가득 채워준다. 교회는 교인 수로 그 은혜가 비례하기보다 반비례할 가능성이 매우 높다. 내 귀한 영혼을 목소리 큰 자에게 또 꽹과리 치는 자에게 내어주지 마라. 내 영혼의 미래도 나 자신의 것이다.

과유불급

『조국 백서』에 나오는 검사들의 칼춤은 세계적 수치다. 도저히 흉내 내기 불가능한 조국 교수의 생활 태도는 바로 성인 그룹에 가까운데도 무엇을 뒤져서 뒤를 캐보겠다는 것인지 옆에서 보기 딱할 지경이다. 검사들의 엉뚱하고 미련함은 타의 추종을 불허한다. 한 나라 중앙에 이런 무리들이 포진하여 70년을 조작질하며 이리 붙고 저리 붙어 부정을 밥 먹듯 하고 백성을 뜯어먹다니 이들이 과연 인간일 수가 있을까. 독재자에게는 한없이 복종하고 민주 정부에는 갑자기 대들어 물어뜯는 버릇은 어디에서 배운 것인가. 심은 대로 거둘 때가 왔다. 그들이 수확할 열매를 구경할 일만 남은 것 같다.

회개

기회를 놓치지 말아야 했다. 자서전을 만들어 광주 학살을 변명하려 든 것이 모든 것을 결정지었다. 그 졸개들까지 부정하게 갈취한 엄청난 부를 누리고 산다니 이 얼마나 부당한 노릇인가. 용서를 받고 곧 회개 무드로 들어서서 노태우 정도의 근신만 하였어도 그리 흉하진 않았다. 자기 고집에서 벗어나지 못하고 한 번 받은 용서를 회개의 기회로 돌려놓지 못한 그는 마지막 생명 열차의 탑승권을 날리고 말았다. 그와 그의 추종자들은 인간에게 주어진 최고의 선물인 회개를 바람결에 날려버렸다.

하 하 하

노무현이 출두하는 모양새를 위층에서 내려다보며 승리의 미소를 짓
는 두 검사. 그렇게 청렴을 장려하고 바른말로 백성들을 계도하며 호소
하던 그 사자후의 노무현 때문에 오물에서 놀던 두 검사는 쾌재를 불렀
다. 제가 무슨 통뼈라고 혼자서 양심 내세우며 큰 소리로 떠버리는 꼴이
라니, 내 참. 너 이제 제대로 걸렸다. 검사스러운 된 맛을 제대로 알려주
마. 하하하.

내가 무섭냐?

그렇다. 무서워 죽겠다. 왜 그러냐고? 우선 말이 안 통해. 럭비공처럼 어디로 튕겨 나갈지 알 수가 없어. 정상이 아니야. 안 무서워하면 그게 이상하지. 넌 입만 열면 법과 원칙에다가 상식까지 떠벌이지만, 손발은 정반대로 움직인단 말이야. 막가파의 왕초로다. 검찰이라는 완장을 차고 술에 취한 망나니처럼 도끼를 휘두르는 너를 어떻게 안 무서워하리오? 그 잘난 시험을 9수 만에 통과하여 얻어 가진 감투가 이렇게까지 인생을 망치고 정신적 좀비로 만들어 버리다니. 그는 자신과 백성과 나라까지 박살 내는 괴물로 변하여 똑같은 무리의 환호 속에 마지막 탱고 춤을 추고 있다. 종말을 고하는 저주의 춤이다. 다시는 이와 같은 도깨비가 이 세상에 나타나지 않기를 고대해 본다.

살권수

살아 있는 권력을 수사하는 용기를 살권수라 한다고 『조국의 시간』에 나온다. 말만 떠들지 그 많은 검사 중에 한 사람도 그런 바람직한 일을 하다가 하루라도 유치장에 구류된 기록이 없다. 법과 원칙은 힘없는 백성들에게 해당하는 족쇄다. 그렇게 살면서도 검사들은 자기들만 잘났단다. 한심한 족속들이다. 유신 때는 잔심부름이나 하는 종놈이요, 전두환 때는 적극적으로 발 벗고 나서서 정부로, 국회로 들어가 같이 마음 놓고 먹어치웠다. 도대체 저 아해들은 정의가 무엇을 의미하는지 잊은 모양이다. 정의 없는 지식과 학문은 악취가 심한 배설물에 불과하여 그 주위에는 아편성 파리 떼만 우글거릴 뿐이다. 돈다발 양손에 흔들며 법과 원칙이라고 외치는 인생 천치들을 보라. 지구상에서 가장 저주받은 인생 무리다.

세 번째 기회

윤은 왜 검찰들을 동원해서 전 정부를 파헤칠까요? 개들도 학습효과로 훈련을 시킵니다. 몇 번 재미를 본 기억이 생생한데 어떻게 포기를 한단 말입니까? 순한 양 같은 신사 중의 신사, 조국을 완전 사기꾼으로 만들어 온 국민이 조국 성토에 경쟁적으로 뛰어들고 춤을 추었으니, 옆에서 각색에 연출을 맡았던 검찰들이 과연 개돼지들이로다, 하며 고개를 끄덕였을 것 아닙니까? 그러니 그 재미를 어찌 잊으리오? 조국 잡기 전에는 노무현도 죽여버렸는데 이 방법은 백발백중이로다. 다음은 문재인과 이재명 차례. 빠를수록 바닥 민심이 반등하리라. 색깔론이 약효가 제일 빠르다. 실시. 이번에 성공하면 영원히 해 먹으리라. 윤 다음엔 거니가, 거니 다음엔 한동훈의 시대가 오겠는데 내 자식과 손자들의 운명은 어찌 될지 모르겠다. 선거 때가 오면 내 방정맞은 손가락은 또 그들을 찍겠지. 아, 마음과 손가락이 따로 놀고 있도다. 할 수 없지. 배운 대로 할 수밖에. 대— 한— 민— 국.

화풀이

조국은 당했다. 누구에게 당했나? 조중동 독자, 타락한 검사들, 부정 축재자들, 비겁한 자들, 나르시시스트, 강약약강, 친일 매국노 후손들이다. 그렇게도 기다리던 먹잇감이 검사와 기레기들에 의해 던져졌다. 하이에나와 좀비가 짝지어 쏟아낸 괴물들의 화풀이가 한창 춤을 추며 클라이맥스를 향해 불꽃을 피운다. 위험 부담은 조금도 없다. 조국은 얌전한 서생이요 학자다. 잘못한 것이 하나 있으니 민주당원으로 청와대에서 한자리하면서도 무기가 준비되어 있지 못했다. 칼로 강도를 뎅강 하면 끝낼 일을 법과 원칙을 내세우며 머뭇머뭇하다가 손도끼 한방에 쓰러졌다. 총에는 총으로 도끼에는 도끼로 생사를 걸고 싸워야 하건만 그는 너무나도 깨끗한 양심의 소유자였다. 대책 없이 희생된 제물이 바로 조국이다.

괴물

전두환까지는 그래도 눈치 보며 심부름하던 판검사들이 변하기 시작했다. 민주화로 들어서기 시작하면서 정부가 물렁물렁해지니 물어뜯을 종아리와 뒤꿈치가 보이기 시작한 것이다. 2000년이 넘으면서 김대중을 슬슬 건들기 시작하더니 노무현에게는 마음 놓고 덤벼든다. 기레기까지 동원하여 총공격하니 과연 대성공이다. 그를 죽이고 그 피 맛을 잊지 못하고 문재인과 조국을 요리하여 대통령 자리까지 올랐다. 나라의 운명을 괴물들의 손에 맡겨버렸다. 뿌린 대로 거둔다는 말이 영원히 사라지길 기대할 뿐이다.

새 하늘, 새 땅

오늘이 2021년 3월 3일, 칼춤 추던 윤 뭐라는 자가 총장직을 내려놓은 모양이다. 총 맞은 멧돼지처럼 이리 박고 저리 들추어서 나라 전체를 아비규환으로 만든 장본인이 70년의 흑역사를 뒤로 하고 사라져간다. 어떤 정권에서도 저 정도의 사기극을 펼치면 다 이루어졌다. 그러나 이번에는 '깨시민'이라는 이상야릇한 종자들이 들고일어나 시원하게 주리를 돌리니 견디지 못하고 뒷걸음칠 궁리를 하는 모양이다. 여기까지 이른 공적은 많은 이의 희생이 필요했다. 부엉이 언덕의 피와 조국과 그 가족의 길고 긴 고난과 인내 그리고 추미애와 박범계의 변함없는 의의 행진이다.

그들은 다음의 두 가지 언어를 사용하여 자기들의 변명거리로 써먹어왔다.

우리는 개다. 물라면 물고 물지 말라면 안 문다.

정치권력은 유한하지만 검찰 권력은 영원하다.

그러나 이제는 끝이다. 좋은 시절 종 쳤다. 그동안 정의의 사도쯤으로 알았더니 오물 속의 곤충이었다.

칼

문재인은 윤석열을 내치기가 아까웠다. 온갖 비리가 보고되고 있다. 그러나 그의 학벌과 그 덩치와 그럴듯한 남성상의 외모로 볼 때 사람 짓을 할 것이라고 믿었다. 노무현이 갔을 때도 꽤 괴로워하는 모습으로 "그대 같은 사람 다시는 못 보리"라며 노래했다는 소식도 들린다. 그래서 또 한 번 밀어주기로 한 것이 2020년경 언제인가다. 양심이 있으면 자신이 직접 맹세한 대로 검찰 개혁의 칼을 들고 일을 낼 줄 알았다. 그러나 그는 번개같이 방향을 돌려 조국과 그 가족 전체를 도륙하더니 은인 중의 은인인 문재인의 등에 칼을 깊이 꽂았다.

조국의 강

조국의 강은 심판의 강이다. 간음한 여인을 돌로 치지 못한 민중은 그때는 죄인들로 취급받았지만 요사이 한국 민중에 비하면 의인들이다. 조국은 그 여인처럼 죄를 짓지 않았다. 예수님처럼 깨끗한 줄 알았는데 알고 보니 역시 표창장을 준비해서 딸의 대학 입학을 위해 힘썼다는 것이 도대체 말이 되느냐고 아우성들이다. 간통죄라도 범했으면 조국의 몸뚱이는 가루가 될 뻔했다. 도둑이 들어와 다 털어서 보따리를 메고 나가며 벌벌 떨고 있는 주인에게 설교하는 행태다. "너희들, 인간이면서 양심은 어디에 두고 다니냐. 위선자들이구나." 바로 이것을 가리켜 '적반하장'이라 한다. 두 사람이 각각 조국의 강을 건너고 있다. 사기꾼이 탄 배는 바닥에 구멍이 뚫려 심판의 강에서 익사한다. 정직한 자는 강을 무사히 건너 약속의 땅으로 들어간다. 애통해하는 자, 의를 위하여 핍박받는 자, 말씀을 따라 행한 자들도 물론이다. 지금 춤추며 손가락질하는 자들은 슬피 울며 후회하겠지만 하늘의 심판은 예외가 없다.

번제

해방 후 친일 반역자들을 제거하지 못한 후유증은 100년이 다가오는 지금까지 온 나라를 옥죄고 있다. 죄인들이 자기의 죄를 덮기 위하여 총반격을 멈추지 않고 있다. '빨갱이' '종북 좌파'로 무기를 삼고 가진 악행을 저지르더니 요즘에는 '위선자'라는 새 언어로 의인을 쥐 잡듯 한다. 조국이 위선자라면 너는 뭐란 말인가. 지금이라도 정신을 차리고 회개하는 자는 진리의 길에 들어설 수도 있겠지만 아직 감히 의인에게 손가락질을 계속하는 자는 영원토록 저주의 골짜기로 떨어질 수밖에 없다.

작은 예수

주님은 혼자 당하고 죽었는데 조국은 온 식구 넷이 다 당했다. 멸문지화다. 감히 검찰개혁을 하겠다고? 우리를 건드리면 어찌 되는지 똑똑히 보여 주마. 죽기 살기로 덤벼드니 바로 악귀 그 자체다. 몽골 기병대의 점령지 초토화보다 더 잔인했다. 그렇게도 권력과 돈이 좋은가 보다. 그 무서운 죄를 어찌 감당하는지 죽기 전에 보고 싶다. 조국과 그 가족의 재기는 주의 부활처럼 의가 어떻게 재현되어 나타날지를 보여 주는 증거가 되리라.

압수수색

성삼문은 세조에 의해 죽임을 당했다. 그러나 세조는 그가 남긴 식구들 때문에 골치가 아팠다. 남자들은 법대로 다 죽여버렸지만, 문제는 여자들이다. 성삼문의 처, 김차산과 효옥 등 딸 셋은 손을 써서 살길을 마련해주었다. 나머지 식구들도 신숙주에게 알아서 배치해서 살아가게 하라고 하달했다. 그가 악한 왕인 것은 분명하지만 그래도 끝까지 쫓아가며 족치지는 못했다. 마지막으로 남은 조각 양심까지 버리지는 못했다. 지금은 2024년 5월이다. 한국의 정치 검사들이 쥐구멍을 찾아 허덕일 때가 코앞에 다가온다. 조국 박사의 처와 아들딸까지 작살을 내더니 그대로 돌려받을 날만 기다리고 있다. 표창장과 여학생 일기장까지 뒤지며 악귀처럼 춤추던 한심한 화상들이다. 칼로 찌르는 일이 있더라도 그 칼을 비틀지는 말라는 자기 선배의 충고마저 무시하고 그보다 더 야비하게 무당춤을 즐기던 죄는 하늘에서건 땅에서건 용서받을 곳이 없다. 한 곳도 없다.

만만세

조국 장관은 죄가 크다. 죄가 없이 산 것이 죄다. 잘 생겼다. 키 크고 잘생겼으면 건방지게 말하고 행동하는 법이다. 거기다 강남에 산다. 두려워하고 존경해야 할 대상이지만 그에게는 큰 약점이 있다. 억지 없는 깨끗한 신사다. 하이에나는 신사의 살을 노린다. 반항도 없이 순둥이다. 쉽게 먹이를 취한다. 사나운 놈에, 겁쟁이에, 비굴한 놈까지 다 달려들어 물어뜯는다. 악마들의 잔치다. 검사들이 이럴 때는 제일 앞장서서 진두지휘한다.

'아니, 자기가 잘나면 얼마나 잘났다고 우리를 야단친단 말인가? 고시 패스한 우리를 감히 건드려? 너는 이제 끝장이다. 네가 인간인 이상 뒤지면 무엇이든 걸리게 되어 있다. 아니면 기레기들 소설 쓰게 해서 신문에 걸치면 만사 오케이다. 백성들의 답답하고 억울했던 가슴이 뻥 뚫리고 카타르시스까지 움켜쥐리니 우리 검사들은 '꿩 먹고 알 먹고'다. 우리의 세상이 드디어 내 앞에 펼쳐지는구나. 만세, 만만세!'

망나니

조국이 위선자란다. 그 부인이 징역 4년을 선고받았다. 판사는 피고의 기분이 어떠신가 물었다. 자기도 양심은 있는지 가당치도 않은 자신의 역사적인 판결에 겁을 먹은 질문이지만 당하는 쪽은 가슴이 무너진다. 표창장 위조한 것 같다는 죄다. 의인은 고초를 당하지만, 사법 개혁을 위한 제물이 되어 청천 하늘로 연기를 뿜어내고 있다. 아직 무지한 자들은 조국 가족을 도륙하며 침을 튀긴다. 위선자라고 마음 놓고 외친다. 천박한 군중 심리다. 빌라도가 진리와 실랑이를 할 때 죽이라고 소리 지르며 주먹을 휘두르던 망나니들과 조금도 다르지 않다.

선지자

세조는 성삼문을, 선조는 충무공을, 이승만은 김구를, 박정희는 김대중을, 이명박은 노무현을, 윤석열은 이재명을 살해하려고 사탄의 칼을 휘두르며 광란의 춤을 춘다. 성공도 하고 실패도 하며 한국의 역사를 난도질하고 있다. 그러나 피해자들은 한낮의 햇살처럼 날이 갈수록 빛을 발한다. 가해자들은 이미 버려진 배설물 속의 해충에 불과하다. 끝없이 의의 지게를 등에 지고 땀을 흘리는 선지자들이 이 척박한 땅에 때마다 나타나고 있다. 하늘이 무심치 않으니, 한반도에 소망의 빛을 볼 날이 머지않아 보인다.

홀로 아리랑

〈홀로 아리랑〉은 슬프다. 조국 교수는 이 노래를 사랑하나 보다. 열심히 불러 젖히는 모습이 특이한 것은 물론 한쪽으로는 마음이 짠하다. 자식 키우는 부모의 마음은 다 같다. 죽지 말고 건강하게 자라서 존경받으며 살기 바랄 뿐이다. 그런데 강남 사는 부자가 진보가 되어, 정의가 어떻고 이웃 돌보기가 어떻고 하고 있다. 이것이 가당키나 한 일인가? 우리 부자끼리 도와가며 사는 것도 이웃 사랑인데 저 밑에서 꾸물대는 개돼 지까지 끌어들이려 하다니 이게 제정신인가 말이다. 위선자로 몰고 가 자. 결국 그들은 딸과 아들의 졸업장을 무자비하게 무효로 만들어 버리 고 말았다. 2024년 한국에서 일어난 일이다. 세조가 조카를 죽인 일보 다 더 치사하고 악취가 나는 사건으로 영원히 기억하게 될 역사적 기록 이다. 아비 되는 조국 교수는 계속 노래한다.

"애들아, 애비가 양심대로 살아보자고 주장한 일이 너희를 상하게 하다니 서럽고 원통하구나. 이제 어쩌리오. 주저앉아 울고만 있을 때가 아니다. 그래, 이왕 떠난 길 손잡고 같이 가보자. 지치고 힘들면 쉬어 가자꾸나. 아, 하늘이여! 나를 죽이면 되지 왜 저것들까지 치십니까? 제사를 위해 아들까지 포기한 아브라함의 무거운 짐을 저 같은 놈에게 맡기시면 어쩌란 말입니까? 그러나 이것이 저의 갈 길이라면 어쩌리오. 애들아, 이리와 내 손 잡고 같이 가보자. 힘들더라도 쉬면서 갈 수밖에 없구나."

그는 오늘도 중저음으로 오라토리오인지 칸타타인지 분간이 어려운 아리아를 중얼대고 있다. 역시 외로운 곡조 〈홀로 아리랑〉이다.

수치심

세상에서 제일 꼴불견은 부끄러움을 모르는 부류다. 개나 고양이도 잘 못하면 주인의 눈치를 살피면서 꼬리를 내리건만 인간들이 비뚤어지면 미친개보다 더 날뛴다. 무서운 피조물이다. 강도 앞에서는 있는 애교를 다 부리며 삽살개 노릇하다가 양같이 순한 주인에게는 하이에나로 돌변하여 물어뜯는다. 강도 소굴보다 못한 학교에서 법 기술 배우고 시험 한번 잘 쳤다고 그 후로는 인품이고 나발이고 집어던지고 출세와 돈이면 무슨 짓이든 다 해버린다. 그 주제에 학번이 몇이냐고 고졸 노무현을 놀려대는 꼴은 일제 강점기 악질 고문 형사를 이기고도 남을 잔인하고 역겨운 추태다. MB와 손잡고, 시골서 농사일에 바쁜 노무현을 죽인 죄는 한국 역사에 그 이름을 영원토록 새겨놓을 것이다. 그 역겨운 죄는 용서받을 길이 없다.

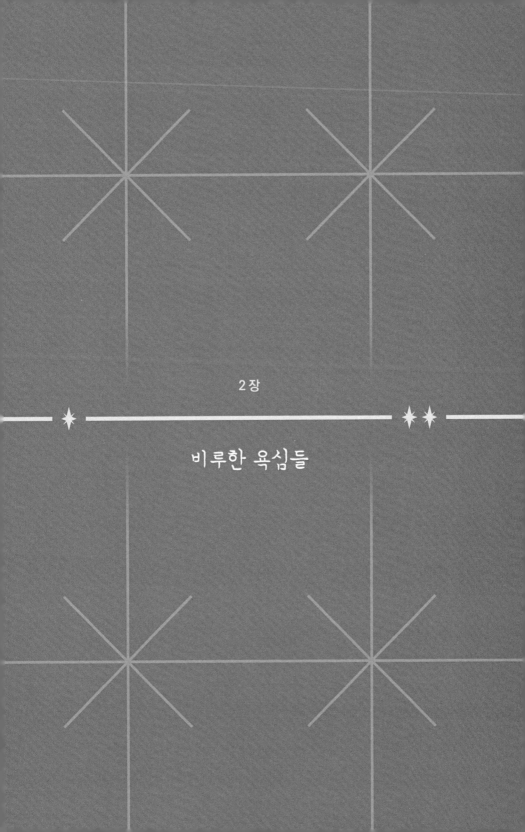

2장

비루한 욕심들

박제 인간

정경심 교수의 수감을 보며 이 모 변호사가 말했다. 2020년 12월 25일 페이스북.

> "예수 그리스도가 박해받은 이유가 그러하듯이, 죄 많은 자들은 자신의 죄보다는 그 죄악을 들추고 없애려는 자를 더 미워하는 법."

이 이상 무슨 말이 필요하리오. 인간의 추한 내면은 2천 년이 지나도 그대로다. 추미애는 윤석열이 반항하며 대항할 때 국회 본회의장에 나와 이 변호사가 지은 책을 가방에서 꺼내 읽기도 했다. 그 책 이름이 『내가 검찰을 떠난 이유』다. 그렇고말고. 그 도둑들과 어울리다가는 양심이 말라비틀어지는 박제 인간이 될 수밖에 없으리라.

기득권

일대일의 결투 중에 상대방은 빈손인데 총을 들고 여유를 부리는 모습을 일컬어 기득권이라 할 수 있으리라. 그러나 이 기득권을 포기하는 의인들이 가끔 등장한다. 소수의 수재가 군계일학의 모습으로 불쑥 그 봉황의 머리를 위로 내밀고 올라오니 나라의 보배요 몽매한 백성들의 크나큰 위로다. 예를 들면 강남 좌파 조국 교수와 유시민 작가 등이다. 그러나 자격도 안 되는 대다수 친구는 특이한 학력을 어깨에 메고 다니며 자기의 능력 이상으로 자만심을 내세워 행동하면서 부족한 실력을 동아리로 뭉쳐서 서로 교통하며 불의까지 행하여 욕심을 채우는 꼴은 목불인견이다. 머리 좋으면 제일 먼저 선택할 덕목이 있다. 국가와 민족에 대한 헌신이요 자기희생이다. 소위 영국식 명문 학교들의 순위가 전쟁 전사자의 수로 결정된다는 희귀한 전통이다. 부자가 되기보다는 명예를 얻는 데 더 가치를 두는 사회를 인간다운 모습이라고 정의할 때 과연 우리의 모습이 어떠한지는 차마 입에 올리기도 부끄럽다.

과잉 방어

어찌하여 예수님은 예루살렘 왕궁에서 태어나지 않고 말구유에서 첫 울음소리를 내었을까? 인간들이 왕자는 부러워할지언정 마음속에서 우러나서 존경하지는 않는다. 예수님은 부러움의 대상이 아니라 존경의 대상이리라. 인간은 의인의 배부르고 넉넉함을 부자연해한다. 자기보다 못 살아야 한다는 어처구니없는 고정관념을 가지고 있다. 그래서 강남 좌파의 설 자리가 없다. 앞으로는 여유 있는 사람도 바르게 살 수 있다는 사회가 형성되어야 건강한 나라의 기강이 우뚝 서리라.

20대의 분노

청년들이 야당을 찍었다. 여당에 복수의 칼을 꽂았다. 명박이 '꼬붕'을 둘 다 뽑아버렸다. 20대의 분노는 하늘까지 치솟았다. 왜? 뚫고 들어갈 곳이 없다. 위아래 다 자리 잡고 빈틈을 보이지 않는다. 공부하고 자격증을 따도 갈 곳이 없다. 오늘도 내일도 아르바이트다. 아니 올해도 내년도 내후년도 마찬가지다. 애비 잘 만나면 무슨 짓을 해도 불기소되고 기껏해야 벌금형이다. 검찰도 언론도 일찌감치 기득권으로 돌아선 지오래다. 집권 여당은 180석을 뽑아주어도 신중에 또 엄중이다. 조중동 무서워서 복지부동에 눈알만 굴린다. 공정을 그렇게 외쳐보았으나 물거품이 되고 말았다. 버스는 지나가고 개혁도 열중쉬어 중이다. 쥐꼬리 위로금도 우리를 빠져나갔다. 남은 것은 좌절이다. 결혼, 출산, 전세, 희망 다 사라지고 이제 남은 건 마지막 몸부림이다. 그래도 지금은 화풀이라도 해보지만, 다음은 완전 포기다. 지진 후에 올 것은 적폐 쓰나미다. 움직이지 않으면 무서운 대가의 반작용이 덮쳐 오리라.

대형 교도소

그들은 주장했다. 우리는 국가와 국민이 인정하고 허가한 엘리트라고 자부한다. 나라의 질서와 빨갱이 척결은 우리와 같은 수재들이 아니면 도저히 이루어 낼 영역이 아니다. 큰일을 하면서 부수적으로 생기는 이익은 당연히 우리가 받을 보상이다. 우리의 수사와 기소의 기준은 옳고 그름이 아니다. 큰돈을 벌어서 왜 우리가 성공을 향해 죽기로 공부하고 땀을 흘리며 이곳까지 왔는지 증명해 보여야 하리라. 옳고 그름은 시험 볼 때나 한번 써먹고 그 후에는 가능한 한 속히 잊을수록 유리하다. 내가 벌어들이는 돈의 액수가 내 능력을 대변하는 세상에서 어찌 정의를 따지며 앉아 있으리오. 불쌍한 백성들은 공부 잘하고 높은 감투 쓴 영감들을 무조건 숭배한다. 머리 좋으면 성품도 무조건 좋으리라 여긴다. 그러나 그들은 생계형 좀도둑이 아니다. 영악한 머리를 굴리며 사기와 악한 계획을 밤낮으로 꾸며내어 성공적으로 돈을 터는 무서운 도둑소굴이 되고 말았다. 속히 대형 교도소를 지어서 다 쓸어 넣어야 나라가 산다.

인성 교육

김진애의 언어 선택은 명쾌하다.

"조국 가족을 왜 그렇게 잡으려 들었어?"

마치 명바기가 무혀니 잡듯이, 이번에는 제2 라운드가 펼쳐진 것이다. 석열이는 자기가 조국과 대등한 줄 알았는데 어디에 감히 갖다 붙이고 덤비는지 기가 막힐 노릇이다. 조국은 인격과 학문이 고고하다. 경력이 깨끗한 신사다. 어떻게든 바르게 살아보려고 매시간 긴장하며 지내기가 힘들었다는 그의 고백은 믿을 만했다. 9수 해서 기어들어간 놈이 상대하기가 애초부터 무리였다. 마치 후광과 라이벌 대상이 자기밖에 없다고 바락바락 기어오르던 어느 화상과 같다고나 할까? 역겨운 밉상 수양대군보다 더 유치한 녀석이 윤석열이라는 막가파 깡패다. 선한 선비가 길 가다가 갑자기 오물을 뒤집어썼다. 살다가 별꼴을 다 본다. 그 못된 법 기술을 가르쳐준 선생은 어느 작자인가? 필수적인 인성교육이 어느 지경에 이르렀기에 이런 비정상 인간들을 사회에 배출하는가? 전문가도 사람다운 사람도 똑같이 중요시하는 아름다운 교육기관은 어디에 없을까.

유랑극단

한국 어머니들의 자식 사랑은 유별나다. 그나마 의지하던 남편은 뻑하면 술주정이요, 그리 그리 지내다가 병들어 눕고 온 가족 고생 중에 먼저 떠나가 버렸다. 제법 가정이라고 자리 잡고 살기 시작한 것이 20년도 안 된다. 그러니 고생고생하며 자식들 뒷바라지하던 어머니들의 소망은 오직 자식 잘되기를 바랄 수밖에 없었다. 신변의 안전과 출세로 가족을 일으켜 주기를 바라마지않았다.

"언제나 공손하되 기죽지 말아라."
"서풍이 불면 서쪽으로 가고 동풍이 불면 동쪽으로 가야 한다."
"모난 돌이 정 맞는다."

이왕 나온 이 세상에서 연명이라도 하고 싶은 원초적 욕망은 깊은 한으로 남았다. 왜 옳고 그름을 모르리오. 얼마나 부대꼈으면 자기도 모르는 말을 명언이나 되듯이 강조했으리오. 그것을 새겨듣지 못하고 그대로 따른 학벌은 일등인데 사회생활은 고등 사기꾼이 되고 마는 좀비들이 우글거리고 있다.

고마해라

양심이 제법 작동한 적이 있다고 본다. 백수였지만 그래도 감투를 향해 공부에 몰두하던 청년 시절 아니던가? 노무현 전 대통령 서거 다음 날 술자리에서 목청 높여 노래했단다. 제목은 〈그런 사람 또 없습니다〉. 이 승철의 노래라나. 멀리서 바라만 봐도 나는 슬프면서도 행복합니다. 앞으로는 그대 같은 사람 다시는 볼 수 없을까요. 고래고래 소리 지르며 슬픔을 달랬다고 고백했다. 파바로티가 육자배기 부르듯 부자연스러운 광경을 연출했다. 과했다. 고마해라. 창피도 모르는 막가파다. 낙화유수 같은 자기에게 어울리는 노래도 있건만. 과연 선택적 양심이다. 오늘은 사람 따라 불의를 불기소하며 모른 척 넘겨버리고, 내일은 세월 따라 정의롭게 영장치고, 과연 엿장수 마음대로 날카로운 칼을 동서남북 휘두른다. 부패한 기득권의 뿌리인 악의 세력이 마지막 요동을 치고 있다. 고고한 선비를 멸족시켜서 박수받으며 멋지다는 찬양 소리가 그렇게도 뿌듯하던가. 그렇다면 그런 사람 또 없다는 소리는 왜 질러대는가. 영원히 기록되어 남아서 회자될 수치의 역사다. 독재자 밑에서는 삽살개처럼 납작 엎드리고 순하디순한 민주 정부는 미친 듯 물어뜯으며 정의로운 검사라는 칭찬을 듣기 원하니, 이거야 속이 훤하게 들여다보이는 애들 장난 아닌가. 마, 고마해라. 그 머리 갖고는 나 같은 모지리도 속여 넘기기가 불가능하리라.

제2 조국 대전

화천대유 의혹으로 이재명이 포위됐다. 보수와 수박들이 총집결했다. 이번에도 정권을 넘겨주면 우린 끝이다. 그러나 상대가 만만치 않다. 노무현을 죽인 명박도 물리치고 앞뒤 인기 있는 근혜도 빈손으로 돌려놓은 이재명이다. 불사조 같은 상대요, 날카롭기는 사막의 방울뱀이다. 조국은 고고한 선비요 학자다. 강도들이 무딘 칼로 휘두르는 모습은 아무래도 부자연스럽게 보였다. 멧돼지가 백합 꽃밭을 뒤집어 놓는 것 같아 그 역겨움은 참아내기 힘들었다. 그러나 이번 제2 조국 대전은 다르다. 이재명의 아들을 걸고 허위 보도했던 조선일보가 사죄 기사를 내며 물러났다. 조국이 벼르고 있는 부적절한 일러스트 사용 건에 대한 10억 손배소로 벌벌 떨고 있는 형편이다. 또 하나의 무기는 이재명의 부인이 다행히 동양대학에서 강의한 적이 없다는 사실이다. 걸고넘어질 거리가 없으니, 일은 간단하다. 자기 한 몸 바쳐 부딪쳐 뒹굴며 비보이 춤 한 번 멋있게 돌리는 것이다. 이재명은 가난과 불운의 기나긴 터널을 지나온 불굴의 사내다. 인내, 연단에다 내공이 스며든 입지적 인물이다. 그 밖에 그가 가진 최고의 무기가 있다. 정직이다. 어느 누가 당하리오. 더하여 나만을 위한 싸움이 아니다. 나라의 장래와 불쌍한 백성을 위한 헌신이다. 머리도 계산이 빠르고 치밀하다. 정치 건달과 모리배의 상대가 아니다. 희생 제물로는 노무현으로 충분하다. 새 세상을 꾸려서 세계를 이끌 때가 다가온다.

세 번째

세 번째 인생이 있다. 누굴까? 강남 우파와 그 아래서 먹고 사는 사람들을 하나와 둘이라고 할 때, 그 세 번째 인생이다. 기득권으로부터 아무런 도움이나 부스러기도 얻어 가진 적이 없는데 같은 편에 서서 갑질을 하며 을들을 공격하는 것이다. 교포 중에도 놀랄 정도로 그 수가 어마어마하다고 다 알고 있다. 아무런 경제적 이해관계가 없는데 그 이유를 알기가 애매하다. 짐작건대, 이승만과 군사 독재들의 혹독한 반공 교육의 결과인 모양이다. 체제 유지를 위한 과도한 방편으로 이용한 결과 그 후유증은 정상적인 사고에 쐐기를 박아놓으므로 바른 인성 교육이 파괴되고 말았다. '빨갱이' 한 마디로 상대방의 정당한 항의를 박살 내는 것으로 얼마나 많은 비리를 저지르고도 당당하게 큰 소리를 내며 갑질을 해댔는가! 침소봉대도 정도가 있지 지금까지 정경심 교수의 표창장 문제로 온 나라를 이다지 요동치게 만들어 놓고 정치 검사들은 여전히 법과 원칙을 외치고 있다. 정상적인 나라로 다시 돌려놓겠다고 설레발이다.

대선 정국이다. 국회의 역할을 활성화해야 한다. 정경심 교수에게 징역형을 선고한 사이비 판사들을 속히 탄핵하라. 불공정의 대명사, 정치 검사들을 축출하라. 국회는 사즉생의 각오로 이번 대선이 끝나기 전에 대청소를 감행하여 나라를 살려내라. 멍청히 있다가는 두 토끼 다 놓치고 그나마 남은 반쪽 땅마저 날려버릴 수 있다.

냄비근성

대법원 최종 판결이 나왔다. 정경심에게 징역 4년이 선고됐다. 표창장 위조가 틀림없다고 확정판결했다. 검찰공화국이 들어설 예정이다. 그런 뒤에 또다시 촛불이 켜지고 어쩌고 하겠지. 이재명의 약점은 너무나 깨끗이 살아온 것이다. 또 늘 하류 쪽에서 고생한 바닥 인생이라는 사실이다. 그래서 상류의 미움을 받는다. 그러면 하류 인생들은? 을은 을을 더 증오하니 희한한 노릇이다. 상류의 기득권과 부정을 부러워하고 심지어 존경하다니, 이를 어쩌나. 비굴에 젖어버린 노비 근성이다. 아차 하면 또다시 10년의 세월이 허송세월이 될 모양이다. 무슨 놈의 팔자가 이다지도 기구할꼬? 정치 선진국인 영국이나 프랑스를 보아도 자유는 어쩔 수 없이 피를 계속 요구하고 있다. 그동안 맞은 예방 주사의 효능도 날아간 모양이다. 길게 보고 참음으로 한발 한발 나가면 틀림없이 뜻을 이루련만, 양은 냄비로는 깊은 육수를 내기가 어려운 법이건만, 내 돈, 내 돈만 찾고 있으니, 이를 어찌하리오.

물안개

지각이 뛰어난 친구가 있다. 그는 박근혜가 2013년 대통령에 당선되자마자 즉석에서 내뱉듯이 말했다. 2016년에 그녀의 한계가 오고 쫓겨나리라고 자신했다. 아무도 믿지 않았다. 그러나 2016년에 그의 말대로되니 놀란 친구들은 그 이유가 무엇이냐고 귀를 쫑긋 세우고 몰려들었다.

> "그녀는 아우라가 있어 보이고 그럴듯한 제스처로 작은 우상이 되어 있었다. 그것 말고는 의미 있는 정치 철학이나 정무 능력을 보인 적이 없다. 논리적 사고나 설득력을 한 번도 나타낸 적이 없다. 오직 짧은 멘트로 기자들의 호기심을 유발했다."

"대전은요?", "살아서 돌아오라." 짧은 문장은 그녀를 알 수가 없었던 많은 백성을 혼란케 하기에 충분했다. 우리는 큰 교훈을 얻게 되었다. 정치 지도자의 과거 업적을 살펴보고 정직성을 조사하지 않고 행사하는 투표는 자신과 이웃과 나라까지 망칠 가능성이 매우 높다는 사실이다.

밤안개

현재 1년 3개월째 집권하고 있는 윤 대통령의 운명을 예측하기는 불가능한 일이다. 그의 지성은 박근혜와 도긴개긴이다. 그런데 윤의 뒤에는 엄청난 뒷배가 포진해 있다. 염라대왕보다 무서운 검사들과 교활한 언론과 기레기들이 그를 죽기까지 엄호하고 있다. 또 하나의 지원군이 버티고 있으니 그 이름 귀신이다. 수염 긴 할배 여럿이 마지노선에 버티고 있다. 무능, 무지, 무식, 무대책, 무데뽀, 무작정의 사나이. 그의 미래는 밤안개처럼 예측 불가다. 과연 신의 손은 어디로 뻗으시려나?

손가락

언론과 한편이 되어 대장동 비리를 이재명이 기획해 먹었다고 소설을 써놓고 그 소설을 다큐로 꾸미며 국민을 감쪽같이 속여서 제20대 대통령에 당선되었다. 손바닥 왕 자와 개사과 사건으로 조롱을 한 몸에 받았다. 그래도 언론은 그를 용기 있는 사람으로 둔갑시켰다. 아래에 그의 숙제를 나열해 본다.

젊은이들의 아파트, 종부세 폐지와 예산 부족, 본부장의 주가조작과 부동산 비리, 인구 절벽의 위기, 탄소 문제와 원전, 쿼드 가입과 중국 반발, 과도한 사교육, 오미크론과 방역, 북미와 대중국 외교, 여소야대의 정국 등등 벼락같이 들이닥치던 IMF와 모라토리움의 그림자.

재명은 피곤한 몸 푹 쉬고 공부도 하련만, 석열은 달밤에 어퍼컷 날리며 청와대 뜰을 빙빙 돌고 돌지나 않을까 싶다. 그를 찍어준 1,600만의 손가락은 어찌하려나? 사서 고생하는 것도 아니고 5년을 무슨 수로 견뎌내리오.

갑질

갑질처럼 한심한 인생은 없다. 돈 있다고 으스대는 사람은 대부분 벼락부자거나 부정으로 긁어모은 경우가 많다. 애초 텅 빈 머리거나 악의 덩어리가 대부분이다. 그래서 솟아나는 즐거움을 참지 못하고 함부로 거친 말과 행동으로 자랑질하게 된다. 그래도 참아주고 눈감아주면 넘어갈 수도 있다. 문제는 수재들이라는 SKY 출신들의 엘리트 의식이다. 더 배웠으면 지각이 있는 행동이 요구되건만 달달 암기하여 출세한 부류들이 더 문제다. 영국 총리들의 출신 고등학교를 보면 가장 많이 총리를 배출한 학교는 2차 대전 전몰자가 제일 많은 학교라고 나타났다. 여기서 노블레스 오블리주라는 말이 시작된 모양이다. 갑질 오케이다. 그러나 헌신과 봉사가 빠진 갑질처럼 더러운 인간은 없다. 함부로 나대다가는 하늘과 땅으로부터 톡톡히 대가를 치러야 하리라.

사법시험

70여 명이 윤석열 정부 요직에 들어갔다고 한다. 검사들 이야기다. 마치 군사 쿠데타 후에 대위급들이 공사기업에 들어가 과장들을 몰아내고 회전의자를 빙빙 돌리며 멋쩍어하던 모습 그대로다. 검사들 대부분이 과거 사건에 집착해 사건을 처리하기 때문에, 계획과 행정 능력을 기대하기 어렵다. 그들은 주로 죄와 벌이 주제이지만 행정은 기획을 토대로 공무원들을 지시하고 그 능력을 감안하여 격려와 상을 주기 때문에 벌주기보다 상주기로 나랏일을 발전시켜 나가는 것이다. 사법시험은 7개 과목의 책과 총 2만 페이지를 외어야 한다. 엄청난 암기력이 요구된다. 훌륭한 노력이다. 그러나 검사가 법외의 분야에 손대는 것은 삼갈 일이다. 머리 좋다는 뜻을 오해하여 만능인 줄 착각하면 불행해질 수밖에 없다. 왜? 암기와 통찰력을 다 같이 수재라 한다. 또 암기 능력과 창조력을 구분하지 못하고 그냥 다 수재라 한다. 지각을 동원하여 판별하지 못하는 데서 오는 혼돈과 비극은 엄청날 수밖에 없다. 귀 있는 자는 들으라는 말씀이 왜 성경에 있는지 알 법하다.

네네

통치자의 몰락은 '네네'로부터 시작해서 그걸로 끝을 맺는다. '그게 아니고요'라고 말했다가는 밥줄이 끊긴다. 그래서 막스 베버가 말했다. "거리감의 상실은 곧 죽음과의 입맞춤이다." 자기 말만 하고 듣기를 싫어하는 자를 말한다. 한 시간 회의에서 55분 떠드는 사이코패스다. '네네' 하고 90도 절하며 돌아서는 자들에 둘러싸인 통치자는 멸망의 파도가 덮쳐와 그를 사뿐히 끌어안고 사라지리라.

3장

가슴을 친다

세기의 통곡

2009년 5월 29일, 경복궁에서 열린 노무현의 영결식, 늦봄 날씨가 유난히 화창했다. 땡볕이 맨땅에 거침없이 퍼부으니 그 색깔이 흰 백지장 못지않게 빛을 발하는 듯했다. 어느덧 식이 끝나고 김대중은 휠체어를 탄채 그 미망인을 만나 서로 손을 잡으니 권 여사는 90도로 절을 올리고 김대중은 통곡하며 외치고 말하되 내 몸의 반쪽이 무너졌다고 했다. 체면이고 뭐고 다 던져버리고 어린아이처럼 소리 내어 우는 모습은 너무나 애처로웠다. 5천 년 동안 쌓인 백성의 한을 홀로 짊어진 듯, 그의 울부짖는 소리는 한순간에 폭발하여 내 뿜는 활화산 그 자체가 아닌가. 나는 그 놀라운 광경을 보며 나의 깊은 양심의 샘물에서 솟아오르는 소원을 빌었다. 이제부터는 이 백성의 통곡이 사라지게 하소서. 자기 가슴을 치며 우는 일이 없게 하소서.

　두 사람은 나라를 위해 온몸을 바쳐 헌신한 최고의 애국자다. 또한 자기 백성을 위해 자신을 기꺼이 희생한 거인들이다. 인류 역사상 가장 앞선 민주주의를 시험하며 시련을 겪었던 희생자다. 돌팔매 속에서도 미련할 정도로 정의의 길을 개척하고야 만 선지자들이다. 그러나 그들을 증오하는 무리도 많은 것이 현실이다. 그 두 사람을 위해서 더욱 미워할 일이다. 욕하고 협박하고 끝없이 저주하라. 그럴수록 두 사람의 이름은 영원토록 빛을 발하리라. 새벽의 북극성처럼. 마태 5장 11절 "나를 인하여 너희를 욕하고 핍박하고 거짓으로 너희를 거슬러 모든 악한 말을 할 때는 너희에게 복이 있나니 기뻐하고 즐거워하라. 하늘에서 너희 상이 큼이라."

슬픈 기억 세 가지

제1화

우리는 언제부턴가 가난한 자와 약자를 유난히 무시하는 버릇이 있다.
요새 갑자기 '기레기'들의 창궐로 그 썩은 냄새가 고약하다. 청와대 기
자 회견에서 45도 각도로 누워 있는 아이가 부스스한 모양으로 일어나
서 객기를 부리는 태도는 오래도록 기억되고도 남을 일이다. 자기 딴에
는 용기를 내보인 모양인데 과연 그럴까. 유신 때에 그랬어도 어색하게
보였으리라. 끌려가 당했다고 쳐도 욕먹을 추태였다. 순하기가 양 같은
문재인 정부 앞에서 그 짓을 벌이다니 참 아니 어울린다. 인간 찌꺼기를
고백하는 현장이요 그런 짓을 시켜서 밥벌이하는 데스크도 한심하기
는 마찬가지다.

제2화

김대중이 현해탄에 던져지기 전 구출되어 자기 집 앞에 나타난 일은 우
리를 슬프게 한다. 사람이 유기견인가. 이 짓 하고도 살아남을 수 있을
까. 한 나라의 야당 지도자의 이런 모습은 독재자의 마지막에 가던 꼴에
비하여도 너무나 슬프다. 독재를 멈추고 남도 다하는 민주주의를 하자
는데 그런 짓을 하다니. 나 같은 소인도 그때 이미 짐승들의 마지막을
예언할 수 있을 정도의 유치하고 살 떨리는 사건이었다.

제3화

그렇게 핍박받던 김대중이 대통령에 당선되고 2000년 노벨상을 받기 전이다. 수만 통의 반대 편지가 주최 측에 쇄도했다는 것이다. 1백 년 노벨상 역사상 최초로 생긴 기현상이라고 했다. 남북이 갈려 어디를 가나 고개 들기가 부끄러운 중에 같은 집안에서 이간질을 해대다니. 혹 형제끼리 다투다가도 위기에는 힘을 합쳐 대처하는 것이 도리이고 선한 전통이련만 밀기 시작하면 끝까지 가야 속이 풀리는 모양이다. 하긴 그런 마음보로 투표하니, 괴물들이 지도자로 나타나는 것이리라.

그 편지들이 영원히 기록으로 남아 두고두고 한국의 아픔으로 흔적을 남길 일은 생각하지 못했을까. 이제는 우리도 신사 코스프레를 해야 하겠다. 청빈 사상과 군자의 위풍과 중용사상도 이미 가지고 있다. 가라앉는 타이태닉호에서 의연히 양보하며 죽음을 맞던 선장과 그 부하들의 신사도를 우리도 할 수 있으리라 자부해 본다.

테스와 무혀니

그리스의 기득권은 자기들의 달콤한 부정을 방해하는 테스 형을 놀려 댔다. 극장에서는 그를 창녀의 뒤를 따라다니며 침 흘리는 거지 두목으로 표현하면서 박수를 치고 침을 튀기며 배부른 황혼의 늑대같이 춤을 추었다. 마치 대학로에서 못난이 연극을 펼치며 무혀니를 X같이 껄떡이는 놈이라고 놀릴 때 유신 공주님이 손바닥을 치며 쾌락을 맛보던 모습과 동일했다. 조국을 그 모양으로 만들어 보려고 검찰 심장부가 총동원되고 언론은 추미애를 옹고집쟁이로, 도둑소굴의 윤 돼지와 같은 급으로 몰고 간다. 단 문재인을 삼지창으로 찔러 치명상을 입히고 싶은데 이 사람은 마치 반신반인처럼 틈새를 보이지 않는다. 어디를 쑤셔야 할꼬. 이 친구가 인간이라면 약점을 내놓을 때도 되었건만 묘하도다. 바보 같은데 혹 천재인가.

아, 아침마다 내 책상 서랍에서 나를 반겨주던 두툼한 봉투가 그립구나. 너를 못 본 지 몇 해던가. 내가 이대로 시들어버릴 수는 없다. 나는 소피스트의 갑옷을 입고 오늘도 싸움터에 나가 혈투를 벌이리라. 있는 이론과 없는 궤변과 어떤 짓을 해서라도 무혀니 졸개들을 부숴버리리라. 하늘이여, 도우소서. 나의 무기는 빨갱이라는 녹슨 칼과 지역 감정의 창과 부패의 젖과 기득권의 꿀이다. 잘하면 뒤집을 수 있는 오래된 전통과 관습이 나를 도와주리라.

재조인간

먹은 자는 곽상도 아들, 그것도 50억, 내가 돈 만지는 두목이었다면 지나가는 개에게 주었으면 주었지, 곽의 아들에게는 줄 수 없다는 이재명의 국회 증언이 심했다는 말도 있지만, 그 정도는 그냥 넘어갈 만하지 않을까 싶다. 도둑이 몽둥이 들고 집주인을 때리며 "이 도둑놈" 하는 꼴을 보는 깨어 있는 시민들의 답답한 마음도 생각해 줄 줄 아는 멘트라고 본다. 사이다 한잔 서비스하고 싶다는 마음이 살짝 보이는 것 같다. 70여 년 전 조국 광복의 영웅, 약산 김원봉의 뺨을 갈기며 자기의 친일 행적과 지하실에서 저지른 고문을 숨기려던 노덕술이 해방 정국을 휘저으며 나라를 엉망으로 만든 후유증이 그대로 그 대를 이어가고 있다. 도덕과 윤리가 받쳐주지 못하는 황금의 잔치는 하루아침에 사라진다는 역사의 증언이 엄연한 사실로 우리를 위협하고 있다. 재조산하再造山河를 실천할 때가 바로 지금이다. 아니다. 재조산하가 아니고 재조인간이 맞다.

네 가지 사건

2000년 12월 10일, 김대중이 노벨평화상을 받지 못하게 하려고 노르웨이 당국에 편지질한 수만 명의 방해꾼을 기억하는가. 100년 노벨상 역사에서 처음으로 다가온 황당하고 생경한 사건에 담당자들은 놀라 자빠질 지경이 되었다. 남들은 제발 달라고 조르는데 지구상에 이런 나라도 있었구나. 연구 대상이로다.

'논두렁 시계'로 노무현을 단번에 보내버렸다.

선비들의 귀감으로 존경받는 대학원 교수를 강남 좌파라는 이유로 도륙을 내버렸다. 그를 비난하며 저주하던 구름 같은 대부분의 백성 중에 조국 교수 정도의 신사는 글쎄, 한두 명?

은퇴한 문재인의 산골 집 앞에 시위하며 욕설을 퍼붓는 백성은 푼돈 벌이로 그런다고 치고 그 피해와 부작용을 묻는 기자에게 내 사무실도 그런데 할 수 없는 것이라는 윤석열의 대답은 영원토록 남을 역사 기록이다.

나에게도 위와 같은 심성이 틀림없이 어느 구석에 쭈그리고 있으리라고 생각이 미치니 소름이 돋는구나! 어찌할꼬?

김정숙 여사

병이 들어 치료받으신다고 하던데 좀 나으셨는지요? '안정권'인가, 바깥 정권인가 하는 이상한 자가 무당 트럭을 들이대고 평안한 산골 마을에 확성기 틀어놓고 나쁜 말로 하루 종일 욕질을 해댄다고 하니 이 일을 어쩐단 말입니까? 인내력 하면 금메달감인 문 통은 끝까지 가보자고 견디시는 모양입니다. 그러나 여사님은 다르지요. 활달, 명쾌에 솔직 담백하시니 어찌 배설물보다 더럽게 추한 악귀들의 해악질을 막아낼 수가 있겠습니까? 그러나 이겨내야 합니다. 왜냐하면 세계 최고의 복지 민주 국가로 가는 길에 불가피하게 있게 마련인 시련들이라고 여겨집니다.

> "우리가 환난 중에도 즐거워하나니, 환난은 인내를, 인내는 연단을, 연단은 소망을 이루는 줄 앎이로다"(롬 5:3).

조국과 후손들을 위하여 참아내시고 내내 건강하시기를 빌어 마지 않습니다. LA 무명 교포 드림.

죽창가

농부들이 너무 고달파 짚신을 발에 붙여 새끼줄로 꽁꽁 묶고 쟁기 들고 동학군에 자진 입대한 일을 두고 눈시울을 붉게 물들일 일이건만 건달 정치꾼들이 죽창가 어쩌고 하며 그 서러운 역사를 조롱하고 있다. 그 꼬락서니는 마치 자기들은 왜놈의 후손인 양 짖어대니 어이가 없다. 조선 왕의 허락을 받고 출동한 왜군들은 기관총을 들이대고 삽시간에 동학군을 괴멸하니 서럽고 또 서럽구나. 미개한 섬나라 꼬마들에게 이처럼 수모를 당한 나의 아비와 아저씨들의 억울함을 어디 가서 어떻게 호소할꼬?

"새야 새야 파랑새야, 녹두밭에 앉지 마라. 녹두꽃이 떨어지면 청포 장수 울고 간다."

한 맺힌 백성들은 호소할 곳을 찾아 둘러보다가 겨우 짹짹이 참새에게 부탁해 본다. 아, 하느님이여, 우리의 통곡 소리가 아니 들리나요?

통곡

애초에 믿은 것이 잘못이다. 그동안 안기부니 남산이니 하며 설치던 아이들은 배운 게 모자라서 그런가 했더니 배운 놈들이 더 사악하다. 군바리 밑에서 시키는 대로 하던 검사들이 순하디순한 민주 체제가 되자마자 안방을 차지하고 주인들에게 호령하고 있다. 자기들의 살인강도죄는 다 무죄고 야단치는 주인을 발가벗겨 놓고 회초리로 후려친다. 공부만 하고 그저 모범생인 줄 알았던 백성들은 질겁하며 신음한다. 한번 팔자를 고치더니 검사와 군바리는 게임이 안 된다. 아이고, 내 팔자야. 완전히 속았구나. 이 일을 어쩐다더냐? 내 속이 시커멓게 타는구나.

고아

한국전쟁 때 부모를 잃고 피난민 속에서 통곡하던 아이들이 많았다. 아무런 인연이 없이 버려진 아이들이었다. 다시 말해 천애 고아라고 한다. 그들의 울음소리보다 더 불쌍한 소리가 이 세상에 얼마나 될까? 그런데 다 큰 어른이 되어 성공도 하고 입신양명도 이룬 사람이 입술을 흉하게 내밀고 고아처럼 울면서 소리 지르니 희한한 일이다. 그것도 두 명이다. 사람들이 많이 모인 백주 대낮에 그랬으니 얼마나 어색하고 부자연스러울까. 그러나 그들은 소리쳐 통곡했다. 하나는 대통령을 지낸 김대중이고 또 하나는 변호사요 성남시장 하던 이재명이다. 2004년 3월 24일, 성남의료원 심의 보류로 이재명의 복지정책이 중단되었을 때 그는 시민들의 고통을 위하여 같이 울었다. 위급한 환자들이 판잣집 속에서 신음하며 죽어가는 모습을 생각하면서 자기의 무능함에 가슴을 치며 슬퍼했다. 또 하나는 경복궁에서다. 2009년 5월 29일 노무현 국민장 영결식이 끝난 뒤 김대중은 휠체어를 타고 미망인 권양숙을 만나 통곡한다. 그는 고아처럼 소리쳐 울었다. 600년 한이 맺힌 경복궁의 쌓인 먼지들이 사방으로 흩어져 도망가듯 그 소리가 크다. 억울한 백성들의 슬픔과 한이 쌓인 곳이다. 그곳에 천사들의 합창이 들려오는 듯하다. 그대여! 이 두 의인의 울음소리를 가벼이 여기지 마라. 다시는 이 나라 백성들의 눈에서 눈물이 흐르고 입에서 통곡 소리 나지 않으리니 두 의인의 하소연이 하늘에 닿았음이라.

인내

김대중은 말한다. "국민이 항상 옳다고 말할 수 없다. 잘못 판단하기도 하고 흑색선전에 현혹되기도 한다. 엉뚱한 오해를 하기도 하고 집단 심리에 이끌려 이상적이지 않은 행동을 하기도 한다. 그럼에도 불구하고 우리에게는 국민 이외의 믿을 대상이 없다. 하늘이 바로 국민인 것이다." 이것이 그가 남긴 명언이다. 몇 가지 덧붙일 일이 있다. 때를 기다리며 길을 열 일이다. 그는 영국으로 건너가 경제와 경험주의 철학과 외국어 등을 공부하며 고령에도 불구하고 자신을 단련했다. 오직 그 기회는 하늘의 뜻에 맡겼다. 자기의 할 일은 조국의 번영과 발전을 기원할 뿐이다. 그 후 과연 기회는 왔지만, 국고는 텅 비고 나라는 IMF로 폭삭 망한 뒤다. 금 모으기 등으로 세계만방에 국민의 의지를 보이며 울면서 기사회생했지만, 수많은 이혼 가정과 노숙자들의 고통과 후유증을 무엇으로 변명해 낼 수 있을지 의문이다. 그래도 믿을 곳은 역시 하늘 같은 국민밖에 없다고 믿는지 김대중의 대답이 듣고 싶다. 아, 민주주의는 과연 극한의 고통과 절규를 겪으며 흘리는 피와 땀을 먹어야만 만족하는 괴물은 아닌가 싶다.

4장

헛똑똑이들

만남

2024년 총선에서 대패한 윤석열 대통령이 다급한 마음에 야당 대표인 이재명 의원을 만났지만, 예상대로 소귀에 경 읽기다. 지팡이를 땅에 꽂고 꽃이 피어나기를 바라는 것과 같다. 까마귀보고 독수리 되기를 바랐던 백성들이 또 한 번 속았다. 사람은 고쳐 쓸 수 없는 짐승이라는 속담이 맞다. 탐욕의 늪에 빠진 인간을 건져내서 구해준다 해도 또다시 있던 곳을 찾아 나선다. 마음을 다스리는 교육을 뒤로 제치고 암기 교육으로 선악을 구별하던 시대를 하루속히 버려야 나라가 산다. 겸손과 희생과 창조력이 교육의 3요소다.

학벌

좋은 학교 나온 것이 좋은 사람이 되는 것이 아니다. 훌륭한 사람이 되는 것도 물론 아니다. 좋은 머리로 더 높은 수준의 학문을 배우고 연구해서 나라와 국민을 위해 헌신하되 정당한 대가를 받고 나쁜 일을 도모하지 말아야 한다. 남보다 더 대우받기만 할 일이다. 좋은 머리를 이리저리 굴려서 부정하면 그 죄의 가산점과 대가로 무서운 부작용이 생길 수밖에 없다. 그래서 학벌과 인격은 비례하지 않는다. 머리 좋은 자를 부러워할 수 있지만 거기까지다. 존경의 대상이 되는 것이 절대 아니다. 100년 전에 하던 유치한 개념은 잊을 때가 되었다. 우리 모두 박수로 존경할 대상은 남을 위해 자신을 희생하는 평범한 사람들이 되어야 한다.

사진

네가 숨을 거두면 첫 번째로 끌려가는 곳이 영상실이다. 그곳 문을 열고 들어서면 대선 투표장이 보이고 무속인의 이름에 투표하는 네 손이 크게 나타나리라. 다음은 심문이 시작된다.

"너는 왜 이 사람에게 도장을 찍었느냐?"

"투표 행위는 내 소신에 따라 행한 헌법상의 권리요, 거룩한 의무로 당당히 그를 지지했습니다."

임금 왕 자를 손바닥 안에 쓰고 공영방송에 나와 자랑스럽게 펼쳐 보인 후보를 찍었다 이 말이냐?"

"네."

"우상 숭배하는 자들은 내 식구가 될 수 없다. 아버지께서 가장 싫어하는 죄목이 우상 숭배다. 더욱더 여기 네 손이 하는 투표 행위는 확실한 증거다. 잘 가거라."

"왜 이러십니까? 살려…."

"다음!"

에쿠

"친구, 반갑구려. 투표 한번 잘못했다고 여기로 보내더라고. 나 참. 이건 너무하잖아?"

"내 말이 그 말이라니까. 그런데 베드로가 내 잘못을 조목조목 일러주더군."

"그래? 무엇이 그토록 잘못이라던가?"

"네 마음속으로 무속인을 따랐다면 다툼의 여지라도 있겠지만 투표로 행한 확실한 증거가 여기 있으니 무슨 말을 할 수 있으리오?"

"무당을 따르면서도 일생 큰 교회 다니며 헌금과 봉사를 했는데 왜 그런 것은 참고 사항이 아닌지 모르겠군."

"확실한 증거가 문제지. 저 도장이 명확하게 보이니 말이다. 저기 성경 구절이 나오는군."

'너희가 나 그리스도를 배반하여도 살길이 있을 수가 있지만, 성령을 거역하면 영원히 끝이다.'

"성령 거역이 무슨 뜻이오?"

"불가피한 경우도 아닌데 거짓을 쫓아 악을 행하는 행위라고 볼 수 있지."

"에쿠, 큰났네."

"그리고 우리 후손들도 우리를 수치스러운 조상으로 점찍고 저주할 거래. 더러운 욕심 때문에 무속인을 찍어준 더러운 배반자라고. 또 우리가 쌓아놓은 재물로 배 두드리며 우리와 똑같은 길에 들어설 것이라고 말이야."

"에쿠, 클났네."

구두 족발

나라가 망할 때는 언제나 요사스러운 무속이 나타난다. 막강했던 애꾸눈의 궁예가 후삼국 통일을 앞두고 공연히 관심법을 들고 나와 이것저것 다 말아먹고 죽었다. 열등감이 그를 오버액션하게 했다. 요승 신돈은 고려 멸망의 공로자요 무당굿으로 밤과 낮을 모르고 날뛰던 민비는 자신과 나라를 통째로 날려버렸다. 임금 왕 자를 손바닥 안에 써놓았다가 방송에서 자랑스럽게 좍 펼쳐 보이던 그 모습은 가히 국보급이 아니고 무엇이랴. 그를 뽑아준 손가락도 별수 없이 뿌린 대로 잘 거둘 일이지만, 소위 믿는 자들이 성경을 넘기던 손가락으로 임금 왕 자를 찍었으니! 그러고도 입으로 주여, 주여 하려나 매우 궁금하도다. 한국교회의 기막힌 현주소와 결산 보고서가 우리 앞에 펼쳐지니 어찌 회개의 눈물 없이 무사하기를 바랄 수 있으리오.

탈진실

옥스퍼드 사전은 '탈진실post-truth'을 그해의 단어로 선정했다고 한다. 그해란 2016년에 영국 국민 대다수가 브렉시트에 찬성하여 곧 후회하던 때를 이르는 말이다. 유권자들은 충분한 정보를 가질수록, 충분히 똑똑해질수록 점점 더 이상한 결정을 내리고 있다고 한겨레의 성한용은 말한다. 집단지성Collective Intelligence은 개미들이 집을 만들 때 서로 협업하는 모양을 관찰하고 어느 곤충학자가 창조한 말이라지만 인간 사회에서는 중요한 안건일수록 불가역적 결과를 내놓게 되는 모양이다. 정치 경험 없는 검찰총장이 대통령으로 출마한 것이나, 그를 선뜻 뽑아준 국민이나 정상적인 정치 행위로 간주하기가 마땅찮다. 임금 왕 자, 구두 족발, 부친 집 매매, 부산 저축은행 게이트 및 어마어마한 본부장까지 대한민국 비리 총집합으로 꾸려진 종합세트를 선택한 국민의 의중은 무엇 때문일까 매우 궁금하다. 표창장 의혹 하나로 조국과 그 가족을 멸족시킨 그가 뻣뻣하게 얼굴을 들고 인수원가 뭔가를 뒤에 달고 터덕거리며 휘젓고 다니는 모습은 가히 막장 드라마의 끝판왕이라 할 만한 광경이다.

삼손

그의 별명은 삼손이다. 직업은 고등학교 화학 선생님이다. 오래전 실험실에서 사고가 나서 손가락 두 개를 날렸다고 한다. 그러므로 남은 손가락이 셋이라고 해서 아이들이 짓궂게도 삼손이라고 불렀다. 강의할 때도 오른손을 번쩍 들고 손바닥을 활짝 펴 보이면 그곳엔 묘하게 붙어 있는 백묵(분필)과 세 손가락이 네 형제들이 마치 키재기를 하듯 자랑스럽게 나타난다. 일부러 자랑하는지 아니면 묘한 버릇인지 알 수가 없다. 그런데 그는 이 학교를 다닌 선배 교사다. 후배들의 아둔한 머리와 멍청한 눈동자를 보고 비탄하며 말했다.

"너희 놈들은 약 먹고 죽지 마라. 약이 아깝다. 강물에 익사하지 마라. 물고기가 오염된다. 그냥 세숫대야에 물 절반 채우고 코 박고 3분만 있어라. 에구 모자란 놈들, 그렇게 설명해도 못 알아듣다니. 꼴도 보기 싫다, 이놈들아!"

이런 욕을 퍼 맞으면서도 우리는 웃었다. 그 밑바닥에 후배 사랑이 깔려 있었기 때문이다.

그분이 아직도 살아 있다면 땅 치며 후회하는 투표자들에게 무엇이라고 호통할까? 그 손가락을 칼로 자르지 마라. 칼만 무뎌지고 뒤처리가 힘들다. 그러면 세숫대야에 물 절반? 아니다. 그것도 물이 아깝다고 말리리라. 그냥 입과 코를 투표한 손으로 막고 3분만 참고 있으라고 하리라. 그리운 화학 선생님!

질문

생각들이 너무 짧다. 아무리 경험이 적고 마마보이로 자랐어도 눈치는 있어야지, 인생 20년이 짧은 시간인가? 거기에 더해서 대학까지 다니며 전문교육을 받으면서도 반공에 찌든 할아버지 고집보다 못하게 사고가 단순하고 직설적이면 어쩌란 말인가? 아무리 토론 없는 바보 교육을 받는다고 하더라도 그렇게까지 논리적 사고가 낙제 점수에도 미치지 못한다니 무엇을 배우고 있는지 걱정이다. 이재명이 시장과 도지사 역임하면서 무엇을 이루어 놓았는지 또 꾀를 부리며 자기 이익을 취했는지, 아니면 모든 유혹을 물리치고 정직하게 일했는지, 밀린 시와 도의 빚을 어떻게 갚았는지, 일 처리 능력과 그 결과는 어떻게 나타났는지, 10분만 찾아보아도 알아낼 일을 외면하고 윤을 찍었다니 얼마나 한심한 인생들인가? 조국 잡으려고 어린 여학생 일기장까지 뒤지는 모양을 보면서 또 자기의 주인을 배반하고 반대편에 들어서서 은전을 원수로 갚는 모습을 보면서도 그 인간성을 짐작 못 했다는 말인가? 오만, 무식, 무능과 몰염치, 몰상식, 불공정의 대명사를 뽑아 준 청년들이여! 그대들은 이완용이나 원균을 욕하면서 자진하여 그들의 제자 되기를 자원하는 자들과 무엇이 다른가?

못난이

이 세상에서 제일 바보는 누구일까? 간단하다. 오만한 자가 바보다. 왜? 자신과 가족을 망치고 더하여 공부 열심히 해서 출세한 자는 나라까지 절단 내고 만다. 그래서 한 사람의 오만함으로 40만 명의 정예 군인을 한순간에 땅속에 묻혀 죽게 만든 기막힌 기록이 남아 있다. 기원전 260년 중국 조나라 장수 조괄이란 자가 그 바보다. 아버지의 후광으로 벼락 출세하여 날뛰다가 나라의 모든 청년과 자기 자신까지 무참하게 죽어나갔다. 조나라를 통곡의 나라, 과부의 나라로 만들고 말았다. 그리고 몇 년을 더 버티다가 진시황의 손아귀에 들어가고 만다. 두 나라 국력이 대등하여 전쟁마다 일승일패 하며 위세를 떨치던 대국 조나라가 한 사람의 엉터리 지도자로 인하여 영원히 사라져버린 슬픈 역사다. 지금 민주주의 국가의 단점은 정의와 공정을 판단하여 옳은 지도자를 고르기가 어렵다는 것이다. 어떤 자가 자기의 조국을 바르고 현명하게 이끌어줄지 백성들이 판단하여 뽑을 수 있을지가 관건이지만 그게 간단하지 않다. 크나큰 오판이 자주 생기게 마련이다. 그러니 실수도 하고 성공도 하며 후회와 짜증이 뒤섞여서 지루하지만 어쩌랴? 아직은 민주주의보다 더 나은 제도가 나오지 않고 있다. 그래서 한가지 팁을 드리자면 오만한 자는 절대로 선택하면 안 된다는 말이다. 못난이가 오히려 까부는 자보다 훨씬 앞선다. 오만의 결과는 고통이요, 절규다. 끝이다.

변명

아테네 청소년들에게 진리의 길을 가르쳐주면서도 완전 무보수로 봉
사했다. 내 꼴은 시민 여러분이 보는 바와 같이 왕거지다. 나의 이 가난
이 나의 정직과 양심을 대변하건만 너희는 그 꼴도 보기 힘든 일이라고
나를 죽이는구나. 나는 죽어도 후회하지 않을 것이다. 그러나 악의 편에
서 투표한 자들의 죄는 끝까지 너희를 동행하리라. 하늘과 땅 어디에도
그 죄를 숨길 곳이 없다. 너의 이름은 고통이다.

어벤져스

한국의 정치판이 철면피 인간들로 채워지고 있다. 미래통합당의 이야기가 아니다. 옛날에는 순진한 시골 아이 같아서 고분고분한 맛도 있었던 민주당이 많이 변해간다. 어떤 때는 막무가내로 눈까지 부릅뜨고 덤벼든다. 어쩌다가 반인간 반짐승의 모습을 보여주고 있을까. 하지만 그 이유가 있다. 오래도록 내려온 적폐가 나라 곳곳에 들어박혀 꿈틀대고 있다. 무서운 심판 없이 이룬 평화혁명의 불가피한 결과다. 그러니 정치군인 대신 이번에는 '검새'와 '기레기'와 '적폐'가 마지막 용트림을 하고 있다. 그런데 순한 양 같은 민주 인사들마저 변해가는 모양새다. 추 장관이 "소설 쓰고 있네"라고 했다. 야당은 큰 건 하나 걸렸다고 말꼬리를 잡고 늘어진다. 사과하라고 야단들이다. 옛날에는 본의 아니게 물의를 일으켜 죄송하다, 또는 나의 부덕의 소치로 어쩌고 하며 한발 물러서련만, 이번에는 아니다. 추 장관은 당당히 버틴다. 그의 동료들도 하나 마나 한 소리를 내뱉으며 주제를 다른 곳으로 돌려버린다. 전에는 못 보던 모습이다. '빨갱이' 한 마디에 기죽던 그들 아닌가. 그러나 그 이유를 우리는 안다. 사과 후에 지껄일 기레기들의 아우성이 들린다.

> "코너에 몰린 추 장관이 아들 문제에 드디어 항복", "추 장관은 숨고 옆의 동료들이 횡설수설 사과하는 진풍경이 벌어진 국회 법사위."

이제는 양아치들의 공격과 기레기들의 사후 공작을 완전히 학습한

민주당이다. 더 이상의 실수는 없다. 속지 않을 거다. 전진이다. 정의의 나라로 통일의 나라로 간다. 그 천사 같은 조국도 어벤져스로 돌변하여 이놈들 맛 좀 보라 하며 달려드는 판이다. 날라 올 돌팔매는 철면피라는 정의의 방패로 막아내며 앞만 보고 뚜벅뚜벅 가는 거다. 끝을 봐야 한다.

4 · 19의 의미

동숭동 대학로의 문리대가 먼저 달려갔다. 20분 만에 효자동 길에 들어서니 건물 속에 진을 치고 기다리던 경찰들이 사정없이 사격하여 수십 명의 사상자가 나왔다. 그들은 앰뷸런스에 실려 중앙청 앞길을 지나 안국동과 원남동을 통과하여 창경원 앞 S 대학병원으로 앵앵거리며 달렸다. 호송하는 동료들이 피 묻은 흰옷을 흔들며 차 옆에 매달려 위급 상황을 알렸다. 그 뒤로 계속 밀고 효자동길로 들어선 그룹은 남산의 D 대학이었다. 그들은 길옆에 널려 있던 하수구용 시멘트 구조물을 굴리며 청와대로 돌진해 들어갔다. 다시 그들 뒤를 멀리 한강 쪽에서 달려온 C 대학이 받쳐주었다. 수많은 희생자가 그 세 대학을 중심으로 생겨나니 시내에서 멀리 떨어져 있는 대학들이 몰려들어 광화문광장에 북적일 때는 경찰들도 달아난 뒤였다.

문제는 혁명 이후였다. 처음 경험한 혁명이 성공하여 눈앞에 펼쳐지는 기이한 현상에 젊은이들의 흥분하는 모습들이 곳곳에서 분출되기 시작했다. 대학들은 경쟁하듯 거리로 쏟아져 나왔다. 되지도 않을 요구 조건을 내 세우며 중구난방으로 외쳤다. 눈뜨면 데모요 행진이요 구호 외침이다. 어깨동무로 판문점으로 달려가서 북쪽 학생들과 대화하여 통일하자는 대학들도 나왔다. 그런 것은 남쪽 정부가 안정되고 질서가 회복된 후에 요구해도 시기적절할지 의문되는 민감한 문제였다. 또 다른 문제는 책임 내각제 총리인 장면이 위급 상황 때마다 결단을 내릴 생각은 아니 하고 숨어 다니기에 급하고 청와대에 상징적으로 대통령직에 있던 윤보선은 이리 갔다 저리 붙었다 시계추 모양으로 처신하니 정치군인 하이에나들이 호시탐탐 기회를 엿보기 시작했다. 결국, 식은 죽 먹듯이 날름 악귀들의 손에 나라 전체가 먹히고 마니 과연 죽 쒀서 개 줬다. 억울하게 알면서 당한 꼴이다. 그러나 4 · 19 정신은 1987년에 드디어 계승되며 민주의 여명이 밝혀지기 시작했다. 시간이 걸리고 부끄러운 세월도 겪어가며 투쟁 끝에 얻은 문재인 정권이 성공하여 한반도에 평화가 들불처럼 퍼지기를 힘쓸 일만 남았다.

자유

가난하고 못 배운 자들은 자유가 무엇인지 모른다. 자유의 필요성도 모른다. 유력한 대선 주자의 주장이다. 이에 더하여 종부세 폐지를 내놓고 부동산 투기꾼들의 세상을 만들기에 여념이 없다. 결국, 마하트마 간디나 통나무 철학자 디오게네스, 또 예수와 열두 제자가 모두 자유가 무엇인지 모르고 살았다는 말이다. 부정과 거짓으로 끌어놓은 재산과 불안한 자유가 그토록 만족스럽다는 말인가? 땀 흘려 농사짓고 힘든 노동으로 하루하루 삶을 이어가는 대부분의 선한 백성을 비하하는 모습은 정말 역겹고도 무서운 일이다. 정직하게 사는 사람은 근근이 살고 부정을 저지르는 자와 지위를 이용하여 욕심을 채우는 자들이 큰소리치는 사회가 어찌 망하지 않을 수 있으리오. 정의가 바로 서면 자유가 도둑처럼 따라온다는데 언제나 그때가 오는지 간절히 기다려 본다.

예방 주사

나는 과거가 있다. 나는 생활인인 동시에 사회적 동물이다. 결코, 성직자형이 아니다. 여러분이 뽑으려는 사람은 유능하고 역동적인 정치인이지 거룩한 성인이 아니다.

나는 2년 전에 재래시장에서 생닭 한 마리를 훔쳤다. 주인이 소리 지르며 쫓아오기에 닭을 그 사람에게 던져버리고 도망쳤다.

나는 얼마 전 친구에게서 500만 원을 빌려서 잘 쓰고는 영수증을 남기지 않은 것을 알고는 아직 모른 척하며 버티고 있다.

지금 후회하고 있다. 곧바로 정리할 생각이다.

나는 지금 서울시장에 출마하련다. 나의 과거 잘못을 인정하고 시민 여러분의 현명하신 선택을 바란다. 이 부족한 사람이 그나마 일구어 놓은 정치적 치적과 노력을 보시고 냉정한 평가를 내려주기 바란다. 최선의 노력으로 보답하겠다.

이처럼 과장되게 나의 잘못을 미리 발표함으로써 예방 주사 효과를 보아야겠다. 강도떼들의 갑작스러운 네거티브를 방어하는 방법의 하나다. 불가피한 거짓 자백이다. 깨끗할수록 역이용당한다. 도긴개긴의 참뜻을 오래전에 잊어버렸는지 또는 알면서도 자신을 속이는지 알 길이 없다.

무지

안철수가 코로나 방역 TF로 배치되었다. 조직과 행정은 의사의 전문 분야가 아니다. 경험을 갖춘 정치가와 행정가의 영역이다. 안철수는 의사다. 정치와 행정 경험이 거의 없다. 그러나 윤 당선자는 그를 전문인이라며 방역 책임자로 지명했다. 실수다. 의사의 주 업무는 치료와 병리학 연구다. 과학자다. 치료는 의사가, 행정은 정치가가 맡아야 한다. 벌써 무지의 그림자가 몰려온다.

자유, 지성

윤 대통령은 취임사에서 두 가지를 화두로 내놓았다. 하나는 자유민주주의, 그다음은 반지성주의다. 첫째 것은 실천하겠다는 주의이고, 둘째 것은 나쁜 생각이니 절대로 반대한다는 뜻이다. 이 나라를 자유민주주의와 시장경제를 기반으로 국민이 주인인 나라로 재건하겠다는 것이다. 자본주의 체제는 지난 400년의 경험을 통해 이미 완전히 실패했다. 견제와 조정 없는 자유민주주의와 시장경제를 기반으로 시행하면 실제로는 국민이 아니라 권력자와 자본가가 주인이 된다는 사실이다. 기업은 이윤이 최고의 목표가 되고 자본은 권력과 손잡고 불법, 폭력, 전쟁을 가리지 않고 돈만 끌어당기기에 전념할 것이다. 고로 유럽의 선두 주자인 덴마크와 핀란드 등은 사회민주주의를 실현하여 모범 체제로 증명하고 있다. 대통령은 35번 자유라는 단어를 반복해서 속을 드러냈지만, 낡아버린 언어는 그 본뜻이 사라진 지 오래됐다. 그다음 반지성주의는 왜 갑자기 주장할까? 암기 위주의 어려운 시험에 합격한 엘리트 검사들이 무슨 짓을 하든 간섭하지 말아 달라는 주문이다. 좀 심하게 수사할 수도 있고, 나라 위해 일하다가 돈과 주색도 가능한 영역인데 뭔 말이 그리 많냐는 말이다. 반지성은 어리석은 짓이다. 애국에 불타는 우리 지성의 세계를 어찌 개돼지들이 짐작하리오. 어리석은 자는 우리의 제사에 참석도 말고 감 나라 배 나라 떠벌이지 말라. 다친다. 어리석은 이가 무엇을 알랴.

실정 50

1) 무속 신앙 탐닉
2) 재벌 법인세 인하
3) 청와대 집무실 이전
4) 전 정부와 비교 우위
5) 검찰 공화국 창설
6) 육촌 찬스, 거늬 비선
7) 경제 재생 포기
8) 문 은둔처 파괴 방치
9) 2천만 원 군 임금 사기
10) 군과 경찰 사기 저하
11) 집 본부장 수사 방해
12) 외교 파행, 국익 역주
13) 국가 방위 위기 초래
14) 무역적자 누적
15) 도어스테핑 취소
16) 사정 정국과 보복 수사
17) 인플레 무대책
18) 공공요금 인상
19) 탈원전 탄소 중립 폐기
20) 여론조사 완전 무시

21) 등록금 인상

22) 장관 임명 실패

23) BA.5형 재확산

24) 반지성 주위 선호

25) 언론 정상화 포기

26) 꺼떡걸음에 손가락질

27) 도리도리, 쩍벌 계속

28) 국회 정상화 훼방

29) 친일파 후원

30) 서해월북 피살 재수사

31) 전 안기부장 수사

32) 주식 폭락

33) 정치 철학 부재

34) 임기 보장 장관 축출

35) 무당을 스승으로

36) 유치한 대통령 놀이

37) 환율 최고치 상승

38) 용산 오염 배상 포기

39) 대장동 우려먹기

40) 천만 원 술잔치

41) 이준석 토사구팽

42) 경찰 장악 음모

43) 국가 기밀 유출 의혹

44) 조용한 내조 물거품

45) 영어와 능력 혼동

46) 국가 1호기 사적 이용

47) 나토 참석 성과제로

48) 모교 명예 훼손

49) 검찰총장 임명 지연

50) 대한민국 국격 추락

이상은 취임 2개월 만에 배설된 수치의 결과물이다. 윤은 국가 의전 서열 4위다. 1위는 천공, 2위는 거늬, 3위는 영어 잘한다는 한동훈이다. 윤은 위로 상관을 셋이나 모시고 있다.

타이밍

인요한 연세대 교수가 여당 혁신위원장이 됐다. 잘하면 2002년 월드컵 때 히딩크가 되겠지만 잘못 하면 2017년 대통령 후보에서 사퇴한 반기문처럼 물러날지도 모른다.

축구 감독이 자기 생업에다가 세계 최고의 명장인 히딩크가 한국 선수들을 훈련한 방법을 어느 누가 시도라도 해볼 수 있으리오. 반기문도 뛰어난 외교관이요 수재다. 단 하루가 다르게 널뛰듯 요동치는 국내 정치는 낯선 세계가 아닐 수 없다. 인요한은 힘들 것 같다. 법과 원칙이라는 간판을 높이 들고 막춤을 추면서 녹슨 칼을 휘두르는 막가파 속에서 몸 다칠까 우려된다. 속히 판단하고 미련 없이 타이밍을 놓치지 말기를 바랄 뿐이다.

기득권

일생 쌓아온 그 많은 업적을 한순간에 날렸다. 조국이 위선자라는 여론이 맞는다고 하며 그 뒤에 줄을 섰다. 모두 뜬금없다고 놀라워했다. 나중에 자기도 후회했다. 그래서 비난의 소리가 반 정도 줄었다. 그러나 그 후의 행동을 관찰하고 있던 백성들은 역시 이낙연은 이낙연을 벗어나지 못한 기득권 세력이라는 사실을 깨닫고 말았다. 기득권에 몸을 담근 자들의 말로는 멸망의 늪으로 빠지는 일밖에 다른 길이 없다.

오스카상

역시다. 기대한 자가 바보다. 하나 마나 한 소리를 녹음기처럼 뚝딱했다. 2024년 4월 총선 참패 후, 처음으로 입을 연 윤 대통령의 변명형 연설이다. 그 쉬운 영수회담도 아니고 기자회견도 아니고 새색시같이 얌전한 국무회의에서 폼 잡고 뱉어낸 말인데 내용이 없다. 자기는 최선을 다해 열심히 했는데 세세히 설명을 못 해서 국민이 아직 알아듣지 못한 것 같다. 나도 백성들도 잘못이 없다. 앞으로 잘될 것이다. 결국, 이 말은 조용히 있으면 좋겠다, 이런 뜻으로 들린다. 우리가 크나큰 실수를 했다. 이런 사람을 대통령으로 뽑았다니. 그러나 그럴 만도 했다. 사기 치는 연기력은 청룡상을 넘어 오스카상 감이었으니 깜박 속을 수밖에 없었다. 변명이 아닐 수도 있겠다.

슈퍼맨

2022년 대선에서 0.73% 차이로 당락이 결정 났다. 당선자는 48%를 얻었다. 그러던 것이 2024년 5월 중순부터는 24%로 내려가고 있다. 그의 지지자들이 등을 돌리고 있는 것이다. 열에 여덟이 깨어나고 있다. 이들이 바로 돈도 좋지만 의가 왜 꼭 필요한지를 깨달아가고 있다. 25년 전 IMF 때까지만 해도 75%의 국민이 극우였는데 극히 짧은 시간에 그 순서가 뒤바뀐 것이다. 행동만 '빨리빨리'가 아니고 정신세계도 최고조의 속도로 달려 나가고 있다. 선진과 통일을 양손에 거머쥘 날이 다가오고 있다. 깨달음 속에서 소망을 키워나갈 때다. 왜? 슈퍼맨들은 그럴 자격이 충분히 있다.

아마겟돈

검찰은 마지막 발톱까지 드러내며 덤빈다. "그래, 어쩔래? 선별 수사, 별건 수사, 압수수색, 수사 무마, 이런 건 우리 맘대로 하고 싶으면 하고 덮고 싶으면 덮고" 그러기를 80년에 아무런 불평 없이 "저 사람들은 천재이기 때문에 마음도 물론 모범생처럼 깨끗할 게 틀림없다. 정치가들이 나쁘면 몰라도 공부 잘하는 애들은 책가방 들고 걷는 모습부터 멋있고 빛이 나는 것 같아, 암." 그렇게 존경하며 자식을 다그쳤다. "공부해라, 공부." 모든 백성은 각박한 생활환경에 오직 자기 가족이 살길은 감투 쓰고 부자 되는 것이 최고의 목표가 될 수밖에 없었다. 그 빗나간 전통으로 암기왕의 시대가 끝없이 이어오며 선비 사자가 붙는 직업을 선호하면서 학원 문화가 창궐하여 사교육이 번지며 출산율이 세계 최하로 떨어져버렸다. 무서운 부작용이 독버섯처럼 솟아나 아름다운 강산을 덮어버렸다. 드디어 권력까지 잡아채더니 본색을 드러내어 그 간악함이 여실히 맨몸처럼 드러났다. 그 시작이 노무현의 죽음과 세계적 사기 연출에 넘어간 문재인 정부의 순진함으로 무서운 악을 도출하고 말았다. 그러나 그리 호락호락 넘어갈 국민이 아니다. 참다가도 생명 걸고 일어나는 창조적 백성들이다. 거기에 죽다 살아난 조국과 이재명이 오뚝이처럼 일어나 죽기 아니면 살기가 아니라 죽어도 좋으니 나라만 구하면 오케이라고 앞장서서 달린다. 깨어난 시민들이 나도 나도 하고 바짝 따른다. 2024년 겨울이 오기 전에 정의의 왕이 나타나 이 나라를 결정할 것 같다. 하늘이여! 이 전쟁, 아마겟돈 싸움을 구경만 하시렵니까?

감투

괴물이 많다. 뚝딱하면 여기저기에서 괴물들이 튀어나온다. 감투나 사자 붙은 자격증을 얻은 자들이 어깨를 올리고 인상을 쓰기 시작한다. 하버드, 판검사, 목사, 박사, 벼락부자, 이런 부류들이 문제를 해결하기는 커녕 오히려 뒤엉켜 놓고 자기 몫을 챙기는 데에 잔머리를 굴린다. 얼굴에 철판을 깔고 으스댄다. "나는 특별한 인재다. 시험을 통과한 선택된 정예 소수중 하나다. 우리 같은 엘리트가 아니면 누가 이 나라를 구하리오. 이렇게 큰일을 하면서 생기는 부수입은 당연한 보상이다." 이런 엉뚱한 논리에 빠지면 오만의 늪에 빠져 헤어나지 못하고 만다. 결국 자신과 나라의 기강은 무너지고 갈 길을 잃어버리는 미아의 길로 들어선다. 역사에 길이길이 오명을 남기면서.

멍청이

죽음아, 너의 쏘는 것이 어디 있느냐? 바울도 죽음이 무서울 수밖에 없었다. 겪어보지 못한 일이기 때문이다. 한번 가면 완전히 또 영원토록 그 이름과 존재가 사라진다.

감투를 앞에 놓고 기다리던 여당의 한 멍청이가 흥분에 겨워서인지 실수를 했다.

"노인들 빨리 죽어야 된다."

노인들의 지지도로 겨우 버티고 있는 자들의 입에서 나올 말은 결코 아니다.

자기는 해당이 안 된다는 이기심이 그 뱃속에 웅크린 발언이다. 그가 사람이라면 70세 전에 가야 한다. 그 이상 살면 인간으로 사는 것이 아니라 개돼지로 연명하는 것과 같다. 그 이유는 다 죽어버리고 나만 살아 있어야 한다는 주장은 주장이 아니라 돼지의 배설물이기 때문이다.

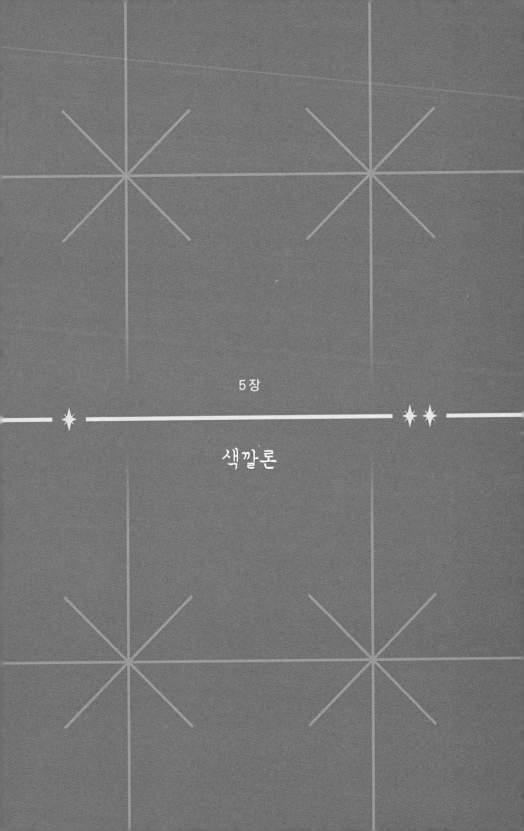

5장

색깔론

빨갱이

친일파들은 아직도 불안했다. 미군정 때 미숙한 미군 통치를 틈타 살길을 찾아냈다. 요소요소에 파고들어가 자리를 잡았다. 그 후 상해 임시정부 인사들을 살해하고 이승만을 앞세워 나라 전체를 틀어쥐었다. 그러나 여론은 여전히 친일파 타도의 소리가 높았다. 그때 마침 살길이 열렸다. 한국전쟁이 터진 것이다. 그로 인하여 이념은 아무런 내적 의미를 잃은 채 극한 대립으로 치달으니 곧 "빨갱이 죽여"가 정의로 대치된 것이다. 악의 세력은 가장 강력한 핵무기, '빨갱이'를 휘두르며 세력을 펼쳐나갔다.

P는 고등학교 시절 토론회를 만들고 대화를 즐겼다. 쉬는 시간마다 그의 주위에는 20여 명이 둥그렇게 모여들고 그의 사회로 토론을 벌였다. 주로 주제는 이성 문제가 제일 인기였다. 너도나도 주로 꾸민 이야기 속으로 빠져들면서 침을 꿀꺽거렸다. P는 조숙하여 동네 큰 형들과 주로 어울려서인지 잡스러운 지식도 많고 뻥도 제법 창조적이어서 아이들이 매끄럽게 못 나가고 미적거릴 때 그 공간을 채워주곤 하며 이끌어갔다. 어느덧 졸업이 가까워지면서 토론회는 임시휴강이 되고 각자 원하는 대학으로 흩어졌다.

집념이 강한 회원 중 10여 명이 소위 최고의 대학으로 진학했다. 그중 3명이 법 전공한다는 동숭동인가에 있는 곳으로 갔다. 나중에 다행히 검사된 아이는 없고 둘이 판사가 되었다. 나머지 한 아이가 바로 P다. 전교 1,

2등 하던 그다. 그러나 대학 졸업 후 고등고시 한 번 보고는 암기 위주라 체질에 맞지 않아 포기했다고 하는데 친구 중에 절반은 믿어주는 것 같았다. 그 머리로 왜 출셋길을 택할 것이지 그러고 사느냐고 주위에서 충고도 하고 면박도 주었지만, 싱긋 웃으며 묵묵부답이다.

———————

그는 외로운 생을 묵묵히 보내면서 도인처럼 아내의 구박을 견디고 있다고 전해진다. 〈구박받는 바보〉라는 은퇴 시를 동문지에 실은 적도 있다. 나는 고국 방문 때 그에게 그 시의 의미를 물으며 대화를 시작하니 그의 출세 기피증의 이유를 다음과 같이 해명했다.

> "대학이라고 들어가니까 모두 돈벌이 강습소처럼 돌아가더군. 교수라는 자들은 모두 친일파 천지요 법 기술을 전공한 꾀돌이들 같아서 인간성을 찾아보기 어렵더군. 실망이 컸지."

색깔론 안녕히

4·19와 5·16 전후는 한국전쟁의 후유증이 잦아들고 안정을 찾아가다가 부패와 독재가 섞여 진실을 거세당한 시절이다. 박정권 치하에서도 여전히 친일파들이 권세를 누렸다. 초중고 교사들과 대학교수도 예외일 수가 없었다. 국립대학은 그 상황이 극히 심하여 동숭동인가 하는 거리는 일본 냄새가 코를 찌르는 형편이었다. 손바닥이 닳도록 비비며 살아온 영혼 없는 인생들이다. 그들에게 배운 제자들에게 사회봉사와 진실, 정직을 기대할 수는 없다. 수단 방법을 동원하여 머리를 굴려 돈 벌기에 온 힘을 기울이는 것이 그들에게는 인생 최고의 목표가 되었다. 그들이 바로 지금의 노인들이다. 현재, 2022년, 그들의 모든 가치관의 기준은 돈이다. 교회와 대다수 공무원과 부정의 부자들과 지역주의자들이 그 노인들의 인생관과 다를 리가 없다. 그들이 왜 '빨갱이' 철학에 젖어 헤어 나오지 못하고 있는지 알 것이다. 명문이라고 고지식하게 암기력을 앞세워 지성인을 자처하는 자들의 무기는 '빨갱이' 세 글자다. 이론과 토론 없이 자란 돈에 굶주린 노인들이다. 광복과 전쟁의 형편없는 뒤처리가 남긴 고통스러운 후유증이다. 아무리 빨라도 해방 후 100년은 지나야 나라다운 나라가 나타날 모양이다.

종북 좌파

'빨갱이'라는 말을 70년 동안 써먹더니 지쳐버렸나… 요새는 종북 좌파로 바꿔버렸다. 그들은 종북 좌파들이 나라를 망치고 있다고 손가락질이다. 하지만 민주당의 집권 시에는 반대로 경제지표와 국방과 신무기 생산, 수출이 수직 상승했다. 민주주의의 체제와 언론 자유도 미국과 유럽 선진국들을 훨씬 앞질렀다. 무슨 말을 하리오? 성경도 우리를 준엄하게 타이른다.

"사람이 무슨 무익한 말을 하든지 심판 날에 이에 대하여 심문을 받으리니 네 말로 상도 받고 벌도 받으리라"(마 12:36-37).

좌파 타령

좌파라는 말로 재미 보는 멍청한 자들이 태반이다. 그렇게 해서 쌓인 스트레스를 푸는 것은 좋은 일이지만 사회정의 실현에 혼동을 주는 것이 문제다. 무익한 말을 뱉어낸 뒤 타인에게 피해를 주는 일이 없으면 좋으련만 자기의 흠을 감추려고 종북 좌파를 떠벌리면 사회정의는 땅속에 묻혀버리고 도둑들의 나라가 되기 십상이다. 남북의 충돌을 완화하여 평화를 추구하는 자를 좌파라고 한다면 그런 말을 하는 자가 좌파다. 왜? 전쟁을 부추겨 놓고 내빼는 자들의 행동거지는 완전 자기 보호가 최선이니까. 국회는 법을 통과시킬 때가 되었다. 좌파를 입 밖으로 주절대는 자들을 추려두었다가 전쟁 발발 시 최전선으로 보내 애국하도록 기회를 주어야겠다. 자기가 만든 쓰레기는 자기 손으로 치우게 함이 마땅하다.

사반세기

서기 2000년을 지나면서 한국의 국민 의식이 변하기 시작했다. IMF를 겨우 넘기고 이명박근혜 국정농단의 혹독한 시간을 겪으며 정의의 필요성을 감지하기 시작했다. 왜 좁은 문과 거친 길이 의로운 길이 되는지 깨닫기 시작했다. 25%의 호남 중심 여론이 사반세기 만에 50%로 오르고 계속 상승세를 타고 있다. 2030년에 이르면 과연 경제, 문화, 교육은 물론 정치까지 제 궤도로 진입하여 세계 최고의 선진국이 될 수 있으리라 꿈꾸어 본다. 의로운 정치 집단이 태어나서 다시는 좌파, 우파라는 거짓된 언어가 영원토록 이 땅에서 사라지기 바랄 뿐이다.

도망

예수는 제자들의 몸가짐을 단속하면서 주의를 준다. 그가 현재 한국의 정치 현실을 보면 무엇이라고 주의를 줄까. 우선 '빨갱이' 타령과 종북 좌파를 입에 달고 다니는 자들에게 경고할 것이다. 그들은 김대중과 노무현과 문재인을 통틀어 빨갱이라고 한다. 이런 새빨간 거짓말을 늘어놓는 자들은 하나같이 부정을 저지르며 기득권을 놓지 않으려 모든 방법을 동원한다. 사람들은 덩달아 뒤따르며 외친다. "빨갱이 죽여!" 정당한 논리도 없이 소리 높여 침을 튀긴다. 주의 제자들은 태만하면 결단코 구원을 받을 수 없다는 결정적인 주의를 듣게 된다. 그런데 알면서도 '빨갱이'를 외치고 도둑질해서 배 두드리며 사는 기득권자들의 최종 목적지는 명확하다. 재산과 스트레스 해소를 위해 의인들을 빨갱이나 종북 좌파로 몰고 가는 죄를 짓지 말아야 한다.

"사람은 함부로 지껄인 모든 말에 대해서 심판 날에 해명을 해야 한다"(마 12:36).

도저히 빠져나갈 길이 없다. 생각 없이 툭 던진 한마디는 그대의 영혼을 영원히 태워버릴 것이다.

집안일

집안 식구가 실수를 해도 밖에 소문이 날까 봐 쉬쉬하게 마련이다. 노벨상 처음 탈 때도 그 사람 빨갱이라는 둥 사기꾼이라는 둥 편지질을 해대더니 두 번째 상도 또 발광 중이다. 남 잘되는 꼴 못 참겠다니 무슨 말을 하는지 알 것 같다. 그러나 국제 행사다. 이럴 때는 아니꼬워도 입을 다물고 있는 것이 나 자신에게 유리하다. 덴마크 한림원 사람들이 누가 누군지 모를 텐데 지들끼리 개싸움질하면 둘 다 쓰레기로 인식할 것이기 때문이다. 완전 바보짓이요 두고두고 후회할 일이다. 이러고도 어디 가서 나 코리언이라고 떳떳하게 말할 수 있을지 걱정이다. 노벨 위원장, 군나르 베르게의 한마디는 민족의 수치로 영원히 기억될까 무섭다.

"혼란스럽고 기이하다. 백여 년 노벨상 역사에 처음 있는 일이다."

3부

신을 배반한 자, 누구인가

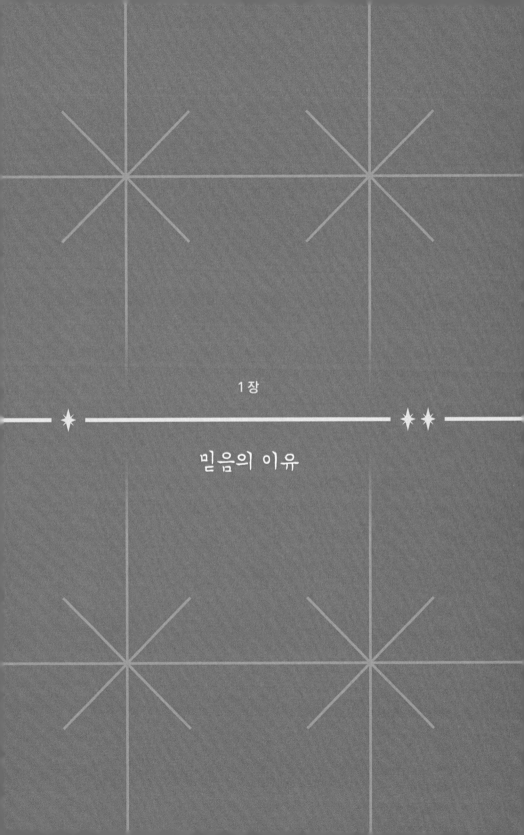

1장

믿음의 이유

인본주의

영국의 대표적인 인본주의자는 버트런드 러셀이다. 미국에는 토머스 제퍼슨 등이 있다. 그러나 한국에도 뛰어난 인본주의자가 있으니 그 이름 연암 박지원이다. 그는 17세기 말에 활동하던 공맹주의자요, 그 유명한 『열하일기』의 저자다. 그는 놀랍게도 불교와 '야수교'를 하급 종교라 했다. 그 이유는 극락이나 천당이라는 보이지도 않는 경품을 걸어놓고 떠드는 잡상인이라는 것이다. 그러나 자기가 공부하는 유교는 그런 조건이 없이 인간 본성을 다듬는 고급 종교라고 주장했다. 우리는 위의 세 인본주의자의 몇 가지 특징을 발견한다. 예수교 부정이다. 믿을 이유가 없다는 것이다. 부와 명예를 지니고 태어나 일생 사치 속에 살아갔다. 머리도 뛰어나서 최고의 학부를 거치며 일찌감치 그 명성을 드날린다. 도대체 거칠 것이 없다. 수많은 도서를 출간하고 나라의 헌법을 기초하는 등 모든 게 월등하다. 또 장수하며 로맨스도 가히 수준급이다. 그러니 무엇 하나 거칠 것이 없다. 그러나 거듭난 바울을 보라. 같은 조건을 가지고 태어난 천재이지만 그리스도를 만난 후 그는 분연히 외친다. 빌립보서 3장 7절 이하다.

"내가 내게 유익하던 것을 다 해로 여기니 아끼던 그리스 철학도 다 버리리라."

그 이유는 주님 말씀을 알고 보니 그 이상의 고상한 가치가 이 세상엔 없는 것을 알았다.

연암의 너스레

"기독교는 유치하다. 불교에서 떠드는 극락을 천당으로 바꾸고 똑같은 이론으로 천당 지옥을 되풀이하니 바로 앵무새다. 얼마나 미천한 자들이 불교에 몰리고 절에 들락거리는가. 그들이 쓰다 버린 것이 바로 천당 지옥이 아니고 무엇인가. 내세에 잘되기를 바라며 선을 행하다니 너무 대가에 치우친다. 다음 생애를 상품으로 내세워 유혹하고 협박하다니 올가미 종교 아닌가. 나의 쌓아온 학문과 자존심이 그들을 단호히 거부한다. 공맹의 유교가 인을 내세우고 세상에 덕을 끼치는 고급 종교임이 얼마나 다행한 일인가."

200년 전에 살던 연암 박지원의 배포에 놀라움을 금할 길이 없다. 내가 그의 말대로 천당을 바라면서 작은 선이라도 행하였다면 반발이라도 해보련만 면목 없기는 마찬가지다. 그는 무엇을 바라고 하는 일은 너무 유치하다고 말한다. 아픈 곳을 찌른다. 그 기개가 천둥 번개감이다. 사실 그와 같은 오만한 정신이 한국 현대화의 자극제라도 된 것은 아닐까. 그러나 나도 그냥 물러서기가 그렇다.

"그렇소. 나 유치하외다. 어쩔 거요. 내 주 그리스도가 나무에 달려 죽었단 말이요. 왜? 내 죄 때문에. 연암 그대는 그런 '빽'이라도 있남?"

14만 4천

많이 모이면 그럴듯한가. 내용 없는 함성과 외침, 코로나-19의 공격에 박살났다. 가난한 자들이 붙들고 있던 의의 촛불이 꺼져간다. 초라하고 미미한 자들은 조용히 예배할 권리도 없다. 대형 교회와 신천지의 차이가 무언가? 그 누가 이단이란 말인가. 이단이니 삼단이니 가를 이유가 없다.

한쪽은 가시관 쓰신 예수 있던 자리에 황금관 씌운 예수를 밀어 넣고 박수치며 노래한다. '할렐루야' 이단은 14만 4천 경품으로 내놓고, 삼단은 황금 덩이를 흔들며 막춤을 춘다. 내가 세운 교회로 오면 축복받고 살다가 천국 간다는 것은 두 교회가 동일하다. 꽃길을 가다가 사후 좋은 곳에 간다는 레토릭Rhetoric은 신구약 어디에도 찾아보기 힘들다. 고통 속에 헌신하고 믿음을 지킨 자들을 제일 가치로 기록한 것이 성경이다. 일부러 사서 고생할 필요는 절대로 없지만 언제나 감사와 기도 그리고 겸손을 생활 속에서 유지하는 것이 믿는 이의 최소한의 도리다. 멸망의 문은 크고 화려하여 그리로 가는 길이 확 뚫린 고속도로와 같다. 생명의 문은 예수와 바울 그리고 제자들의 발자취를 자주 되새기며 마음을 추스르는 일이다. 주님의 속삭임을 성령의 도움을 받아들여 보면 이 또한 즐겁지 아니한가.

"나는 마음이 온유하고 겸손하다. 어서 오너라. 내가 너의 멍에를 쉽게 또 네가 진 짐을 가볍게 하겠다. 안심해라. 내게 오기를 주저하지 말아라. 왜, 내가 너를 누구보다 사랑한다."

토인비

"선과 정의의 하나님, 맞지만 전지전능하지 못한 하나님이다. 왜냐하면, 전지전능하면 악을 창조하지 말아야 하지 않는가."

토인비의 말이다. 그가 맞다. 그러나 틀렸다. 왜? 시간을 놓쳤다. 100년 안팎의 사건으로 보면 토인비가 맞다. 그러나 더 멀리 보면 하나님은 틀림없이 전지전능하시다. 토인비의 조급함과 한계가 보인다. 의인의 고난을 보고 실망하지 말라. 그의 손자와 소녀들의 의연함을 관찰하라.

남겨진 두 줄

월리스 하틀리는 1912년 4월 15일 침몰한 타이태닉호에서 희생된 음악 단장 겸 바이올리니스트입니다. 그가 마지막 순간까지 버티며 연주한 곡이 〈내 주를 가까이하려 함은〉이라고 전해집니다. 음악인이, 아니 더구나 연주자가 자기가 믿는 신념을 지키려고 목숨을 걸고 끝까지 간 예가 있을까 궁금한 게 사실입니다. 그 외에도 선장인 스미스와 그 부하들이 보여준 신사도 정신은 영국이라는 나라의 국격을 최고조로 끌어 올린 사건이었습니다. 그들은 도대체 어디서 그런 금빛 나는 도덕을 터득하였는가. 남을 위한 배려와 희생정신은 모든 종교와 철학의 최종 목표중 하나일 것 같습니다.

월리스는 33세의 나이로 세상을 하직했습니다. 새파란 영국 청년이 남긴 악기에는 두 줄만 붙어서 지금까지 전해지고 있습니다. 왜 두 줄만 남았을까요. 그는 마지막 순간까지 연주한 후 바이올린 줄을 끊어 자기 몸에 그 악기를 붙이고 칭칭 감은 다음 찬 바다로 점프하여 보았지만 얼마 뒤 그는 숨이 멈춘 채로 그 바이올린과 함께 발견되었습니다. 월리스가 남긴 바이올린에는 아직 두 줄이 붙어 있었습니다. 두 줄에 나는 의미를 붙여보고 싶은 욕심이 생겼습니다. 그가 마지막 순간까지 버티며 이루려한 두 가지 덕목을 찾아보았습니다. 첫째는 약한 자를 돌보는 정신입니다. 노약자와 여인 그리고 어린이들을 먼저 구조 보트에 태우도록 성가를 연주하면서 모범적인 행동을 보인 점입니다. 성경은 네 이웃을 네 몸과 같이 사랑하라 하셨으나 이분은 남을 자신보다 더 사랑했습니다. 한 단계 더 나간 것입니다.

다른 한 줄의 의미는 믿음입니다. 보이지 않는 신을 보는 듯이 믿고 따르며 변치 않는 사람이 얼마나 되겠습니까. 그러나 바울도 말했습니다. 자기도 마라톤처럼 그 기나긴 길을 완주한 사람이라고 자랑했습니다. 끝까지 믿음을 지키는 자가 면류관을 차지합니다. 선각자들이 강조한 의와 믿음을 다시 새겨보는 시간입니다.

빌립의 몽니

너희는 하나님을 직접 보고 싶으냐? 답답하고 궁금하다 이 말이냐? 내 제자들이 그렇게 오랫동안 나를 따라다니며 온갖 것을 다 보았지만, 이것들이 아직 긴가민가하여 의심하는 꼴이라니. 빌립아, 너 이리 와. 너 나보고 자꾸 조르는데 뭐 하나님을 네 눈으로 직접 보고 싶다고? 이 녀석아, 나하고 그렇게 오랫동안 같이 지내본 놈이 아직도 그 타령이냐? 잘 들어라. 나를 본 것이 곧 하나님을 본 것과 같은 것이다. 너는 눈치도 없느냐? 하긴 시몬이나 야곱, 도마는 너보다 더하더라. 이왕 나온 말이니 네 뒤에 오는 백성들에게도 한 마디 남기겠다. 하나님을 육신의 눈으로 확인한 후에야 나를 믿겠다는 내 아들과 딸들아. 방법이 여기 있다. 내 집에 놀러 오너라. 내 집이 어드메뇨? 내 집이 곧 성경책이다. 거기서 나를 만나면 성령께서 네 손을 이끌고 진리의 길에 들어서게 하고 너를 자유케 하리라.

"도마야, 너는 부활한 나를 보고서야 믿느냐? 보지 못하고 믿는 자들은 복되도다"(요 20:29).

신앙과 학습

믿음은 의지의 결과다. 어느 날 갑자기 받은 은혜는 귀하디귀한 나만의 경험이지만 그 씨앗을 그대로 내버려두면 도루묵이 되고 만다. 그 말은 곧 좋은 땅에 심어서 부지런히 가꾸어야 꽃을 본 뒤에 보람된 열매를 거둘 수가 있다는 말이다. 그래서 학습이 필요하고 고난을 통한 연단도 필수 코스로 감내하며 견뎌내는 것이다. 주님은 곧 하나님 자체지만 그럼에도 사역하기 전에 40일을 광야에서 단식하며 기도하시고 준비를 하셨다. 그의 제자 바울도 주님과 만난 뒤에 아라비아로 숨어 들어가 3년 동안 수련하며 공부하기를 마다하지 않고 최선을 다해 '바울 서신'이라는 최고의 성서를 완성한 것이다. 갑자기 은혜받고 수련 기간 없이 나서는 사람은 누구나 큰 시험에 빠질 수밖에 없다. 그래서 믿음에는 반드시 대학과 대학원까지도 필요한 것이다. 교회는 그러한 필요가 충족되는 최고의 장소다. 주님이 제일 좋아하시는 예배를 드리면서 공부도 하게 되며 부탁하신 이웃 사랑도 동시에 행할 수 있으니, 일석삼조의 이득을 보는 희한한 장소. 노력과 인내를 통과한 신앙은 금은보다도 더 귀하다. 그래서 믿음은 곧 헌신이고 노력이요, 결단이고 의지요 경우다. 바울은 말씀만이 최고요, 그 외 철학 등은 배설물이라고 했다. 그렇지는 않다. 말씀을 강조하다가 보니 너무 나간 것 같다. 고전과 철학은 말씀을 담는 그릇이다. 공부해야 발전한다. 그래야 생명의 말씀을 내 것으로 만들 수 있다.

성령 1

새해에 들어와서 삼위일체에 대한 설교가 있었다. 성령이 아버지의 보내심으로부터인지 또는 성부, 성자의 공동 작업으로부터인지, 두 가지 설이 있다고 말씀하셨다. 칼뱅은 후자를 선택했다고 한다. 나는 두 학설을 다 좋다고 생각한다. 요한복음 14장 16절에는 아래와 같은 뜻의 말씀을 전한다.

"너희들을 이 험한 세상에 홀로 남기고 떠나기가 차마 발이 안 떨어진다. 내가 아버지께 졸라서 나 말고 또 하나의 보혜사를 보내 달라고 부탁드렸다. 그는 영으로 오시는데 그 이름이 바로 진리의 영이시다. 너희와 함께 거하기도 하고 또 네 속에 들어가서 네가 살거나 죽거나 영원토록 동행하리라."

그러면서 덧붙여 말씀하셨다.

"세상 사람들은 결코 성령의 존재를 모른다. 왜냐하면, 그를 볼 수도 없고 듣지도 못했기 때문이다. 그러나 나를 따르는 자는 너희가 나를 보았듯이 성령의 동행을 경험하며 진리의 자유함을 누리고 살 것이다."

성령 2

스스로 지어낸 거짓말을 믿어버리는 정신적 상태를 리플리 증후군이라고 하는 모양이다. 특히 이념으로 갈라져 싸우는 한국에서 주로 쓰는 병 축에도 들지 못하는 유행어라고 한다. 베드로도 제발 깨끗한 양심을 지니고 살라고 부탁했다. 교인 중에 성령을 받은 사람이 방언하거나 주님을 직접 경험한 사실을 간증하는 장면을 볼 때가 있다. 다 좋은 일이요 축하를 받을 일이다. 그러나 그와 동시에 그들이 할 일이 있다. 예와 아니오를 정확하게 표현하고 용서와 사랑을 실천하는 것이다. 그의 양심은 심심산골의 샘물같이 맑아서 공정과 상식이 넘쳐나면 얼마나 멋있게 보이리오. 의롭게 살다가 혹 손해를 보는 일이 생겨도 눈감아주고 사랑으로 덮는다면 더할 나위가 없다. 그와는 반대로 남의 눈에 티는 보고 내 눈의 들보는 보지 못하는 죄는 하늘로서도 다루기 힘든 일이 아닌가 싶다. 그래서 마태복음 12장 32절에서 주님은 단단히 경고하신다.

"나를 욕하고 거역하는 것은 나중에 용서받을 수도 있겠지만 성령을 거역하면 나로서도 어찌할 방법이 없다."

알면서 계속 우기거나 회개치 않는 거짓 인생은 용서받을 길이 없다는 말씀이리라.

십계명

"나를 사랑하여 나의 명령을 지키는 사람에게는 그 후손 수천 대에 이르기까지 한결같은 사랑을 배운다."

"이와 같이 꼴찌들이 첫째가 되고, 첫째들이 꼴찌가 될 것이다."

하나는 구약 또 하나는 신약, 왜 이렇게 상호 충돌하는가? 한쪽은 이리로, 다음은 아니 저리로, 어느 편을 들어야 할지 모르겠다. 그럴 땐 이렇게 항의하는 것이 자연스러운 일이라고 본다.

"한번 복 받은 뒤에 첫째가 되었다가 갑자기 꼴찌로 밀려나면 약속이 틀리지 않습니까? 한결같은 사랑을 주신다고 십계명에 약속하신 대로 하셔야지요. 꼴찌는 되기 싫습니다"

그러나 우리아의 아내를 범한 다윗의 태도에서 우리의 의문을 풀어보자. 곧 자기의 죄를 깨닫고 회개하고 후회한 일이 그를 살려냈다. 왕이 되어 마음대로 군림하다 보니 어느새 교만에 빠져버리고 말았다. 돌이킬 수 없는 죄를 씻어보려 눈물의 밤을 지새우며 베개를 적셨다. 그로 인해 그는 조건부 용서를 받게 된다. 죄 속에 잉태된 아이는 죽을 것이요 이미 장성한 네 아이들도 서로 다투고 또 서로 죽이는 일이 계속되리라. 네 생전에도 너 자신이 참을 수 없는 치욕을 당하리라.

이와 같은 말을 선지자 나단에게 전해 듣고 그는 알겠다고 순종했다. 곧 애초에 받은 축복은 계속되지만, 잘못한 죄에 대한 대가는 도저히 피할 수가 없다는 교훈이다. 험한 세상살이 중에 생활형의 작은 범죄는 어쩔 수가 없다 하여도 인간으로서 차마 못 할 수치스러운 범죄는 그 대가가 따른다는 이치이리라.

　신 · 구약 말씀은 서로 충돌하지 아니한다. 인간의 모든 생활 규범과 법규가 다르면서도 피차 보완하며 의의 길을 찾아가게 되는 것이 성경 말씀이다. 고로 성경이 진리인 것은 사실이다. 또한, 주님 안에 있는 하나님의 사랑과 구원의 역사가 영원한 것도 사실이다.

지각과 지성

교회: "정의와 신의를 좇아서 살면, 생명과 번영과 영예를 얻는다"
<small>(잠 21:21)</small>.

평신도: "맞아요. 아멘, 하면서 동의한다." "내가 어려서부터 늙기까지
의인이 버림을 당하는 것을 본 일이 없도다"<small>(시 37:25)</small>.

님은 먼 곳, 키다리: "아닌데요. 그러다가 제명에 못 죽은 사람이 더 많
은 거 같은데요" 하며 현실 삶의 냉혹함을 펼친다. 알면서도 뱉어
보는 불평이다.

할배: "길게 봅시다. 한 번의 우승컵보다 영원한 월계관이 더 멋져요."

마틴: "그래서 우리가 나서야 합니다. 따라갑시다."

그러면서 쭉 나열한다. 여덟 글자다.

"예수님의 길, 십자가."

할배: "여덟 글자로 간단히 정리한 최상의 계명이다. 지각과 지성의 열매가
주렁주렁 달려 숲을 이루노니 코르도바 길에 햇볕이 내리쬐도다."

시뮬레이션

소크라테스의 신앙심은 두터웠다. 그는 공중으로부터 소리를 듣곤 했다. "가지 마"라는 속삭임이다. 그 소리가 들리지 않은 때만 그는 외출했다. 어려서부터 그 소리를 익히며 일생을 살았다. 허락을 받고 밖으로 떠돌며 젊은이들과 그들의 스승들을 찾아가 토론했다.

> "그대들은 죽음을 불행한 일이라고 말했다는데 그것은 거짓말이다. 어째서 죽어보지도 못한 자가 마치 경험한 것처럼 단언한단 말인가? 나는 삶과 죽음 중 어느 것이 더 나은지 또는 더 못한지 전혀 알지 못한다. 나는 모르니까 모른다고 한다. 모르면서 아는 척하지 마라."

소환장을 받고 나서는데, "가지 마" 소리가 들리지 않았다. 출석하지 않으면 벌금형으로 끝낼 수도 있고 플라톤 등 제자들이 대납하겠다고도 했지만, 신의 계시를 따르기로 했다. 실컷 변명을 늘어놓았지만, 생사를 초월한 명강의로 진리와 불의를 어떻게 판별하는가의 기준을 정리해 준 인류 최초의 계명이다.

주저하지 않고 신의 명령으로 알고 독주를 마시고 생을 마감했다. 결국 진리를 위해 몸을 바쳤다. 어쩌면 세례 요한이 오기 400년 전에 보내진 선발 대원이 아니었나 싶다. 앞으로 어떤 시나리오로 이 세상을 구원할지 고민하시며 시뮬레이션 중에 보내진 희생 제물은 아닐까 궁금하다.

회심

죽었던 나사로 오라버니를 살려내다니 이것이 가능한 일인가? 우리 집에 들르실 때마다 들려주시던 말씀은 나를 평안과 기쁨의 도가니로 던져지는 환희의 경지로 이끌곤 했다. 거기에 더하여 내 귀중한 식구의 부활을 보여주시니, 어찌 내 결심을 미루리오. 오늘이 그날이다. 비상금으로 보관 중이던 향수병을 깨뜨리고 말리라. 식모살이라도 좋다. 어찌 한 번뿐인 인생을 지금처럼 살 수가 있으리오. 돈보다 나의 주님을 따르리라. 마리아는 옥합을 깨뜨리고 향수를 주님 머리에 부었다. 결단이다. 진정한 회개요 깨끗한 회심이다. 과연 마음을 다하고 목숨을 다하고 뜻을 다하여 주 너의 하나님을 사랑하는 믿음의 실천이다.

진리

진리는 움직임을 통해 나타난다. 그 운동 속에는 선, 공정, 박애, 양심의 소리들이 서로 교통한다. 우뚝 솟은 바위라고 진리가 될 수 없다. 그것은 사실일 뿐이다. 과학도 마찬가지다. 물론 진리가 아니다. 상호작용과 운동들이 있겠지만 그 안에 정신이나 영이 없다. 고로 과학은 사실의 증거일 뿐이다. 그 이상이 될 수 없다.

빌라도가 묻는다. 진리가 도대체 무엇이냐? 대답이 없다. 침묵이다. 왜 그럴까? 예수가 진리다. 진리 앞에서 진리를 찾는 자에게 "내가 진리다"라고 말하는 것은 허공에 대고 소리 지르기보다 더 허망한 일이다. 침묵이 최선이다.

플라톤은 불변의 이데아론으로 400년 후에 진리가 발현할 것을 예측한다. 데카르트는 "나는 생각한다. 고로 존재한다"라는 말로 진리 추구의 인간 고뇌를 표현했다. 진리는 생각으로 시작하되 그 생각이 선의 손을 잡고 동행하는 꿈의 여정이다. 선한 양심의 행위가 진리다.

그리스도는 행동으로 진리를 보였다. 우리의 죄로 인하여 못 박혀 죽으시고 새 생명을 주려고 부활하셨다. 말씀만 선포하고 자연사했다면 랍비의 한 사람으로 남았으리라. 자기희생을 몸소 실현한 진리 그 자체요 전능하신 하나님이다.

상봉

긴가민가하면서 명확하게 밝혀지지 않았다. 그래도 오시는 모습은 동화처럼 아름다운 모습을 연출했다. 그러나 가실 때는 너무 맥없이 처참했다. 욕심으로 가득 차게 마련인 인간들은 유감없이 외면하고 각자의 길을 걸어가면서 의기양양하게 어깨를 좌우로 흔들었다. 왜? 나는 나의 길을 가야 하니까. 그래서 프랑스의 사상가 팡세는 아쉬워했다. 주님의 오고 가심을 더 확실하게 역사적 사실로 남기지 않은 것일까? 이사야의 53장 5절은 너무 시적 표현이요, 우리의 죄 때문에 죽었다고 하나 구체적인 묘사 같지 않다. 보이지 않는 손과 보이는 손의 접촉이나 상봉이 어려운 것이 이상할 리가 없다. 세상에서 가장 어려운 일이라 해도 과언이 아니다.

천국

천국의 존재 유무를 궁금해하거나 걱정할 필요는 없다. 사람의 힘으로 는 도저히 알 수가 없기 때문이다. 아무도 그곳 천국을 다녀온 사람이 없다. 고로 천국은 있으면 좋고 없어도 상관없다. 만약 없다 하더라도 푹 자면 된다. 푹 자고 나면 그 이상 상쾌할 수가 없다고 고대 철학자도 주장했다. 거기다가 더해서 영원토록 잘 수 있다니 이것도 축복으로 간 주할 만하다. 걱정도 눈물도 후회도 없고 아픈 곳도 일절 없다. 그런데 천국이 혹 있다고 해도 괜찮다. 햇볕처럼 내리는 정의와 평화 속에서 춤 추며 노래하는 모습을 상상하면 얼마나 황홀할까? 그런데 당연히 입장 료는 준비해야 한다. 비싸다. 왜? 돈을 요구하는 것이 아니라 엉뚱한 것 을 바라기 때문이다. 의와 믿음을 요구한다.

> "나더러 주여 주요한 자마다 다 천국에 들어갈 것이 아니요. 다만 하늘에 계신…"

나야, 나

"내가 곧 길이요, 진리요, 생명이니 나로 말미암지 않고는 아버지께로 올 자가 없느니라."

이 말씀 뒤에 주님은 필립을 쳐다본다.

"네가 날 보고 하나님을 보여달라고 조르는데 한심하구나. 오랫동안 나와 같이 다니며 네 눈으로 직접 본 것이 한둘이냐? 내 입으로 말하기가 멋쩍은 일이지만 내가 바로 하나님이다. 나를 본 자가 곧 하나님을 본 자다. 그렇게 눈치 없이 이 험한 세상을 어찌 살아갈꼬? 하나님을 육안으로 직접 보면 반드시 죽으리라고 성경에 기록되었지만 그래도 직접 보겠다고? 죽지 말고 실컷 보라고 내가 이렇게 왔구나. 바로 나다. 내가 기다. 나야, 나." 주님은 길게 한숨을 내쉰 뒤 다시 타이른다. "진리를 자기 앞에 두고 진리가 무엇이냐고 내게 물을 자가 있으리라. 그는 영적인 소경이다. 필립아, 너도 그 빌라도처럼 내 앞에서 진리를 못 알아 볼 테냐? 아버지와 성령님 모두 진리 그 자체이시요, 또 하나의 진리가 네 앞에 있다. 내가 진리요, 생명이다. 나라니까. 나야, 나."

영과 육

숨이 멎은 뒤 내게 남는 것은 무엇일까? 차디찬 육체와 영 두 가지가 남게 된다. 육은 흙으로 돌아가고 영은 살아서 주님 앞에 선다. 성경 말씀을 전한다.

"살리는 것은 영이니 육은 무익하니라. 내가 너희에게 이른 말이 영이요 생명이니라"(마 6:63).

다시 말하자면 생명 없는 육은 땅속으로 들어가고 영은 새 생명을 얻어서 나비처럼 날아 진리의 집으로 들어간다는 것이다.

구원

구원받기 원하는 사람이 실천해야 하는 최소한의 조건은 무엇인가 하고 고민할 때가 있다. 나에게는 다행히도 내가 좋아하는 선배가 가까이 있어 그를 통해 구원의 길을 찾아보기로 했다. 그는 우선 남가주에서 중산층에 속하는 당당한 가장으로 영어와 한국어를 동시에 구사하는 지적 외모까지 갖춘 인텔리다. 단 한 가지 고민이 있다면 1남 2녀의 자녀들 중에 막내 되는 아들이 지적 장애를 앓고 있는 것이다. 그래서인지 아니면 그럼에도 불구하고인지는 알 길이 없으나 그의 온 식구가 교회를 매 주일 출석 중이다. 그러기를 내가 보기에도 50년을 넘기고 있건만 변함없이 다닌다. 평신도 생활을 더도 덜도 없이 꾸준히 지내지만 자기의 범위를 벗어나는 일이 없다. 모범 교인이다. 어찌 존경을 받지 않을 수가 있으리오? 나는 그에게서 듣고 배운 내용을 여기에 기록하여 인생의 가장 가치 있는 삶을 나누고자 한다.

"자네가 아직 사는 방법을 묻고 다니다니 큰일이군. 간단하지. 의인은 믿음으로 인해 살리라. 이것 아닌가? 진리를 향한 믿음과 이웃 사랑일세. 의인은 남을 사랑하는 것이고 믿음은 정성을 다해 진리이신 주님을 찬양하는 것이 아닐까? 나도 50년을 찾아다녔지만 그 이상의 결론은 찾지 못하고 있지. 66권의 총결산이 마태복음 22장 37절 이하 40절에 응축돼 있다고 주님께서 직접 설파하셨으니 그게 내 대답일세."

그는 평신도다. 그런데 이렇게 많은 차이가 나다니. 습관성 교인의 슬픔이 나의 온몸을 감싸며 하마터면 놓쳐버릴 진리의 보석을 깊숙이 움켜쥐고 있다. 이제는 실천해야 하는 무거운 짐만 내 앞에 놓여 있다. 주여, 도우소서!

오병이어

처녀 잉태를, 오병이어를 그대는 믿는가? 믿어도 좋고 안 믿어도 된다. 믿기지 않는데도 믿는 척하는 것은 아니라고 본다. 이런 것은 팩트 체크할 일이 아니다. 이성의 영역이 아니라 영성의 문제로 그 관할 지역이 다르다. 다투지 말고 그냥 지나치면 된다. 단 그 기적의 기저에 유유히 흐르는 인간애를 관찰하는 자가 현명한 판단을 하고 있다. 낙심하여 우는 병자들을 외면하기 어려운 하늘의 애민 정신이 그 기적의 이유다. 그러므로 모든 기적 후에 대부분 제자에게 입단속을 강조한 이유를 짐작할 수가 있는 것이다. 경건한 예배와 이웃 사랑이 주께서 남긴 최고의 가치요 강령이다.

성령

주님은 벌벌 떨고 있는 제자들을 남겨두고 홀로 떠나기가 괴로웠다. 그래서 아버지께 부탁드렸다.

"아버지, 저는 내 집으로 떠나는데 저 애들이 아무래도 마음에 걸립니다. 무슨 조처를 내려주십시오. 제 생각에는 아버지와 항상 같이 계시는 보혜사 성령을 파견하시어 이 땅에서 아버지를 경외하는 식구들을 보호하고 이끌어갈 수 있게 하여주시옵소서"(요 14:16).

그 후에 성령께서 이 세상에 오게 되고 또 그가 인간 속에 들어가 변덕스러운 심령을 잡아주고 의의 길로 인도하며 또 몸 밖에서는 옆에서 손을 잡고 시험의 늪에 빠지지 않도록 이끌어 주신다.

그런데 특이한 조건이 있다. 인류 만민에게 손을 내밀고 다가가신 예수와는 큰 차이가 있다. 성령은 법적으로 등록된 하늘나라의 아들과 딸에게만 방문한다. 이 말은 세례받은 자들을 의미한다.

바울신학

바울은 구약과 그리스 철학과 예수를 깊이 연구하여 새로운 복음의 장을 개척한 천재다. 다윗이 영적 상태에서 창조한 시편이 구약의 대표 문학이라면 신약의 바울 서신이 그와 경쟁한다. 바울은 논리와 과학적인 분석을 통한 진리 탐구에 전념했다. 고로 주의 처녀 탄생 증언이나 오병이어의 기적에는 거리를 두고 있다. 오직 주 안에 있는 하나님의 사랑과 진리 전파에 집중한다. 그러나 부활은 자신이 목격하지 못했기 때문에 간접적으로 설명한다.

> "내 친구 베드로가 부활하신 주를 만났고 열두 제자도 똑같이 주장하고 또 내 앞에 앉아 있는 여러분 중에도 3백 명 가까이 되는 분들이 다 보았다고 말하고 있으니 나머지 못 본 사람들도 믿을 수 있으리라고 생각됩니다."

이렇게 논리를 펴며 자신과 상대방의 마음을 파고든다. 그는 또 이 같은 말을 남기며 신앙의 결단을 부추기고 있다.

> "내가 이것저것 다 뒤져보며 연구해 봤지만 결국 철학이나 문학이나 어떤 것일지라도, 그리고 이 천하를 다 내게 준다 할지라도, 내게는 다만 배설물에 지나지 않는다. 그처럼 주의 말씀은 우주의 으뜸이다."

생명

여기서 말하는 생명은 제한된 인생살이가 아니라 영생을 뜻한다. 여러 사람의 천국 경험은 책으로도 출판되고 있지만, 그것이 꿈의 일종인지 환상 속의 창작인지 구별이 힘들다. 그냥 고개를 끄덕이며 재미로만 참고할 뿐이다. 그나마 신뢰할 만한 고백은 역시 신구약의 대표적인 영감의 소유자 두 사람이다. 다윗과 바울의 마지막 남긴 유언에서 영생의 서광이 우리의 외로운 영을 감싸준다.

> "내 평생에 선하심과 인자하심이 정녕 나를 따르리니 내가 여호와의 집에 영원토록 거하리로다."

이것이 다윗이 시편 23편에서 노래한 것이요, 다음 구절은 바울이 디모데후서 4장 6절에 남긴 마지막 순간의 고별사다.

> "이제는 정의의 월계관이 나를 기다리고 있을 뿐입니다. 그날에 정의의 재판장이신 주님께서 나에게 직접 그 월계관을 주실 것입니다."

이 두 사람이 왜 그렇게까지 죽음을 무릅쓰고 정의와 신앙을 붙들고 견뎌냈는지 짐작할 것 같다.

최고의 가치

진리와 사랑이 경쟁한다면 누가 이길까? 모세가 하나님께 이름이 무엇인지 물었다. 그 대답이 돌아왔다. "나는 나다"(I am who I am). 이외에 더하거나 뺄 것이 없다는 것이다. 곧 최고의 가치로 시작이요 끝이다. 진리 그 자체면서도 인간처럼 성정 있는 살아 계신 분이다.

예수께서도 직접 자신의 아이덴티티를 밝혔다. "내가 곧 길이요, 진리요, 생명이니"라고 하면서 간단히 말해 "살아 있는 진리"라고 말했다. 그러면 성령은 누구일까? 예수가 아버지께 요청한 또 하나의 보혜사가 성령이요 그 이름도 "진리의 영"이라고 선언한다. 진리에는 예외가 없다. 고로 잘못하면 책임을 져야 한다. 대홍수로 노아 가족만 살아난 이유가 여기 있다.

물이 빠지고 인간과 동식물의 잔해를 내려다본 창조주는 끓어오르는 슬픔 속에 다음과 같은 약속으로 스스로 달랜다. "다시는 물로 너희를 심판하지 않겠고 그 징표로 무지개를 하늘에 펼치리라." 그때부터 진리를 기준으로 하여 내리던 심판이 용서와 사랑이라는 두 가치가 간섭하며 뛰어드니 곧 심판의 시간이 지연될 수밖에 없다. 인간의 회개를 기대하며 참고 있을 성삼위께 볼 낯이 없다. 진리도 사랑도 모두 필요한 우리지만 진리가 먼저인데 겁 없이 용서와 사랑에만 의지하고 있다가는 큰 화를 당할지 누가 알리요? 모두가 회개의 시간이요, 옷매무새를 살펴볼 시간이다.

다리 제사

포대 자루에 김대중과 큰 돌을 쑤셔 넣고 현해탄 물속에 던져지기 직전이다. 죽음이 코앞에 다가온 순간 김대중은 환상 속에 나타난 주를 보고 그의 다리를 껴안고 살려달라고 외쳤다. 얍복강 전투에서 환도 뼈가 부서져 나간 야곱의 간절함을 넘어선 절규다. 김대중의 다리는 벌써 결딴난 지 오래다. 정보부 아이들의 살인 작전이 계속되다가 오늘은 성공 직전의 순간이다. 주의 다리를 붙들고 마지막 호소 중에 갑자기 헬리콥터 소리와 당장 멈추라는 음성이 들렸다. 그와 동시에 주는 사라지고 사람과 무거운 돌은 풀려났다. 다리를 붙잡고 드린 피눈물의 기도다. 영과 진리의 제단이다.

모라비안

모라비안은 1457년 체코에서 일어난 신교의 한줄기로 그 신앙의 돈독함이 특이하다. 한 예를 들어보겠다. 배가 좌초되어 가라앉기 시작했다. 그때 뱃머리에서 큰 소리가 들리기 시작했다.

"나 살려주세요! 주님, 나 정말 죽기 싫어요. 아이고, 아이고!"

그러나 반대편에서 찬송가 소리가 들려왔다. 모라비안 평신도 여인들이 강강술래 모양으로 손잡고 빙 둘러서서 하늘을 향하여 소리 높이 찬양을 드렸다. 한쪽에서는 세계적 설교자로 이름을 떨치고 있는 존 웨슬리 목사가 펄펄 뛰면서 살려달라고 하는데 건너편에 보이는 평신도 여인들은 이 죽음의 순간에도 하나님을 찬양하는 광경을 적나라하게 보여주었다. 이 극적인 모습이 어떻게 결말을 맺게 될까. 천행으로 파손된 배는 구출되고 모든 사람들이 살아나게 되었다. 그런데 문제가 발생했다. 런던 시내는 물론 온 영국을 비롯한 이웃 나라까지 소문이 퍼져나가는 것이었다.

"그렇게 멋지게 설교하던 존 웨슬리 목사가 막상 죽게 되니까 그렇게 펄펄 뛰며 주책을 부렸다는군! 정말 창피한 일이야. 그러니까 그가 했던 모든 설교가 사기였단 말 아닌가? 아유, 내가 다 부끄러워지는구먼."

일이 이 모양으로 만들어지니 어찌하리오? 할 수 없이 틀어박혀 숨어 지내는 신세가 되고 말았다. 그러나 썩어도 준치라는 말처럼 그는 역시 목사였다. 회개의 기도를 시작했다. 자기의 죄를 솔직히 다 털어놓고 울며 뒤집어진 것이다. 그는 이 순간을 '복음적 회심Evangelical Conversion' 이라고 고백한다. 곧 지금까지의 자기를 다 털어놓는다. 주님과 그 말씀까지 다 이용하여 자신의 이익과 명예만 추구했던 과거를 솔직히 인정하며 용서를 구한다. 그 회개의 시간은 오래도록 계속된 것 같다. 사람들은 어느새 그에게 일어났던 일을 잊어가고 있었다. 그러면서 존에게는 큰 변화의 바람이 일기 시작한다. 그는 말한다. "내세의 확신이 찾아왔다"라고 외치며 일어난 것이다. 그는 한마디로 정리했습니다. 'Assurance of Salvation' 곧 구원의 확신이다. 회개의 기도를 통해 얻은 성령의 은혜다. 그는 오랜만에 다시 광장에 서서 설교를 시작한다.

"여러분, 제가 여기 있습니다. 거짓과 사기로 내 배를 채우던 강도가 여기 있습니다. 여러분, 이 더러운 몸을 여러분 앞에 내놓고 처분을 기다립니다. 저는 회개하고 거듭난 병자 같은 몸이지만 내세의 확신을 가지고 있습니다. 이제부터는 어떤 환난과 두려움도 이길 수 있습니다. 여러분, 이 못난 놈을 여러분 손에 맡깁니다."

그 후 그의 지지자들이 구름처럼 모여서 지금의 감리교회가 시작되어 온 누리로 퍼져나가게 된다. 회개의 힘은 우주의 흐름까지도 흔들어 버릴 수 있는 것이 아닌가 싶다.

바람과 영

시원한 바람은 농부의 땀을 식혀주기도 하지만, 폭풍으로 돌변하여 주위를 할퀴고 지나갈 때도 있다. 눈에는 보이지 않는 실체가 우리를 위로도 하지만 무섭게도 달려든다. 성령도 보이지 않는다. 바람처럼 인간의 피부에 감각도 주지 않는다. 그런데 이 세상에서 제일 열심히 일하는 분이 성령이다. 주께서 이런 말을 남기고 떠나가셨다.

"나는 간다. 너희를 두고 떠나려니 가슴이 메는구나. 그래서 내가 지금 아버지께 요청하여 나 대신 또 한 분의 보혜사를 파견하도록 부탁드리겠다. 단 그분은 나와 다르다. 너희 눈으로 볼 수도 없고 피부로 느낄 수도 없다. 간단히 말해 세상은 그를 도저히 모르게 되어 있다. 그러니까 아는 사람이 따로 정해져 있다는 말이다. 그들이 누구일까? 바로 내 말에 복종하는 자다. 다시 말해 내 제자들이다. 성령과 교류하는 자들은 이처럼 따로 분류되어 있다. 섭섭할 자들이 있겠지만 이것만은 불가피한 나의 세상에서의 마지막 결정이다. 지금도 늦지 않았다. 나의 말에 복종하고 내 제자됨을 주저하지 말아라. 그러면 너에게 새 협조자요 네 손을 잡고 앞장서서 길을 열어주는 영원한 새 친구가 동행하리니 그의 또 다른 이름은 진리다."

자유

자유는 세상에서, 아니 우주에서, 아니 초자연에서까지 최상의 가치다. 그런데 그 자유의 발생지는 어디일까? 즉 그의 어미는 누구일까? 그것은 바로 진리. 모든 성인이 자유를 얻기 위해 힘들고 거친 길을 스스로 걸으며 진리를 위해서 희생했다. 진리의 길은 좁고 거칠다. 예레미야 48장 10절의 말씀은 이를 증명한다.

"여호와의 일을 태만히 하는 자는 저주를 받을 것이요 자기 칼을 금하여 피를 흘리지 아니하는 자도 저주를 당할 것이로다." 돈이나 권력으로는 자유보다 패망을 먼저 얻어 가지기 십상일 뿐이다. 진리의 길은 땀과 피의 희생을 강요하는바 이 장벽을 피하는 자는 자유를 얻기는커녕 저주를 받아 그 뿌리째 뽑히고 말 것이다. 예수도 진리 탐구의 모범을 보여준다. 사랑하는 제자들에게 내린 자유에 대한 말씀이다. "너희가 내 말에 거하면 참 내 제자가 되고 진리를 알지니 진리가 너희를 자유케 하리라"(요 8:31-32).

기회 세 번

하나님은 율법을 내리며 지켜주기를 바란다. 인간은 우상을 섬기고 성적 타락과 자식을 제물로 불에 던져 죽였다. 첫 번째 배반이다.

자신을 인간으로 변형하여 직접 세상에 와서 사랑으로 인간들을 설득하며 가르쳤다. 그러나 죽임을 당한다. 두 번째도 실패했지만, 사흘 만에 부활하여 소망을 남겨서 절반의 성공을 이루었다. 세월이 지나면서 다시 제자리로 돌아오고 있다. 두 번째도 위험 수위에 가깝다.

마지막으로 성령 강림이다. 인간 본연의 양심에 호소하는 중이다. 열심히 마음의 문을 두드리며 제자리로 돌아오라고 재촉한다. 인간에게 허용된 마지막 회심의 기회다. 그러나 좁은 문으로 자진하여 들어설 자가 몇이나 될지 걱정이다. 회개의 때다.

성삼위

금송아지를 중심으로 춤추며 열광하던 백성들은 수많은 희생자를 내고 십계명을 받아들이며 새 출발을 한다. 가나안 도착 후 다윗과 솔로몬 시대에 그럴듯한 왕국으로 번창하더니 그 후 쭉 내리막이다. 결국, 멸망하고 새 시대가 열리니 곧 구세주 예수다. 드디어 주님은 자신을 제물로 내놓고 인간을 구해보기로 결심했다. 십계명 이후 두 번째 메시지다. 이번에는 전번과 달리 꽤 효력이 발생했다. 그러나 역시 도루묵 현상이 나타나서 교회 건물은 대형이면서 그 안에 내용물이 전혀 없다. 세 번째로 오신 분이 성령이다. 각 개인을 대상으로 방문하여 갈 길을 일러주지만 백에 하나가 회심하여 제자리 찾기가 어렵다. 그래서 경고의 말씀을 전한다.

> "너희가 나, 그리스도의 말을 거역하면 용서가 가능하겠지만 성령을 거역하면 영원히 용서받지 못하리라"(마 12:32).

마지막 경고. 각 개인의 양심에 찾아와서 생명의 길로 이끌 때에 세상 욕심으로 돌아서는 자는 또 다른 기회가 없다는 무서운 최후의 경고다.

DJ가 부활을 믿은 세 가지 이유

DJ가 부활을 믿은 세 가지 이유.

  1. 겁쟁이 제자들의 생명을 건 회심.

  2. 간접 부활 체험에도 불구하고 처형 직전까지도 전도하던
세기의 천재 바울의 회심.

  3. 유대인의 거리낌이요, 헬라인의 어리석음의 대상이던
예수교가 세계 교회로 발전한 사실.

우리도 그와 같은 비슷한 생각이 있어 부활을 믿기 시작하였지만, 그것
말고도 더 결정적인 이유가 있다. 제자들은 부활을 자기들의 눈으로 직
접 보고 믿었지만 우리는 전혀 본 적이 없는 것을 믿으니 믿음의 깊이로
볼 때 그 차원이 다르다는 사실이다. 친구여, 어깨를 한 번 펴봄이 어떠
한가.

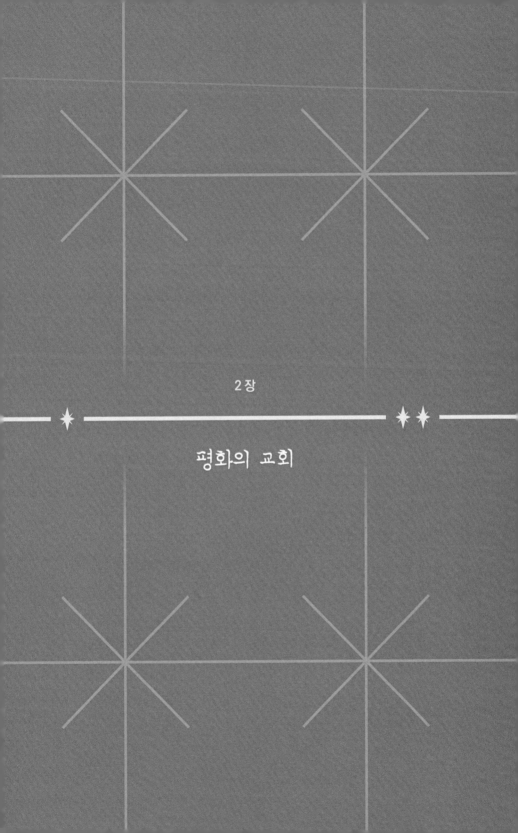

2장

평화의 교회

평화의 교회

나는 평화의 교회를 사랑합니다. 지난 45년 동안 주일 참석 교인으로 살았지요. 참 기나긴 세월이었지만 겸손하게 산 것은 자부할 수 있습니다. 창립 교인이라고 본인도 그렇지만 남들도 특별히 봐줄 일도 없었지요. 미련한 일입니다. 구부러진 소나무가 선산 옆에 서 있는 모습입니다. 내가 평화의 교회를 사랑하는 이유 중에 제일 첫 번째는 초라한 교회당입니다. 거리 벽에 붙은 나무 십자가는 낮은 벽과 균형을 맞추지 못한 채 버티고 있습니다. 뜰에 심은 몇십 년 넘은 사과나무는 중키에 자라나는 듯 멈추고 멈추듯 꽃도 피고 가끔 돌 사과도 달립니다. 정문 옆의 석류나무도 제멋대로 자라서 우아한 모양은 아니고 부스스한 것이 그래도 악착같이 열매는 풍성합니다. 본당에 들어서면 화려함은 없이 좋게 보아 아담하고 측은함이 감도는 형국이지요. 나는 그런 허술함이 좋습니다.

　마치 베들레헴과 나사로의 집, 골고다를 향한 십자가의 골목길이 떠오릅니다. 여기가 내 평생 마음의 평화를 부어주는 영혼의 고향입니다. 그런 교회보다 더 귀한 것이 내게는 있습니다. 그것은 사람 즉 교인 한 분 한 분입니다. 내가 태어나서 제일 잘한 일 중 하나가 매일 교회 쪽을 향하여 기도하는 것과 교인들의 평안을 간구하는 것이라고 자부합니다. 한동안 드나들던 영사관 파견 정보부 아이들이나 그 심부름꾼들은 어쩐지 정이 가지 않았지만 자기에 맞는 신앙관을 가진 분이 보일 때는 심장이 두근두근할 정도의 희열이 우리를 덮어옵니다. 맑은 양심의 소유자가 진리의 주님을 찾는 모습은 감동일 수밖에 없습니다. 이런 분들을 네 몸과 같이 사랑하라셨으니 복음의 정수이지요.

그러나 이들보다 더 귀한 것이 있습니다. 그것은 바로 우리를 위해 죽으신 그리스도입니다. 갈 곳 없는 우리를 구해주시려고 피 흘리신 분입니다. 그가 우리를 박대하시면 우리는 갈 곳 없는 고아가 됩니다. 회개하며 주님 앞에 나아갑시다. 7월 15일 교회에서 우리 모두에게 주신 말씀을 소개하며 마칩니다.

"그러므로 우리는 담대하게 은혜의 보좌로 나아갑시다. 그리하여 우리가 자비를 받고 은혜를 입어서, 제때 주시는 도움을 받도록 합시다"(히 4:16).

교회 창립

생활환경이 너무 열악하면 기본적인 도덕도 떨어지기 마련이다. 소년 시절에 겪은 한국전쟁은 나에게 서울 생활을 허락한 셈이 되었다. 1950년 중반부터 눈에 뜨이는 광경은 부녀자들의 고함소리였다. 즉 머리끄덩이 잡고 싸우는 모습이 여기저기에서 목격되었다. 그 이유는 사소한 것으로, 척박한 살림 속에서 자식들 키우는 데 필요한 식품과 필수품 절대 부족이 그 주요 원인이었다. 훔쳐 먹은 아이의 어미는 창피해서 더 소리 지르고 피해자도 물러설 수 있는 여유가 없었다.

여기저기에 교회가 들어서고 평화의 메시지를 전했다. 사연 많은 사람이 모여들었다. 그러나 막상 찾아가도 답답하기는 마찬가지였다. 억울함과 원망의 찌꺼기를 제거하기에는 교회도 역부족이었다. 분열이 일어나고 싸우기 시작하면 그 끝이 보이지 않았다. 드디어 한국교회의 분쟁이 세계적인 화젯거리로 퍼져나갔다. 유명 국제 선교회와 종교회의에서 안건에 올려놓고 토론을 벌였다. 신학 빈곤과 죄의 가공성으로 위협하여 석고화되도록 신앙을 몰아가는 특이한 웅변술로 대중을 현혹한다는 결론을 내렸다. 그러한 환경에서 자란 우리 세대가 배우는 것은 친일파 선생들의 미꾸라지 생존법과 경쟁자를 한 방에 보내버리는 '빨갱이'라는 한 마디였다. 반공을 생의 목표로 삼고 일전불사의 기개를 부리며 대들면 이것이 최고의 의인 되는 길인 줄 알며 자랐다.

1960년대 존 케네디가 열어 놓은 이민의 물결이 시작되자 나성에 갑자기 한인들이 불어났다. 그러나 생활 전선은 영어가 서툰 이민자들에게 호락호락할 리 만무했다. 낯선 땅에서 긴장 속에 살다가 주일에 갈 곳은 한국교회가 유일했다. 미래가 불안한 교인들은 그런대로 위안도 받고 정보도 교환하며 믿음을 키워갔다. 그러다 곧 자기에게 관심을 덜 보이면 주류와 비주류로 갈리기 시작하고 분쟁으로 발전하게 되니 그 많은 교회가 신기하게도 동일했다. 교회마다 갈라지고 다투다 보니 미국 교회로도 소문이 나고 조롱의 대상이 되었다. 다민족 사회에서 살아가야 하는 한국인에게는 치명타가 될 수밖에 없었다. 저 친구들은 그렇고 그런 민족이라고 소문이 돌기 시작했다.

뜻있는 젊은이들이 모였다. 이 모양으로 가다가는 한민족 기피 현상이 일어나고 우리의 생존과 후손의 불이익을 염려하지 않을 수 없는 사태가 올 것 같았다. 그래서 30여 명이 모여 의논 후 교회를 창립하니 바로 평화의 교회다. 평화를 표방하고 세운 교회이므로 한국인 교회의 문제점을 분석하고 그 방지책으로 강령을 제정하니 7가지 세칙이 아래와 같다.

1) 신령함은 귀한 축복으로 내면에서 소화하여 연단을 통해 겸손과 사랑으로 표현된다.
2) 공적인 소통은 복음의 의와 정직한 인간성에 기초한 용서와 감사로 마무리한다.
3) 교회의 모든 기본 의무를 전통 교회 못지않게 지킴으로 믿음과 헌신의 모범이 되자.
4) 선배 교우들의 애국과 민족정기 함양을 답습하자.

5) 우리가 평화의 민족임을 미국 노회와 사회에 적극 홍보하자.

6) 의와 불의를 분별하여 '예'와 '아니오'를 선호하는 데 주저하지 말자.

7) 만약 당회나 지도자들의 심각한 분쟁으로 혼란이 발생할 경우 곧바로 귀가함은 물론 그 순간부터 교회와 교인은 없는 것으로 인지한다.

_____

한인 교회들이 여러 곳에 세워지고 인구도 증가했지만, 그 내용은 대동소이하니 어느 누구도 타민족과 더불어 사는 법을 알려주지 않았다. 새 이민자들은 교회와 직장과 자신의 입장에서 좌충우돌하며 살아가는 하루하루를 보내고 있었다. 여기저기 상점과 마켓에서 인종 간의 충돌이 보도됐다. 대부분 말이 서툰 한인들이 문제인 듯이 몰고 갔다. 교회들은 여전히 믿음과 구원을 강조하며 사회적 문제를 다루지 않았다. 작은 교회 하나가 이렇게 밀려오는 증오의 쓰나미를 막아서기가 역부족이었다. 모임마다 미소와 친절을 지금부터라도 실천하기를 강조하건만 대다수가 남 탓으로 결론을 내렸다. 결국, 1992년 4월 29일 나성 폭동은 터지고 한인들이 그 표적이 되니 소수의 개념 있는 청년들은 알면서도 당한 꼴이 됐다. 소수의 새이민자를 이용해 제물로 태워버린 음모가 더 컸다. 너무나 무력하고 슬퍼서 외쳐보았지만 아무도 들어주지 않는 나무 한 그루 없는 들판의 들개 신세였다.

2020년은 코로나-19의 해가 되었다. 좋아지고 나빠지는 것을 누가 알리요. 모두가 돈을 좇다가 다 놓치고 결국 1%의 부자에게 부가 몰리고 자연은 파괴되고 인성은 말라가는 세상에 접어들고 있다. 초기 신앙의 혼돈에서 벗어나 신앙의 자유를 구가하며 인간성을 표현하던 시대가 지나니 이제는 천민이 아닌 부도덕의 자본주의가 득세하고 교회도 그쪽으로 가담했다. 보이지 않는 신을 믿는 경건은 살아지고 보이는 설교자와 강단에서 연출되는 황금 송아지 춤 속에서 굿판이 벌어진다. 교인 수가 많을수록 은혜가 넘칠 것이라는 가설은 이미 거짓으로 드러났다. 평화의 교회가 좁고 거친 길을 찾아가고 있음은 이 세태가 증명해 주고 있으니 우리는 끝까지 믿음을 지킬 일만 남았다.

자유

새 제직에게 바치는 글입니다.

바울이 세상 떠나기 전 남긴 마지막 말입니다.

1) 나는 최선을 다해 달렸다.
2) 나는 포기하지 않고 끝까지 뛰었다.
3) 나는 믿음을 지켰다.

위의 세 가지 행동에는 성경 전체에 흐르는 두 줄기 강물이 흐릅니다. 하늘에 복종하고 이웃을 사랑했다는 바울의 고백을 엿볼 수 있습니다. 교회의 지도자이신 예수를 따르되 중도 포기 마세요. 기뻐 즐기며 봉사하십시오. 결국, 그들이 테이프를 끊어요. 월계관을 차지합니다. 끝까지 버티세요. 진리는 우리를 배반하지 않고 끝없는 자유를 안겨줄 것입니다. 여러분, 축하드립니다.

창립 47주년 아침에.

교회의 사명

나는 세상에 최고의 못난이 중 하나다. 그러나 나이가 들어서 말이 많은 편이다. '노톨'이다. 다행히 '틀딱'은 면했다. 박정희 졸개들과 싸우다가 결국 추방되고 미국 나성에 둥지를 틀고 앉았다. 일주일에 한 번 만나보는 동포는 그렇게 반가울 수가 없었다. 정신없이 바쁘게 살다 보니 반독재운동은 접어둔 채로 그저 교회에서 투덜대다가 손가락질을 받곤 했다. 계속 우기다 보니 어느새 반정부 교회로 소속이 되어 있다. 험상궂은 정보부 아해들이 교회의 빈자리를 채우더니 모모 인사들을 밥 사주고 회유했다. 그 후 문제인 때엔 조용했다. 이제 또 어떤 멍청이들이 나타나 두리번거리며 앉아 있으려는지 궁금하다. 시쳇말로 웃기는 일이다. 이 교회는 금강석보다 단단하다. 바른 세상을 꿈꾸며 버텨온 지 올해로 47년이다. 허튼소리 중얼대며 교회 생활하려면 그것이 곧 허송세월이다.

생명책

따지는 자들이 모인다. 자아의식이 강하다 보니 충돌도 일어난다. 이럴 때 대충 넘어가면 그 결과가 의외로 잘 나오곤 한다. 인내가 최고의 덕목 중에 하나인 이유다. 큰 줄기만 같으면 눈감아주어야 한다. 너무 깊이 따지면 피차 상처를 입게 된다. 배려하고 칭찬하면 피차 즐겁다. 나성의 많은 보수교회가 잘 돌아가지만 한두 개의 진보교회는 늘 초라하다. 교회 출석도 의무 상항이 아니고 선택적 권리다. 그럼에도 불구하고 가 아니라 내 판단에 따라 결론이 난다. 진보교회의 한계다. 그냥 미련하게 자리를 지키는 소수들은 과연 고래 심줄이다. 계속 버텨내기를 빈다. 생명책에 기록되리라 확신한다.

작별

백리언 목사님은 평소에 매우 근엄하셨다. 조그마한 얼굴에 아담한 몸매로 지성이 뒷받침되어 보기 드문 미남이셨다. 서울 어느 기독교 대학의 교목으로 근무하실 때 학원 분규로 불가피하게 대립했던 악연은 그후 피차 오해를 풀게 되고 LA에서 만나 미국 교계를 재정립해 보기로 하여 손잡은 것이 평화의 교회 창립이었다. 원고 없이 하는 설교는 듣지 않아도 된다고 주장하시며 철저히 원고를 준비하셨다. 한국 Y 교회 한경직 목사와 강단을 교류하며 쌍벽을 이루면서 그 명성을 떨쳤다. 시편 23장을 설교하셨다. 세계 여러 학자의 이 시에 대한 찬사를 소개하며 그 내용을 풀어갈 때 죄 속에 헤매던 지친 영혼이 다시 살아나는 것 같았다. 창립한 후 신문 광고에는 교회 이름 밑에 설교 누구라고만 써 있을 정도로 1975년 당시의 교계는 그의 이름을 알고 있었다. 그러나 좋은 출발에 무서운 시험이 시작된다. 6개월도 아니 되어 백 목사님은 교통사고로 장기 입원하시고 20년 투병 생활 후 귀천하셨다. 코마 상태로 고생하시며 마지막 작별을 할 때다. 2, 3초 뚫어지게 쳐다보시며 굳어 있던 얼굴에 환희의 미소를 던지시며 이별을 대신하시니 그곳에 들어가는 일이 그토록 즐거우신 잔치였는지 아직 묘연하다. 1994년 7월에 남기신 그 환희가 영원토록 그 교회 안에서 퍼져나가기를 기도한다.

부자

심령이 가난한 자는 영이 허기진다는 뜻. 밥이 영속에 들어가야 기쁠 텐데 어쩐다? 영에는 말씀이 바로 밥이다. 말씀을 배부르게 먹은 영의 소유자가 바로 상속자요, 자유인이다.

마음에 죄가 꽉 들어찬 사람이 심령이 가난한 사람들이라고, 또는 마음이 불교식으로 텅 빈 형태가 가난한 사람이라고 별의별 이론과 해석이 분분하다. 그럴 수밖에. 심령이 가난하다는 말씀은 지상 언어가 아닌 하늘의 언어로 해석이 쉽지 않다.

가난을 유난히 강조하고 실천한 분이 성 프란치스코다. 그의 말이다. "가난은 모든 덕의 여왕", "가난은 구원의 지름길". 근래 발견된 사해 사본 해석가는 또 다르게 표현한다.

"심령 가난은 온전한 길을 걷는 사람들."

부자로 살면서 마음만 가난하게 살면 좋은데. 그런데 인간은 개, 고양이보다도 교활하다. 학습효과가 너무 빨라서 일주일이면 자신의 신분을 완전히 변화시킨다고 한다. 큰돈이 손에 들어오면 7일 안에 자기의 신분을 새 자리에 맞추어 놓는다고 한다.

그러니 부자 청년더러 네 재산을 전부 이웃에게 나누어주고 나를 따르라고 하셨다. 부자 구원받기가 낙타가 바늘구멍 빠져나가기보다 더 어렵다고 하셨다. 온전히 자본주의에 역행하는 말씀이다.

사회와 교회에서 마주치게 된 사람 중에 대부호 5~6명과 교류를 한 경험이 있다. 그들의 하루 수입은 중간 크기 교회의 1년 살림이 가능할 정도의 액수였다. 그런데 두 명은 일찍이 세상 떠나고 두 명은 어려운 교회를 같이 걱정하다가 어느덧 장거리 전화로 이별을 통고했다. 나머지 한 사람은 교회 버스를 사주고, 떠나는 목회자에게 금일봉을 주고는 2,000년이 되면서 떠나갔습니다. 지금 남으신 분 중에 또 다른 부호가 있을 것입니다만. 글쎄.

장승포

명나라 제독 진린에게 인수한 배와 군인수는 열 배가 넘었다. 그러나 순신에게는 많으면 많을수록 더 이상의 전과를 올릴 수가 있었다. 옆에서 그의 군사 작전을 유심히 바라보던 진린은 듣도 보도 못한 순신의 지휘력에 완전히 손을 들었다. 자진하여 그의 부하가 되어 명령을 따랐다. 전쟁이 마무리되고 명나라로 복귀한 후에도 순신과 그를 따르던 절도 있는 수군들과 심성이 착한 조선의 백성들을 잊지 못하다가 1,607년에 숨을 거두며 유언을 남겼다. "나는 조일전쟁에 참여하여 공을 세우고 그로 인하여 승진도 하고 상도 많이 받았지만, 그 대부분은 이순신의 덕으로 이룬 것이다. 지금 명나라는 부정부패가 만연하여 곧 망할 것이 확실하다. 너희는 모든 재산을 정리하고 큰 배들을 마련하여 조선의 남쪽에 있는 한산도와 고금도로 이민을 가거라. 아직도 내 이름을 기억하는 관리들과 백성들이 남아 있을 것이니 정착하여 그들과 혼인하며 그 나라 백성이 되어라." 결국 그의 손자인 진영소가 진 씨 가족을 배에 태우고 고금도로 향하게 되고 무사히 정착하여 10여 대에까지 후손이 번창하여 수천 명의 광동 진씨가 고금도와 장생포에 번창하게 되었다. 후일담이지만 진린의 14대손들이 들고 일어나 미국의 사드 배치를 결사반대하며 한중 친교를 주장한 것으로 알려졌다. 평화의 교회 교육관 구입 시에도 진 장군의 15대손인 진 집사의 공로와 헌신이 남다르게 뛰어난 일도 있었다.

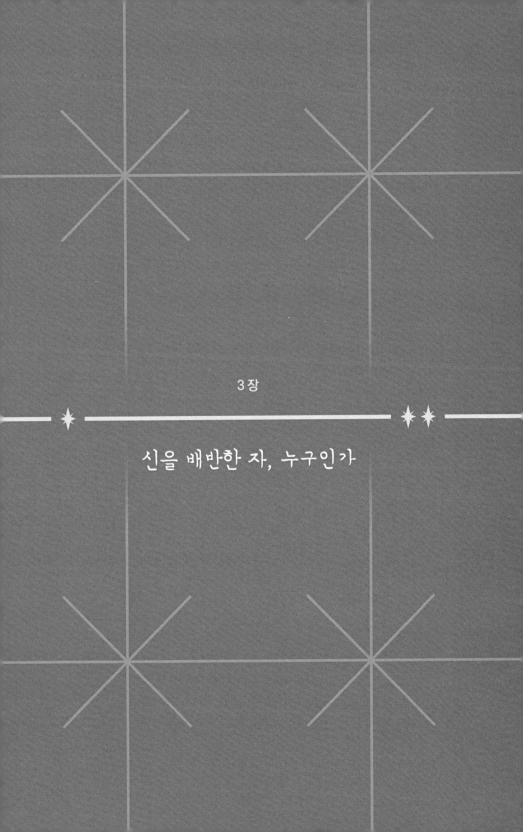

3장

신을 배반한 자, 누구인가

위선

인간은 위선 없이는 살아가기 힘들다. 그래서 그 기준을 만들어 놓고 서로 이해하며 지낸다. 원시시대는 아랫도리를 풀잎으로 가렸다. 몇천 년을 지나 도덕과 종교가 들어서서 그때마다 새 규율을 세우니 나라마다 제각각이다. 수컷들이 얼마나 사납고 거칠었으면 문명사회가 되었건만 목줄을 걸고 다니며 넥타이라고 히죽거리며 활보하게 되었는지 한심한 노릇이다. 그건 그렇고, 위선으로 돌아가 보자. 성직자들은 혹 세속적인 모습이 보이면 말이 많아지니까 한정된 언행에 집중한다. 한세상 살면서 창살 없는 감옥에 갇혀 있다니 나이 든 사람들 보기에도 참 불쌍하다. 혹 가시권 안에 거룩한 분이 보이면 가까이 다가가 친분을 쌓으며 지갑을 열고 마음껏 회포를 풀어드리는 것도 좋은 신앙생활을 하는 것은 물론 대인의 면모로 덕을 쌓는 것이 된다. 단, 나중에 사이가 소원해지는 경우에도 사적 교류는 몸이 땅속에 들어갈 때까지 꾹 다물고 있어야 함은 재론의 여지가 없다. 그릇이 클수록 더 많은 상을 받을 것 아닌가? 허허.

이단 극성

유럽의 교회들은 빈약하다. 교인이 거의 없다. 그러나 정부는 그냥 모른 척하지 않는다. 그 이유는 무엇일까? 국민의 가치관이나 정신적인 최종 목표의 설정이 필요하다고 확신하기 때문이다. 목사나 신부는 국가 공무원들이다. 안정적 목회 활동이 가능한 것이다. 고로 교인 수 때문에 걱정할 필요가 없다. 자기 임무에 충실하면 된다. 특별히 목소리를 성스럽게 내거나, 병 고침을 선전하지 않아도 된다. 그러나 딱 한 가지 지킬 일이 있다. 진리다. 왜? 다음 성경 말씀을 보라. 요한복음 4장 24절, 14장 6절, 14장 16절.

이는 곧 성부 성자 성령 세 분이 다 진리라는 기록이다. 진리 없는 교회는 이미 교회가 아니라 일종의 비즈니스 모임일 뿐이다. 그런 곳에서는 언제든지 종교적 비즈니스가 파생될 수밖에 없다. 이단이 극성을 부리는 이유가 여기 있다.

설교

평신도로 봉사하며 섬기는 생활 중에 놀라는 것은 일주일에 한 번씩 돌아오는 설교 시간이다. 예배 중 최고의 엑기스가 설교다. 설교 시간은 30분 전후다. 해산의 고통이요, 뚫기 힘든 좁은 문이다. 왜냐하면, 창조물을 보여주는 프레젠테이션의 시간이기 때문이다. 혹시 언젠가 내가 했던 말이 아닐까, 걱정스럽기 다반사다. 목회는 24시간 긴장의 연속이다. 교인들의 관혼상제와 상담 등 항상 대기 상태의 연속이다. 여기에 새벽 기도와 수요 예배 등이 기다리고 있다. 이러니 부작용이 아니 나타날 수가 있으리오. 아멘과 할렐루야, 말씀 중에 찬송과 복음성가 등이 섞여서 퍼져나가는 이상 현상이 나타나지 않을 수 없다. 교인들도 흥분하여 박수치며 아멘 화답하니 곧 기쁨이 넘치는 카타르시스의 잔치가 벌어지고 은혜 속에 모여드는 사람들로 대형 교회가 형성된다. 진리는 멀리멀리 떠나버리고 환희와 즐거움이 성전에 가득하다.

예배당

개신교의 목사는 그 지위가 평신도와 같다. 그는 성경을 풀어서 설명해
주는 일과 행정을 담당하는 분이다. 단, 조건이 있다. 성직자라는 명칭
을 가지고 있다 보니 모든 행동과 언어가 제한된다. 일생을 그리 살기가
보통 어렵지 않다. 모든 교인은 존경하며 예의를 갖추고 모실 필요가 있
다. 그 이상도 그 이하도 아니다. 이 말의 뜻은 목사가 그 특이한 성직을
오해하여 평신도를 부하 다루듯 하거나 무시하면 문제가 발생한다. 이
런 일이 시작되면서 독재가 스며들고 나중에는 왕국을 탄생시키고 교
회가 대형이 되면서 자식에게 세습되고 만다. 이는 이미 예배당이 아니
라 비즈니스요 복마당이다. 그러나 사람들은 좁은 문과 거친 길을 비켜
서 넓고 큰길로 들어서면서 큰 교회를 넘어 대형 교회로 간판이 바뀐다.
할렐루야 소리가 천지를 진동한다.

진보 교회

진보 성향의 교회는 교인이 적다. 특히 미국 LA에서는 더하다. 교회는
그 기반이 믿음일 수밖에 없다. 그러나 진보 성향의 인사들은 감성보다
이성을 찾기 마련이다. 이성이 교회 안정과 평화를 위해 큰 도움이 될
수도 있다. 단 그 이성이 교회사를 알고 정의 실천에서 흘린 선배들의
노고를 따라 하려는 결단 없이 일반 사회의 이론을 펼칠 때는 어려워진
다. 그 이유는 무엇일까? 교회의 첫째 의무는 거룩한 예배다. 둘째는 교
인 간의 관용과 사랑이다. 매우 조심스러운 조직체다. 여기에 이성의 판
단이나 주장이 격에 맞아떨어지는 경우가 아니면 상처가 전 교인에게
악영향을 주기 쉽다. 그래서인지 LA에서는 보수 교회가 대다수다. 오
직 두셋 정도의 진보 교회가 최선을 다하고 있다. 이성과 경험을 인간의
두 가지 요소로 정의한 칸트의 고귀한 신앙은 아직 이루기 힘든 과제인
모양이다.

생명수

밭일하고 저녁에 돌아온 종이 주인보고 "나 피곤하니 밥 좀 차려주시오"라고 할 수 없다는 목사님의 설교 말씀에 은혜를 많이 받고 생각나는 바를 간단히 적어봅니다. 종은 끝까지 종일 뿐 공로가 많으니까 주인 자리를 꿰차면 안 되는 이유를 설명하고 있습니다. 그런데 한국의 몇몇 큰 교회에서는 너무 적나라하게 반성경적인 추태가 벌어지고 있습니다. 교회가 크기 시작하면 너도나도 안방에 가부좌하고 들어앉아 자기가 신인 양 허세를 부리며 호통을 치기 시작하는 것입니다. 십일조 거두어서 교회 건축을 합니다. 그런데 과하게 크고 화려하게 치장하여 사업 기반을 튼튼하게 다집니다. 계속 쌓이는 헌금은 개인 사업을 일으켜서 자신들에게 분배합니다. 또 다른 교회에서는 이렇게 큰 교회를 남에게 줄 수 없다며 자식에게 물려줍니다. 독재자에게는 갖은 아양을 떨며 애교부리는 놈들이 양심적인 대통령이 들어서면 미친개가 되어 물어뜯으며 날뛰는 꼴은 목불인견입니다.

그중에서도 무식한 놈은 독일 나치의 희생자인 세계적인 신학자의 이름을 틀린 이름으로 불러대며 생쇼를 하다니 기가 찹니다. 학벌 위조로 곤욕을 치르다가 겨우 넘긴 자는 말씀 전하기를 포기한 듯 한마디 하고는 노래 한 구절 부르고 할렐루야 외치는가 하면 또 한 구절 뽑아서 그 많은 연봉을 받으며 저렇게 '나이롱'으로 시간을 보내고도 무사하니 행복한 자 그대로입니다.

그러나 어디에서 진리를 찾아보며 어느 구석에 주님의 사랑을 숨겨놓고 있는지 알 수가 없습니다. 어리석은 백성 속에서 어서 탈출하여 회개하며 맑은 양심을 되찾아 오세요. 어서 평화의 교회 예배를 클릭하여 그대와 그대 가족이 다 함께 생명수를 마시면 진리를 알게 되고 그 진리가 그대들을 자유케 하리라. 아멘.

니체, 그대는 어디에

신을 배반한 자들이 셀 수 없이 많다. 교회를 창립하여서 강대에 걸터앉아 주인 행세하는 자들, 멀쩡한 나라를 총으로 탈취하여 자기네 욕심 채우는 데 매진하는 자들 등, 이렇게 고약한 자들과 비교해 볼 때 니체의 앙탈은 어린 아기처럼 귀엽기까지 하다. 신을 향한 무례한 언어로 인하여 세상 지식인들은 그를 싸고돌면서 카타르시스를 즐기는 것이 사실이다. 요새 말로 '소확행'의 반대가 니체 사상으로 여겨진다. 결과보다 과정을 강조했다. 형이상학을 부정하는 듯하다가 형이상학의 본향으로 돌아와서 미쳐버린 니체. 놀랍게도 평등을 배격하고 엘리트라고 자부하는 얼간이였다. 망치를 든 철학자라는 별명은 그의 사상 경계를 넓게 펼쳐진 것이 사실이지만 그렇게 넘쳐나던 부조리를 분석하여 쳐부수기를 포기하고 키워야 할 진리의 가치를 깨부수려 했다. 마치 좀생이 양아치처럼. 결국, 자기만족에 울기도 하고 춤추기도 하다가 요절한 독종 인생이다. 그러나 그를 간단하게 과격 실존주의자로 돌려놓기는 간단한 일이 아니다. 담대하고 솔직하며 논리가 정연했다.

신이 눈앞에 서 있는 듯이 따지고 항의하는 모양은 무심한 아버지에게 대들듯 현실감이 있다. 신이 죽었든 아니든 실존을 인정하는 태도는 감동적이다. 대형 교회의 주인들처럼 이것이 다 내 것이니 바로 나를 믿으면 너희가 만복을 받으리라 하며 시시덕거리며 촌스럽게 폼 잡는 자들보다 훨씬 맑은 영혼의 소유자로 보인다. 문제아 니체가 지금 하늘에서 역적으로 배척받고 있을지 아니면 버르장머리 없는 막내처럼 아버지 품에 안겨 있을지가 어눌한 저에게는 참으로 궁금하다. 이렇게까지 상상해 보는 이유는 다음 말씀이 우리를 위로해 주기 때문이다.

"누구든지 말로 그리스도 나를 거역하면 용서받을 수가 있다. 그러나 누구든지 말로 성령을 거역하면 영원히 용서받지 못하리라"(마 12:32).

부활

구약의 천재는 다윗, 신약의 천재는 바울이다. 바울은 양심과 신앙을 이성의 용광로에서 녹여내어 영원한 진리라는 보석을 창조해낸 선택된 제자다. 그가 주를 따르기로 결정한 순간의 고백을 반추하여 풀어보면 다음과 같이 요약할 수 있다. "나보고 후세 사람들이 말하기를 바울은 신앙보다 교리 분석에 출중한 학자로 본다"라고 주장할지 모르지만 그렇지 않다. 처녀 잉태나 부활을 믿을 바울이 아닐 것이라고 말하는 자가 많이 나올 것이다. 그러나 나 바울이 그 두 가지를 강조하지 않은 것은 사실 여부를 외면하는 것이 아니다. 진리 탐구의 서열에서 부활과 잉태를 가지고 씨름질 할 시간과 여유가 없다는 것이다. 인류 구원 사업을 앞에 두고 있는 지금 내가 직접 보지 않은 사실에 매달려 분쟁할 이유가 없기 때문이다. 하나님의 사랑과 진리를 설명해 드리기가 세상의 언어로는 불가능하다. 그러나 한가지 분명히 짚고 넘어갈 명제가 바로 이것이다. 부활을 부정하는 것은 전부를 부정하는 것이며 그곳에는 신앙이라는 조그마한 씨앗도 존재하지 않는다는 사실이다. 나의 친구들인 열두 제자와 지금 내 앞에 앉아서 내 설교를 듣고 있는 형제 중 300명 이상이 그 체험, 곧 직접 부활한 예수를 본 증인들인데 그들은 나보다 훨씬 더 신실하고 양심의 소유자들이다. 내가 어찌 그들을 감히 의심할 수가 있으리오? 더하자면 나 자신도 주의 무서운 능력과 초자연적 체험을 경험한 바다. 부활을 부정하며 주를 찬양하는 것처럼 허무한 신앙 행위는 없다. 신학과 신앙은 비교 자체가 무의미하다.

두 가지 부활

부활에는 두 가지 유형이 있다. 마르다의 오라버니, 나사로의 부활이다. 곧 육체와 그것에 딸린 생명 유지에 필요한 혼이 다시 살아난 경우다. 이를 두고 첫 번째 부활이요 주님 부활의 총연습이라고 할 수 있다. 두 번째는 육체와 혼은 땅에 묻히고 영Spirit만 다시 살아서 본향으로 돌아간다. 육과 혼Flesh and soul은 세상에서 먹고 사는 일과 종 번식의 의무를 마치고 자연에 합류한다. 이와 같은 레퍼토리는 요한복음 11장 25-26절에 자세히 펼쳐진다.

> "나를 믿는 자는 죽어도 살겠고(나사로) 살아서 나를 믿는 자는 영원히 죽지 않으리라(구원)."

장로교 1

천주교는 상명하복으로 경험 많은 어른 신부가 명령하면 그대로 실천하는 구조다. 감리교는 상명하달로 위에서 명령하면 평신도들이 자진하여 협조하는 조직체다. 장로교는 평신도 위주로 다수결로 사안을 결정하는 민주주의 제도이다. 미국 장로교의 장로는 3년마다 교인들의 투표로 선출된다. 입후보로 나왔다가 떨어지면 여기가 바로 분기점이다. 미국인들은 가볍게 넘기고 지나간다. 한인들은 큰 수치로 여기고 문제를 일으키거나 교회를 떠난다. 천주교나 감리교는 그런 문제가 애초부터 존재하지 않는다. 장로교는 점점 위축될 수밖에 없다.

장로교 2

민주주의 정치체제의 토대가 되었던 미국 장로교(PC USA)에 소속된 한인 교회들은 그 제도를 답습하기가 힘들어서 한국식 장로교 제도를 아쉬워했다. 민주주의를 따르기에는 유신체제에 익숙했던 백성들에게는 무리일 수밖에 없었다. 여기저기에서 분쟁에 휩싸이고 곧 LA 다민족들에게도 퍼지기 시작했다. 교회에서, 개인 사업장에서 터져 나오는 분쟁은 결국 1992년 4. 29 폭동으로 타격을 입게 되고 피눈물로 일으켜 세웠던 생활 터전을 전부 잃고 말았다. 재산과 더불어 잃은 것이 있으니 곧 한인들을 향한 괴소문이다. 교회에서나 가게에서나 문제를 일으키는 분쟁의 한인들이라는 소문이다. 이처럼 무서운 편견을 받으며 이 땅에 발붙이기는 거의 불가능한 일이었다. 해결책을 찾는 일로 청년들이 숙고에 들어갔다.

장로교 3

LA 폭동 후, 37명의 청년은 한인 교포들이 그 원인이라는 소문이 왜곡되고 과장된 헛소문이라는 사실을 속히 알릴 필요를 느꼈다. 새 출발이라는 뜻의 '해람장로교회'(평화의 교회)를 설립하고 미국 장로교에 등록했다. 노회가 열릴 때마다 나가서 우리는 2,000년 동안 한 번도 남의 나라를 침략한 적이 없다. 오히려 중국, 일본, 몽골, 러시아, 거란, 여진 등으로부터 1,000회 이상 침략을 당한 나라다. 19세기 말, 미국과 프랑스까지 군함을 몰고 와서 살육하고 억지를 부렸다. 우리는 생경한 이민 생활에 너무 힘들어 얼굴 표정이 여유롭지 못한 것은 인정하지만 그렇다고 불 지르고 털어가서야 어찌 선진국을 이끄는 미국이라 하겠는가? '고요한 아침의 나라'가 한국의 별명이다. 우리가 이 사회에서 어떻게 적응하며 살아가는지 주목하기 바란다. 우선 우리 교회를 관찰하기 바란다. 누구보다도 이성적이고 바람직하며 평화로운 교회가 될 것을 여러분 앞에서 선언한다. 그러면서 그 후 50년을 약속대로 실천하며 모범 교회의 정수를 이 땅에 펼쳐놓았다. 창립 청년의 대다수가 노환으로 말년을 보내면서도 아직 그 자부심과 민족 고유의 정체성을 이 시간까지 놓은 적이 없다.

4부

바보들의 꿈

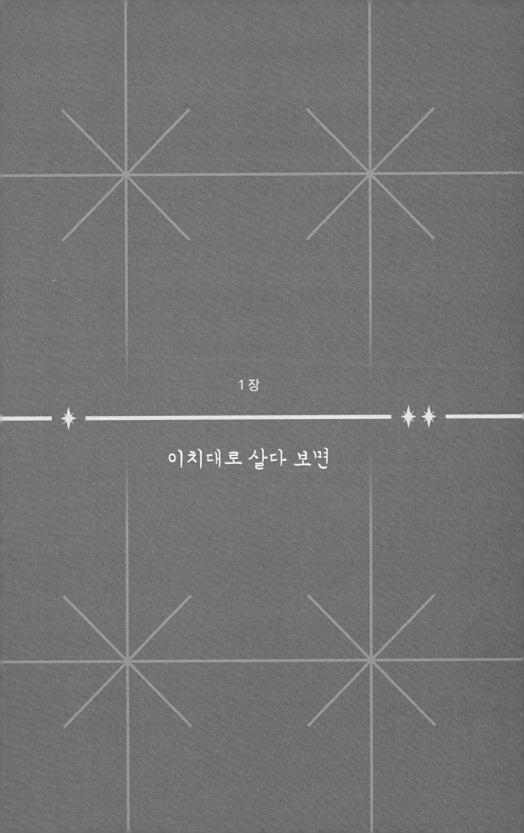

1장

이치대로 살다 보면

비유

성경 공관복음의 비유는 그 기승전결이 간단명료하게 구성되어 있어서 하나의 예술품을 보는 듯 완벽하다. 주님의 문장력은 간략하고 선명하여 타의 추종이 불가능한 것 같다. 다윗과 바울도 천재들이었지만 한 수 아래가 맞다. 성경의 비유는 길어봤자 A4 용지 한 장에서 끝난다. 대부분 절반도 안 되는 이야기가 소설 한 권 이상의 감동을 준다. 그런데도 성경을 어렵고 지루한 책으로 미리 예상하며 외면한다. 하긴 이런 성경 지식으로 세상 지위가 높아지거나 금전이 손에 잡힐 리가 없으니 여간 힘든 형편이 아니면 가까이 다가설 리가 없을 수밖에. 문 두드리는 소리가 들리는데 못 들은 척할 필요는 없다고 본다. 어서 일어나 문고리를 당겨 확 열어젖혀보라. 생명이라는 선물을 들고 누가 서서 기다리고 있다.

좋은 말

좋은 말은 단순하고 소박하다. 공정하고 합리적이다. 꿈과 희망이 있다. 그리고 이타적이고 약자에 대한 배려가 있다.

여백

80%의 재산이 계속 유지될 때 인간은 가장 행복하다고 한다. 아쉬운 듯, 모자라는 듯한 여백이 기쁨의 샘이 된다는 것이다. 부족과 약간의 아쉬움이 연단으로 발전하면서 만나게 되는 좋은 친구가 있으니 그의 이름이 '감사'다.

내일

"내일 일을 위하여 염려하지 말라"라는 말씀이 성경에 나온다. 사람들의 걱정이 문제 해결에 그리 도움이 되지 못한다는 뜻인 듯하다. 내일은 내일이라는 담당자가 맡아서 처리해준다고 한다. 그래도 우리도 할 일이 있다. 내일을 값지고 바르게 살 꿈은 많이 꾸면 꿀수록 아름다운 일일 것이다.

불가역적

490번까지도 용서한다는 말씀은 신약의 중심 강령이다. 그런데 다 용서받아도 역시 예외가 있다. 그것도 무서운 단어인 '불가역적'이라는 물리학 용어다. 한번 결정되면 끝이다. 영원히, 이 세상에서나 오는 세상에서나 뒤집을 수 없다. 그것은 성령을 거역하는 일이다. 예수를 무시하고 욕하는 것도 용서의 테두리 안에 있다. 단 성령께서 네 양심의 문을 두드리며 결정적으로 마지막 대답을 기다릴 때가 오면서 문제가 발생한다. 베드로는 수제자로 봉사하면서 여러 번 충성을 맹세했지만, 마지막 순간 세 번이나 주를 부인했다. 이것이 바로 주님을 배반하는 순간이다. 곧 용서받을 수 있다. 그런 뒤에 그는 밖에 나가서 심히 통곡했다. 성령이 그에게 물었다. "시몬아, 조금 전 네가 한 말이 진정으로 한 말이냐?" 이 순간의 대답이 성령 앞에서 예와 아니오를 결정한다. 그 대답이 가역적이나 불가역적, 이 두 가지 중 하나로 정해진다. "또 누구든지 말로 인자를 거역하면 사하심을 얻고 누구든지 말로 성령을 거역하면 이 세상과 오는 세상에도 사하심을 얻지 못하리라"(마 12:32).

용기

내세를 믿는 사람보다 '글쎄' 하는 쪽이 많은 것 같다. 가보고 온 사람이 없기 때문이다. 그래도 수많은 의인이 선을 행하다가 생을 마친다. 그들은 솔직히 말한다. 반반이라고. 그러나 그것마저도 포기하고 제멋대로 행동하는 용감무쌍한 사람도 많다. 그들은 자신의 전부를 투자하고 세상의 즐거움을 추구한다. 용감한 자와 겁쟁이가 각자 자신의 삶을 책임지는 자연스러운 일이다.

정거장

철학을 조롱하는 자가 진정한 철학자라고 파스칼은 주장한다. 그 이유는 철학의 끝은 철학으로 마감하기 때문이라고 한다. 종착역이 출발역과 다르지 않다. 그 반대로 믿음은 여러 정거장을 거치며 달린다. 환난, 인내, 연단, 소망, 마지막 종착역의 이름이 진리다. 철학은 허무로 마치지만 진리는 무한하다.

사랑의 세 유형

사랑에는 세 가지 유형이 있다.

첫 번째, 나 자신과 내 식구만 주로 사랑한다. 두 번째, 내 이웃을 내 몸과 같이 사랑한다. 세 번째, 남을 나보다 더 사랑한다. 고로 세 번째 사랑은 남을 위해 나를 희생할 수 있다. 첫 번째는 인간이요, 두 번째는 현인과 성인이다. 세 번째는 하나님이다.

바보 둘

지각을 동원하여 분석을 통해서 얻어내는 결과물에 의존하는 것은 바람직하다. 그러나 그것만으로 만족하면 위험하다. 현명한 바보가 되기 때문이다. 그 일의 수혜자가 내가 되면 안 된다. 나와 이웃이 공동의 혜택을 받을 수 있을 때 진정한 의미가 있다. 모든 판단의 기준은 공정이다. 그리고 평등이다. 두 번째 바보는 이성만 강조하다가 자기모순에 빠지는 경우다. 사실과 과학 이외의 초자연을 감지하지 못하는 삶은 집에서 기르는 가축의 정신세계를 크게 벗어나지 못하고 있다. 정신적인 영양부족이요 자유를 포기한 단순형 인생이다. 한 인간의 진리 탐구의 포기는 우주 전체의 비극이다.

빈곤

가난은 불편하다. 돈은 우선 심신이 편하다. 특히 남들의 부러움을 받는다. 자기도 모르게 자신을 자신 그 자체보다 더 귀한 존재로 착각하기 시작한다. 이런 착각이 정당화되도록 멋진 이론을 꾸며낸다. "원래 게으른 자들은 가난할 수밖에 없다." 그 말은 한편으로는 듣기에 그럴듯하지만, 절대로 아니다. 대부분 노력 없이 큰 재산을 취득한 경우 쾌락 속에서 탕진한 자들이 빠지게 되는 버릇이 바로 '게으름'이다. 건강한 사회의 밑바닥에는 배고픈 자들의 땀으로 인한 노력의 결과가 있을 뿐이다. 부자들이 존경받는 길은 그의 생활 과정으로 평가받을 일이지 결과만 보고 손뼉 치는 짓은 경박 그 자체다. 가장 바람직한 부자는 겸손과 배려 속에 지내면서도 늘 마음이 고픈 자다.

빈부

"건전하게 혹은 방탕하게 살지 고민할 필요가 없다. 그것은 부자가 되고 나서 결정해도 늦지 않다"라고 말하는 것은 틀린 말이다. 인간의 가치는 결과보다는 과정으로 판단되기 마련이다. 결과가 좋아서 성공한 사람이 부러움의 대상은 될 수 있어도 존경의 대상이 되지 못하는 이유가 과정이 깨끗하게 진행되지 않았기 때문이다. 불의로 모은 돈으로 선을 행한다면 위선으로 흐르기 쉽다. 죽음과 같은 회개의 눈물 없이 악이 선으로 뒤집히기는 하늘의 별 따기보다 어렵다. 그래서 아굴은 인간의 성정을 다음과 같이 고백한다. "나로 하여금 부하게도 가난하게도 마옵소서. 내가 부하면 '하나님이 어디 있느냐?' 할 것이요, 너무 가난하면 도둑질해서 하나님의 이름을 욕되게 할 것이니까요."

가난의 복

가난하면 사탄도 외면한다.

가난하면 자식들의 독립심이 빠르게 성장한다.
가난하면 이혼이 어렵다. 참고 산다.
가난하면 교만도 떠난다.
가난하면 냉수 한 사발 놓고 천지신명께 손을 뻗친다. 좀 비굴하지만, 교만보다 낫다.
가난하면 타락할 여유가 없다.
가난하면 조그만 일에도 감사하게 된다.
가난하면 없는 자와 쉽게 교류한다.
가난하면 생활이 간략하고 단순하여 스트레스를 줄인다.

가난한 자의 친구들은 모두 과거 성인들과 선지자들이다. 그들은 가난은 물론 핍박과 고통 속에서 살다 갔다. 가난은 절대 수치의 대상이 아니다. 어깨를 펴고 열심히 살아봄 직한 기쁜 인생이다. 감사하며 살다 보면 햇빛도 만나게 된다. 어쩌면 가난은 복 받은 자이면서 진리를 찾아 나선 선민일 수도 있다.

부자

부자는 도덕과 진실을 친구하기 어렵다.

부자는 성자들과 동행해야 할 때 매우 괴롭다.

공자는 제자들과 그 넓은 땅을 다니며 동가숙서가식했다. 예수는 노숙자였다. 소크라테스도 청년들을 가르치며 수입 없이 돌아다닌 빈털터리다. 그들은 오직 정신적 풍요로 모든 어려움을 극복했다. 하늘은 인간에게 한 가지만 선택할 기회를 주었다. 곧 육체의 부와 정신의 부를 다 허락하지 않는다. 둘 중의 하나만 택해야 한다. 둘을 같이 다 가진 자는 하루하루가 괴롭다. 좀 부족하더라도 감사하며 사는 것도 멋진 생활이요 즐거운 인생살이다.

재벌

이병철은 사카린을 밀수해서 대통령 박정희와 나누어 먹었다. 정주영은 그 일을 참고로 해서 또 다른 방법을 택했다. 경부고속도로 등 일감으로 고속 성장을 하면서 알아서 나랏일에 쓰라고 하며 일을 마치고 나서 듬뿍 바쳤다. 그 후 시간이 좀 흐른 뒤에 솔직히 말한다고 하며 너스레를 떨었다. "각하는 나에게 한 번도 정치자금을 요구한 적이 없는 유일한 분이다." 글쎄, 이 말의 신빙성을 믿는 국민이 얼마나 될지 의문이다. 정경분리의 유무에 따라 지도자의 자질을 평가할 수 있는 시대가 되었건만 아직도 과거와 다르지 않다. 한국의 재벌들이 국민 위에 군림할 정도로 떳떳한 것은 절대 아니다. 국민과 피차 상부상조하며 동행할 일이다. 그 정도로 한국인은 너그럽고 정이 많다.

역지사지

역지사지하지만 입장 바꿔서 생각하기가 쉽지 않다. 자라온 환경이 다르고 직업은 물론 성격의 차이도 당연히 있기 마련이다. 종교도 다양하다. 그러니 이해되지 않을 때가 더 많을 것이다. 그럴 때 필요한 덕목이 있으니 곧 똘레랑스tolerance요 화이부동和而不同이라는 용서다. 이 용서와 관용만 할 수 있다면 만사가 다 해결된다. 물론 끝까지 용서해도 소용없는 일도 있다. 그럴 경우에는 그 관계를 끊고 잊어버려야 한다. 새로운 가치 창조로 다시 나의 갈 길을 찾는 것이다. 물론 그 길은 또다시 용서라는 깃발을 높이 들고 걸을 수밖에 없다.

응답

응답은 매우 느리다. 응답을 받은 것도 같고 아닌 것도 같다. 이럴 경우 우리가 암송할 적당한 말씀이 여기 있다.

"우리가 알거니와 하나님을 사랑하는 자 곧 그 뜻대로 부르심을 입은 자들에게는 모든 것이 합력하여 선을 이루느니라"(롬 8:28). 하나님은 진리의 영이다. 우리를 사랑하지만, 우리 세상 사람들이 절대로 눈치 채지 못하게 돌보신다. 그 이유는 무엇일까? 교만이다. 선민의식이 독이 되는 것이다. 선을 행하되 실망하지 말고 감사하며 하루를 성실로 채우는 자가 최후의 면류관을 차지하리라. 항상 기도하고 이웃을 역지사지로 대하는 생활 태도는 영원의 생명줄을 감아쥐는 제일 나은 선택이다.

학벌

좋은 학교 나온 것이 좋은 사람이 되는 것이 아니다. 훌륭한 사람이 되는 것도 물론 아니다. 좋은 머리로 더 높은 수준의 학문을 배우고 연구해서 나라와 국민을 위해 헌신하되 정당한 대가를 받고 나쁜 일을 도모하지 말아야 한다. 남보다 더 대우받기만 할 일이다. 좋은 머리를 이리저리 굴려서 부정하면 그 죄의 가산점과 대가로 무서운 부작용이 생길 수밖에 없다. 그래서 학벌과 인격은 비례하지 않는다. 머리 좋은 자를 부러워할 수 있지만 거기까지다. 존경의 대상이 되는 것이 절대 아니다. 100년 전에 하던 유치한 개념은 잊을 때가 되었다. 우리 모두 박수로 존경할 대상은 남을 위해 자신을 희생하는 평범한 사람들이 되어야 한다.

나

철학의 주제는 나다. 그리스 철학은 그렇게까지 나만을 주제로 내세우지 않고 주저한 면이 있었지만, 데카르트가 본격적으로 나를 앞으로 끌어내어 "나는 생각한다. 고로 존재한다"라는 명언을 남겼다. 그 후 스피노자에 이르러 범신론으로 종결지었다. 그러나 뒤처리가 역시 깨끗하게 마무리되지 못한 것이 철학이라는 학문 자체를 방황의 길로 처넣고 말았다. 이때 나타나 이 불가사의한 골칫거리를 풀어낸 자가 칸트다. 나만을 내세워 씨름하던 주제를 나와 나 이외의 제2 주제를 끌어내어 문제를 풀어냈다. 밤하늘의 별을 보고 내 마음속에서 반짝이는 양심을 캐내어 윤리 위에서 펼쳐지는 초자연의 향연을 펼쳐놓았다. 그간 아무도 도전하지 못한 위업을 달성했다. 드디어 현대 철학의 말미를 장식한 것이다. 다시 말해 어찌하여 내 문제를 나 자신이 해부하여 분석하지 못하고 울며 방황하고 다녔는지에 대한 해답을 그가 주저함이 없이 펼쳐놓았다.

환희

현실과 타협하며 과학이 발달한다. 그러나 도덕은 쉽게 얻어 가지지 못한다. 피를 흘리며 현실과 싸우면서 조금씩 떨어지는 부스러기를 훔치듯 챙기는 것이 도덕이고 윤리다. 대다수 인간은 죽기 전에 이 찌꺼기나마 한번 얻어 가지지 못하고 생을 마치고 만다. 고로 백성들이 바르고 정직한 사회생활을 누리지 못하고 있다. 도덕 실현은 고난의 가시밭길이지만 다 같이 성취할 가치가 있다. 인고의 노력과 고통이 요하는 일이 틀림없다. 그러나 그가 우리에게 베푸는 과실과 환희는 현실을 초월하는 정금 같은 선물이 될 것이다.

2 장

바보들의 꿈

바보들의 꿈

인간의 욕심이 존재하는 한 우리 모두가 바라는 새 세상을 만들기는 불가능한 것 같다.

코로나-19로 지쳐버린 국민을 위해 마련한 추석 나훈아 쇼가 큰 반향을 일으키고 있다.

"왕이나 대통령이 나라를 위해 목숨을 바친 일이 인류 역사에 있었나. 안중근, 윤봉길 등의 평범한 일반 국민이 나라를 위해 몸을 바쳤다. 국민이 애국자다. 고로 여러분이 이 나라의 주인이다."

그런데 이 쇼가 동시에 시간차 없이 중국 대륙으로 퍼져나갔다.

"이 친구 맹랑하네. 국민이 주인이라니. 그럼 당 지도부인 우리는 무엇이란 말인가. 이거 문제로구나.

자유나 민주라는 말 때문에 홍콩에서 겪는 고통이 얼마나 큰지 남들은 모르지. 다시 언론 통제다."

네트워킹 서비스를 차단하기에 정신없는 중국 당국은 정권 안위에 온 신경을 쓰고 있다. 언론 자유 지수가 180개국 중 176등이니 오죽하리오. 그러나 세계 사상계가 가장 주목하고 있는 나라와 체제가 중국이다. 과연 관이 주도하고 관리하는 나라가 국민의 생명과 행복을 이루어낼지 아니면 또 다른 부패와 부조리로 궤멸할지를 지켜보고 있다는 말이다.

몇 천 년의 세월을 거치며 다 겪은 정치제도 중 오직 우리에게 남겨진 단 하나의 제도가 지금 중국에서 시험 중이다. 그렇게 떵떵거리며 큰소리치던 미국의 민주주의도 금이 가고 있다. 신자본주의라는 지진에 언제 무너질지 알 수가 없다. 백인 화이트칼라의 기득권 지키기와 양심을 저당 잡힌 천민 자본가들의 몽니로 나라꼴이 말이 아니다. 이상 촌 건설을 꿈꾸며 온갖 재주를 다 부려온 호모 사피엔스의 능력은 여기서 끝을 보려나. 개와 고양이를 거세하듯 인간의 욕심을 거세할 수는 없으려나. 이웃 사랑이라는 장기를 만들어 이식해 주는 의술이라도 생겼으면 하고 꿈을 꾸는 2020년 연말이다.

판단의 기준

안철수를 따라 호남 쪽으로 몰려간 일단의 무리는 큰 성공을 이루어 냈다. 2016년 20대 국회에서 38석을 건지며 쾌재를 불렀다. 남아 있던 문재인 당은 곤혹스럽기 그지없었다. 그러나 얼마 아니 되어서 나간 쪽은 안개처럼 사라지고 완전히 몰락하고 말았다. 그 이유가 무엇일까. 그들이 세운 행동 기준에 모든 결과가 나왔다. 그 기준은 문재인은 자기들보다 훨씬 못한 능력의 소유자라는 것이었다. 결국, 교만이 문제가 된 것 같다. 그들은 문재인의 과거 행동거지를 간과했다. 부산 광복동 거리를 노무현 옆에서 보조를 맞춰가며 행진하던 그는 용감하면서도 겸손하던 인권변호사였다. 자기 잘난 맛에 사는 경박한 무리와는 디엔에이 자체가 달랐다. 큰 인물에게 요구되는 덕목은 위기 때마다 자기를 내놓는 공공의 희생정신이다. 자기희생 없이 큰 꿈을 꾸는 자마다 거둬들일 추수는 허무 그 자체다.

노무현

"민주주의 최후의 보루는 깨어 있는 시민의 조직된 힘입니다." 언뜻 듣기에는 세련되게 들리지 않는다. 그러나 세월이 흐를수록 속담처럼 우리 귀에 익숙해지고 있다. 그 이유는 무엇일까? 나라 형편이 점점 더 뒷걸음질 치고 있다는 사실이고 그럴수록 그가 남긴 '깨시민'의 조직된 힘이 절실해지고 있다는 것이다. 그가 또 말했다. "삶과 죽음은 자연의 한 조각일 뿐입니다." 인생의 덧없음을 간파한 무서운 생활 철학이다. 길이 아니면 가지 아니하고 진리를 추구하되 참으면서 설득하던 선구자다. 여태까지 보지 못한 최고의 민주주의를 실현하기 위해 전력을 쏟아낸 영원히 기억될 대통령이다.

바보

2000년 4월, 부산 명지시장 공터에 한 사내가 멀뚱하니 서 있다. 완전 혼자다. 서면 국회의원 선거 유세장이다. 마이크 앞에서 머뭇머뭇하다가 멋쩍은 듯 한 발 뒤로 물러난다. 그때 옆에서 누군가 한마디 던진다. "마, 하소 하소." 그러자 노무현은 결심한 듯 텅텅 공간에 대고 사자후를 토해내기 시작했다. "빈터에서 혼잣말하려고 하니까 말이 막힙니다. 에…" 그러면서 그는 준비한 연설을 성의를 다해 떠들어댔다. 웃기는 장면이 아닐 수 없다. 그 후로 그는 바보로 불리기 시작했다. 그러나 뜻있는 사람들이 고개를 끄덕이며 이 장면을 한국 정치사에서 영원히 기억될 사건으로 각인하기 시작했다. 그가 남긴 명언들은 아직 이곳저곳을 누비며 회자되고 있다. 그러면서 한 사람 한 사람에게 깨어 있는 시민들의 단결된 힘을 모아 진리로 나가라고 재촉하고 있다.

측은지심

이재명이 구속적부심사에서 풀려나 구치소를 나오면서 두 명의 교도관에게 90도로 절했다는 뉴스가 화제다. 아마도 그 교도관들이 이재명을 막대하거나 무덤덤하게 그냥 공식적으로 시간을 떼우지 않은 모양이다. 23일간의 단식 후 며칠 안 된 상태를 고려하여 예의를 갖추고 배려한 것 같다. 반나절의 해후였지만 사람다운 정과 예의를 나눈 것 같아 짧은 시간에 천국 사랑을 펼친 광경이 그려지면서 부럽기 그지없다.

뜬구름

예수는 두 가지를 추구했다. 첫 번째가 경건한 예배요 두 번째가 종교개혁이었다. 감람산 아래 천막 치고 산상수훈을 발표하며 세례를 주었다면 아무도 그를 해치지 않았으리라. 천수를 누리며 보람되게 살다가 평안한 생을 마쳤으리라 짐작된다. 요는 바른 소리가 문제였다. 그가 십자가형을 받은 이유는 종교개혁 때문이었다. 기득권의 위선과 가식과 부정을 모른 척하지 않고 공개적으로 폭로해버린 것이 문제다. 왜 그랬을까? 동아시아 어느 나라의 대형 교회들처럼 믿음과 선교에만 치중했으면 할렐루야 아멘 소리가 진동하고도 남았으련만 그 넓은 길을 버렸다. 예배와 정의는 그에게 똑같이 필요한 조건이었다. 비록 좁고 거친 길이었지만 다음 단계를 오르려면 어쩔 수 없는 두 가지의 길이었다. 의인은 믿음으로 말미암아 살리라. 정의 없는 믿음은 뜬구름에 불과하다.

소형차

거리를 달리는 소형차들을 만날 때의 감동은 나의 가슴을 뛰게 만드는 축복의 순간이 아닐 수 없다. 그게 무슨 소리일까? 프란치스코 교황이 방한했을 때 기아 쏘울 차 뒷자리로 쑤시고 들어가는 모습이 떠오르기 때문이다. 그리고 또 하나는 현대 엑셀이다. 노무현이 새로 국회의원이 되어서 식구들을 태우고 나타나서 사정하듯 경비원에게 꾸뻑이며 구경을 허락해달라고 부탁했다는 광경이 떠오르기 때문이다. 이 두 가지 사건은 아무런 이유 없이 교만해지기 쉬운 나 같은 바보에게 두고두고 마음에 새길 교훈이 아닐 수 없다.

철인정치

플라톤의 철인정치가 2,400년이 지난 지금 한국에서 실현되려고 꿈틀대고 있다. '깨어 있는 시민들의 조직된 힘'이 민주당을 중심으로 현실화되고 있는 것이다.

　권리당원이 250만 명에 육박한다니 곧 세계 최초라고 한다. 이데아의 꿈속에서 완전 민주주의를 실현하기 위해 힘쓰던 플라톤의 뜻이 만 리 밖에 있는 한반도에서 실현될 수 있을지도 모르겠다. 온 인류의 꿈이요 소망이 눈앞에서 이루어진다면 그것이 곧 지상천국이 아닐까?

바보야

이런 식으로 나올 줄은 꿈에도 몰랐다. 큰일이다. 얌전한 학자라 툭 건드리면 넘어질 줄 알았는데 알고 보니 새끼에게 상해를 입힌 X개에게 어미 곰이 달려드는 격이다. 조국 교수는 7가지 계획을 발표했다.

1) 검찰 권력 해체
2) 검찰 수사권 폐지
3) 수사청 신설
4) 기소 배심제 도입
5) 불법 수사자 형사 처벌
6) 검찰 제도의 영원한 제거
7) 검찰은 법원이 아니다.

검찰이 상대를 제대로 골랐다. 국민을 위해서 그렇다. 그러나 자신들의 악행을 위해서는 아니다. X개의 유치찬란하고 기막혔던 추억은 다시는 이 땅에 재현될 수가 없을 것이다. 조국 만세!

고독의 길

문재인 정부의 탄생으로 은근히 기대했던 인사 발령이 또 어그러졌다. 머뭇거리며 너무 양심적으로 한다는 것이 시간을 놓치고 만 것이다. 임은정은 다시 수모를 당해야 했다. 후배들이 먼저 상관이 되어 자기를 무시하고 인간 이하의 한 부장검사는 대놓고 비아냥거린다. "야, 문재인이 대통령 되고도 너를 외면하니 참, 너 잘나갈 줄 알았냐?" 그 순간 친일파 노덕술에게 뺨 맞은 약산 김원봉의 기분을 알 것 같았다고 했다. 그럼에도 어깨를 뒤로 젖히고 당당한 척 다니다가 집에 들어와서는 맥을 놓고 하소연한다. 누구에게? 정의의 주님께다. "너무 힘듭니다. 그러나 어찌 다른 생각할 수 있겠습니까? 끝까지 견디겠습니다." 사람의 힘으로는 도저히 넘기기 불가능한 길을 걷고 있는 이유가 따로 있었다.

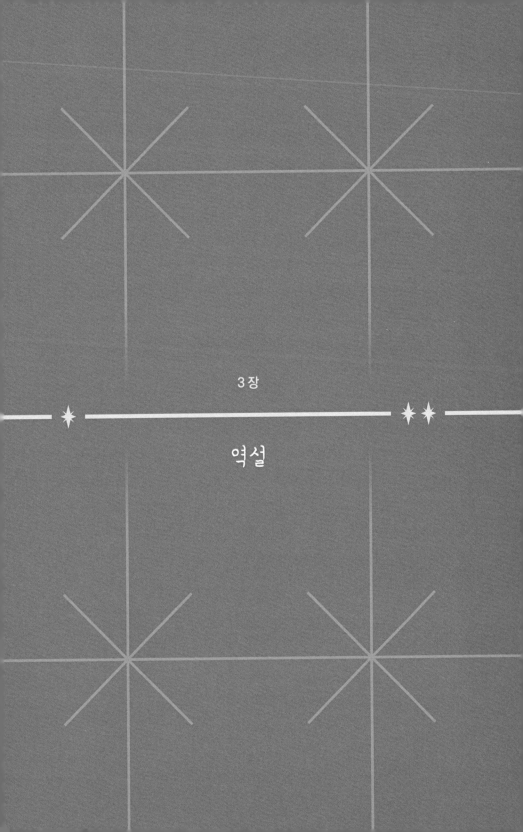

3장

역설

선견지명

"건달도 아닌 것이, 날라리도 아닌 것이 워쩌커럼 땡겨서 알아부렸냐고 이 말이여." 2000년 전후 일본과 문화 교류를 확 개방해버린 자가 바로 후광이었다. 모두가 놀라워했다. 일본 영화와 감미로운 그들의 음악은 곧 한국 사회를 덮쳐서 삼켜버리리라고 대부분 우려했지만, 후광은 이상할 정도로 자신만만했다. 다카키 마사오의 장기 집권 흑심을 까발려서 세계적인 관심을 이끌어냈던 명연설은 그렇다 치고라도 자기 전문 분야도 아닌 대중문화의 밑바닥 흐름까지 꿰차고 덤비는 안목은 분명 남달랐다. 3,000년 전에도 활 잘 쏘고 가무가 기막힌 오랑캐로 기록된 것을 보면 알겠지만, 어찌 콧소리와 아기 손짓으로 꼬물대는 섬나라 아해들을 겁낼쏘냐. 아마도 이런 생각을 했던 모양이다. 일본 학자들은 지금까지 한숨을 쉬며 내뱉고 있다. 어쩌다가 J팝이 K팝에게 먹혀버렸는지 모르겠다고. 그러나 후광은 유서 깊은 한국 문화는 세계적인 수준을 넘어 우주까지 휘져볼 만하다고 간파한 선견자가 아닌가 싶다. IT와 K팝, 의약 분업과 평화통일, IMF 탈출까지 그의 선견지명과 조국 사랑은 타의 추종이 불가능할 정도다.

목회

목회의 성공은 네 글자에 달린 것 같다. 곧 '너 잘났다'다. 목회자는 간과 쓸개를 냉장고에 넣어두고 자기의 모든 재능을 쏟아 상대의 자괴감을 벗겨주어서 스스로에게 자신감을 찾도록 해야 한다. 성경 가르치기보다 더 어려운 일이다. 그러나 바다 고기 잡는 일도 아니고 사람을 잡는 일이 쉬울 수 없다. 마치 집도 굴도 없이 동가숙서가식 하던 예수의 고행처럼 고된 일이다. 그러나 목회자에겐 보람되고 멋진 진리의 강단이 있다. 그 강단에서 인간의 죄와 속죄의 면면을 용기 있게 설파하면 된다. 너보다 내가 낫다는 눈치를 보이면 그는 떠나버린다. '너 잘났다' 네 글자는 신앙과 정의를 능가한다.

칼

칼이 번쩍번쩍 빛을 발한다. 큰일이다. 윤 대통령의 지지율이 24%다. 영남을 빼고 계산하면 나라 전체가 등을 돌렸다. 검찰도 점점 뒷걸음질 치고 있다. 고립무원이요 사면초가다. 항우처럼 자결하면 그래도 장부는 장부였네, 안됐다는 소리라도 듣겠지만 윤의 뒤끝이 지저분할 것 같다. 여태껏 노는 꼴이 영 이것도 아니고 저것도 아닌 완전 엉망이었다. 과연 천공스럽고 손바닥 왕 자 그대로요 2024년의 정치 검사스럽다. 완전 바닥 인생이다. 이재명과 조국의 칼이 유난히 번쩍번쩍 빛을 발한다.

보수

성남시장 재직 시 이재명은 자신의 정치 노선을 정리하여 발표했다.

"나는 진보가 아니다. 보수다. 구태여 새로운 질서를 만들지 않는다. 그냥 있는 법을 따를 뿐이다. 공평하게 합리적인 방법을 통해 법대로 하면 된다. 그러다가 성과가 나면 상을 받고 잘못되면 불이익을 감수한다. 즉 일한 만큼 받는다. 또 나쁜 짓 하면 혼난다. 이것이 보수다. 친일하며 국민 협박하는 자들은 보수가 아니라 쓰레기다. 반역패당이다."

모난 돌

아이의 고집이 바위 같아 어머니는 걱정이 태산이다. "야, 이놈아. 모난 돌이 정 맞는다. 계란으로 바위 치기 하지 마라." 노무현 모친이 가훈처럼 일러주던 말이지만 다른 어머니들도 더하면 더했지 덜하지 않았다. 그 이유는 기나긴 역사 속에서 온 세상이 그리들 살지 않고는 생명 유지가 불가능했기 때문이다. 그런데 이게 웬일인가? IMF로 인해 김대중이 정상적인 방법으로 정권 교체를 이루더니 노무현까지 이어받았다. 그러나 역시 기득권과 기레기는 들고 일어나 뒤집어엎고 사기 업자요 교활한 이명박을 선택하고 이제는 윤석열 시대의 온갖 비리로 도루묵이 되어 뒷걸음질치고 있다. 피를 먹고 자라는 민주주의의 야생성은 그냥 슬쩍 넘어갈 수가 없는 것 같다. 그래서인지 남들도 2~3백 년을 걸려서 민주주의를 만들어 가슴 펴고 자유를 누리는 것이다.

소도둑

소도둑이 바늘 도둑을 가리키며 '우린 동창생'이라고 기뻐하는 자를 경박하다고 말한다. 대게 바늘 도둑은 소도둑을 욕하기보다 자신의 죄를 부끄러워한다. 그러나 소도둑은 배짱이 두둑하다. 자기 죄를 덮으려고 바늘 도둑을 비굴하다고 놀리며 웃어젖힌다. 하늘의 판단은 바늘이나 소나 그게 그것이겠지만 그보다는 마음을 꿰뚫어볼 것 같다. 자기 죄를 덮어보려고 남을 끌어들이려는 자의 검은 심보가 더 괘씸할 것이다. "어찌하여 형제의 눈 속에 있는 티는 보고 네 눈 속에 있는 들보는 깨닫지 못하느냐"(마 7:3).

명문 학교

1440년에 창립한 영국의 '이튼 칼리지'라는 명문 고등학교가 추구하는 교육 정책은 확실히 특이한 바가 있다. 그 교훈이 매우 구체적이다. "잘난 체하지 마라. 약한 사람을 업신여기지 마라. 나라의 위기에 앞장서서 본을 보여라" 등 지식보다 인성교육을 강조했다. 그 결과 20명의 총리와 2,000여 명의 전쟁 희생자를 배출했다. 살아 있는 참된 인간 교육이다. 무슨 수를 써서라도 열심히 공부해서 시험에 합격하여 출세한 후 떵떵거리며 잘난 척하는 인생을 최고의 목표로 하고 있는 정신적인 후진국하고는 비교 자체가 불가능하다. 한국도 그 가치관이 변하기 시작했다. 영혼 없는 교육이나 신앙에 산 교육이 필요하다는 생각들이 툭툭 튀어나오고 있다. 예를 하나 들어보자. 한국인 대학원생을 소개받은 외국인 유학생이 묻는다. "개인의 능력과는 상관없이 출신학교를 따지는 것이 심하다는데 어떤 학교가 명문 학교죠?" 한국 대학원생의 대답이 매우 희망적이다. "고민 많죠? 간단해요. 국가보안법 위반자가 많은 곳이 명문 학교죠."

초대

2024년 광복절 연설에서 윤 대통령이 북과의 협의기구 설치를 제안했다. 그러나 이미 있는 것, 없는 것 다 들춰내서 실컷 비난한 후에 같은 자리, 같은 연설에서 만나자고 하니 이래도 되는 것인가 하는 생각이 든다. 최소한의 예의도 모르는 외교 참사다. 정중하게 접근하든지 아니면 그냥 적대시하든지가 맞다. 그것도 아니면 모른 척하면 넘어갈 일인데 애들 장난도 이 정도는 아니다. 냄새가 진동하는 변기통 위에 잔칫상 차려놓고 손님 초대하는 광경이다. 보도 듣도 못한 희한한 국제적 수치다.

구토

서양인들이 그간 동양을 앞선 것은 몇몇 이유가 있다. 영국과 프랑스의 민권투쟁으로 얻어낸 자유, 계급 완화, 교회와 문학에서 젖은 성경 문화 등이다. 우리는 몇 걸음 가다 서고 다시 뒤로 밀리고 하며 미적미적 세월을 보냈다. 잘 싸우는 장군을 불러서 절반 죽여 놓고 백의종군시키고 해방 후에는 서방 아이들이 쓰다 버린 찌꺼기 이념들을 하나씩 끼고 남북이 싸우고 대립하니 가관이 따로 없다. 함석헌은 이 현상을 뒷간의 파리와 구더기로 비유하며 한숨지었다. 드디어 때는 왔다. 상식이 통하는 세상, 억지 없는 사회가 오면 명석한 배달들은 감히 따를 자가 없으리라.

미국이 종전 선언을 미적거리는 이유는 세계 요소요소에 폭탄을 장치해 놓고 언제든지 자기들이 원할 때 공격이 가능하다는 전략을 포기하지 못하겠다는 것에 있다. 우리의 운명을 그들에게 맡기는 것처럼 어리석은 일은 없을 것이다. 사활이 걸린 일이다. 살길을 찾자. 우선 원자탄을 보유한 한반도에 남의 간섭을 깨끗하게 제거한 독립 국가의 모습이 참으로 좋다. 미국은 극동 문제를 자국의 이익 유무와 연계해 접근할 것이요 그것 또한 신제국주의의 자연스러운 모습이다. 그러나 우리는 다를 수밖에 없다. 코앞에 닥친 사활의 문제요 이대로 후손에게 넘겨줄 수 없는 숙제다. 2020년 7월 초, 박지원, 이인영, 이종석이 들어섰다. 이 친구들 제법 내로라하던 사내들이다. 생즉사사즉생이다. 인생 짧고 굵게 한번 살아보는 거다. 금강산과 개성은 우선 열고 볼 일이다. "엄니, 이 사람 임신했어요. 우리 허락해 주세요. 미안하지만."

이 이론이 교회 길동무회의 비공식 대미 전략으로 상정된 바 있습니다만 통과는 보류 상태다. 남쪽은 기막힌 외교술로, 북쪽은 시시때때로 공갈과 로켓 쇼로 성동격서 하면 겁쟁이 키다리가 부자 몸조심하며 뒷걸음칠 때가 오리라 믿는다. 명치에 걸린 것은 구토로 해결하는 것이 훨씬 상쾌한 법이다.

문재인

2005년 5월 21일에 남북장관회의가 열리고 5월 23일 남쪽에서 공급한 비료 20만 톤이 북녘에 뿌려지니 그 가을 대풍년을 맞은 북녘은 그 후 다시는 고난의 행군과 같은 비극이 일어나지 않았다. 2020년 6월 4일, 김여정은 남쪽을 강도 높게 비판했다. 갈 데까지 가보자, 남북연락소 폐쇄, 적은 역시 적, 달나라 타령이나 할 때인가 등 너무 신경질적이다. 이것이 대북 전단 살포 때문이라지만 과연 그럴까. 6월 4일은 비료를 농토에 뿌릴 수 있는 마지막 날이다. 그 후에는 아무리 노력해도 가을 수확이 거의 불가능하다는 것이다. 북은 혹시 남쪽의 비료를 기다린 것은 아닐까. 문재인은 180석을 얻은 뒤에 곧 무슨 조처를 내릴 줄 기대했는데 한 달 반이 지나도록 감감무소식이었다. 이승만의 공적 중 하나가 반공포로 석방이었다. 그 당시 트루먼과 처칠은 그 소식을 듣고 기겁했다. 문재인은 이제 코쟁이의 눈치만 볼 것이 아니라 한반도의 미래를 위한 과감한 결단을 스스로 내지를 때가 아닌가 싶다. 한반도의 평화 프로젝트를 우리 스스로가 펼쳐보자는 거다. 국제신용평가사가 내놓은 북한의 경제 성장률이 금년에 마이너스 6%라고 밝혔다. 역대 최악의 수치란다. 1,000만 명의 식량난을 예고하고 있다. 올해 겨울이 고난의 행군 때보다 더 잔인한 시간이 될지 모르겠다. 주여! 어찌하오리까. 살려주소서.

허허실실

한 번 속이는 것이 허실, 두 번 속이는 것이 허허실실이다. 낙양 가는 길이 둘인데 하나는 고생길 또 하나는 편한 길이다. 그런데 고생길 산봉우리에 연기가 난다. 그것은 적군이 숨어 있다는 증거다. 그래서 조조는 적군 없는 편한 길로 갈 수 있게 되었다. 대박이다. 이런 경우가 공명이 만든 허실이다. 고생길의 연기는 연기뿐이고 편한 길에 공명의 군사가 숨어 기다리고 있다가 조조를 잡는다는 거다. 그러나 조조도 뛰어난 전략가. 내가 젊은 놈 공명에게 속을 줄 아냐. 연기 나는 고생길로 가리라. 이것이 허허실실이다. 꾀에 꾀+꾀로 대응하는 것이 허허실실. 그러나 공명은 그리될 줄 알고 연기 나는 고생길에 관운장을 배치해 놓았다. 조조가 300명의 패잔병을 데리고 고생길을 가는데 부상병 150명이 낙오되고 나머지도 태반이 절벽 밑으로 굴러떨어져 버린다. 지옥이다. 겨우 산봉우리에 오르니 남은 놈이 27명, 겨우 한숨 돌릴 때 관운장이 소리치며 막아선다. "이놈들!" 조조는 무릎 꿇고 삭삭 빈다. "장군, 옛 날일을 생각해서라도 살려주세요. 제발 제발….."

관운장이 적벽대전의 패잔병들을 둘러보니 상거지 꼴에 통곡 소리 요란하다. 또 의형제 격인 장료가 "형님 이 꼴로 뵙게 됩니다." 하며 닭똥 눈물 흘린다. 관우는 청룡도를 내던지며 꽥 소리 지른다. "꺼져, 이놈들아", "에쿠, 살았다." 27명이 삼십육계로 내뺀다. 일찍이 관우는 공명하고 내기를 건 처지다. 조조가 나타나지 않으면 공명이 죽기로 또 나타났는데도 살려주면 관운장이 목을 내놓기로. 결국, 관우가 공명 앞에 무릎을 꿇고 앉았다. "너는 과거 조조에게 신세 진 것을 못 잊어 그를 살려 보냈구나. 여기 네가 써놓은 군령장이 있다. 네가 죽어 야겠다. 너를 살리면 앞으로 군령이 무너져 통솔이 안 된다. 원망하지 말아라." 공명이 처리할 순간 유비가 뛰어나가 읍하고 빈다. "어쩌고저 쩌고." 또 공명은 너스레를 떨고 관우는 시뻘건 얼굴이 굴뚝 재앙처럼 엉망이 되어 물러났다.

그날 저녁. 현덕과 공명이 술잔을 나눈다. "조조를 이번에도 놓쳤 구려." "어젯밤에 별을 보니 조조의 수명이 아직 창창합니다. 그래서 관우가 그놈을 풀어줄 줄 알았지요. 꾀는 사람이 내지만 생사는 하늘 이 주관하니 난들 어쩌겠습니까. 하하", "맞습니다. 그런데 우리가 짜 고 치는 고스톱을 들키지 말아야 할 텐데. 하하. 휴~ 진인사대천명이로 구나."

심령이 가난한 자

'빨리빨리'는 과거에는 부작용이 많았지만 근래엔 경제 발전에 이바지한 바가 크다. 삼풍백화점이나 한강 다리의 붕괴는 기억하기조차 싫은 사건들이지만 지금은 시멘트와 철근 등 건설 자재의 급발전으로 얼마든지 공사 기간을 줄일 수 있다. 미국의 공사를 봐도 한국에서는 일주일이면 끝낼 도로 공사를 보통 몇 달씩이나 걸리기 일쑤다. 그들이 게으르거나 기술에 문제가 있다기보다는 오래전부터 전해오는 매뉴얼에 따라 일을 처리하는 모양이다. 정주영 회장의 도전 정신과 머리 회전은 기가 막힐 정도다. 수많은 실패에서 얻은 산지식과 밤을 새워 고민하며 창조해 내는 그의 능력은 어느 학자도 따르기 불가능한 순발력의 대변자다. 학습과 독서는 머리에, 체험은 가슴에 남는 경우라 하겠다.

우리말이 논리적이기보다는 감성적이라는 설이 있다. 한글도 마찬가지다.

"심령이 가난한 자는 복이 있나니…."
"심령이 가난하다고 자기 자신이 인정하는 자는 복이 있나니…."

전자는 한국 성경 말씀이요, 후자는 영어 성경이다.
'심령이 가난'하면 우리는 주관적으로 또는 객관적으로 아, 그런 뜻이구나 하고 알아채지만, 서양은 다르다. 시시콜콜 논리적으로 분명히 알려주어야 속이 후련한 모양이다. 감정에서 감정으로 연결되어

지식으로 다가오는, 논리를 뛰어넘는 한국인의 특성인 모양이다. 척하면 알아듣는 말과 글이 오천 년 전통 속에 무르익었다. 모든 대화가 속도감을 동반하여 달리는 천리마가 된다. 한강의 기적, 케이팝, 코로나19의 대처 등은 우연이 아닌 필연임을 알 수 있다. 굴곡된 역사에서 겪고 온 한과 고통 그리고 철학이 무르익은 언어와 더불어 한 조각도 바람에 날려버리지 않고 민족의 뇌리에 살아남았다. 한국민이 진리의 길을 사모하며 계속 노력하는 한 세계의 선도자가 되는 것은 시간문제다.

봉이 김선달

철천지원수인 두 나라는 피차 칼을 갈았다. 진 목공은 도저히 용서할 수 없는 저놈들을 싹 쓸어버리려고 3년 동안 이를 갈며 준비했다. 천하무적의 진나라 정예군은 30만, 그 뒤에 20만의 후원군으로 적국을 완전히 섬멸해 버릴 준비를 마쳤다. 그러나 이게 웬일인가. 막 진군나팔을 불려고 할 때 직속 부하의 급보를 받게 된다. 지금 쳐서 없애야 하는 적국에서 흉년으로 인하여 인구의 3할이 죽어 나갔다는 소식이다. 아! 하늘이 나를 돕는구나. 그냥 놔두고 있으면 곧 절반의 인구가 아사할 것이고 우리는 싸우지 않고도 큰 나라 하나를 삼키게 된다. 참 묘한 경우도 있도다. 그러나 진 목공은 춘추전국시대의 으뜸가는 영웅으로 추대받는 군주다. 그는 곧 명령을 내린다.

> "전쟁 중에 싸우다가 죽어도 억울한데 사람이 어찌 굶어 죽을 수 있다는 말인가. 그런 꼴은 아무리 원수의 나라에서 일어난다 해도 참을 수가 없구나. 인간사 중 굶어 죽는 것보다 더 비참한 일이 있으리오. 다행히 우리 진나라는 매년 풍년이 들어 곡식 창고마다 넘쳐나니 어서 풀어서 저들에게 퍼주어라. 사람부터 구하고 나중에 싸울 일이다."

몇 달이 지나 이 소식이 온 중국 대륙에 퍼지니 7개국의 왕들이 자진하여 공물을 바치고 순응하게 되었다. 이후 진나라는 400년 동안 호랑이처럼 군림하다가 기원전 221년에 진시황의 천하통일을 이룬다.

이인영 민주당 총무가 백두산 물과 금강산 물 그리고 대동강 소주를 받고 대신 남쪽에서는 창고마다 가득 찬 저축미 등을 보내서 물물교환하자고 제안했단다. 깜짝 놀랐다. 영특하도다. 어찌 그 꽉 막힌 둑의 허를 손가락 하나로 찔러 터뜨리는가 말이다. 쌀과 의료품은 물보다 비쌀 수밖에 없다. 그러나 여기에 이인영의 번쩍이는 지혜가 보이고 예리한 지능이 솟아오른다. 북은 자존심으로 버티는 왕국이다. 300만이 굶어도 손 벌리지 않고 죽어가는 나라다. 왜 그럴까. 짐작은 가지만 넘어가자. 허나 그런 자존감마저 없었다면 어찌 70년을 버티며 미국과 대결할 국력을 키울 수 있었겠는가? 숨겨진 그들의 자존심을 이인영은 간파했다. 맹물과 쌀. 그러나 남쪽은 일부러 봉이 김선달의 역할을 자임하면서도 나보다 남을 돕는 아이러니를 택한 것이다. 김선달이 물 팔아먹으며 시시덕거리던 낭만의 언덕에 무지개 피려나. 그래, 주고받기다. 피차 체면 구길 일 없구나. 누이도 매부도 다 좋구려. 얼씨구 지화자로다.

외줄타기

주위를 둘러보니 다들 돌아섰다. 중국, 일본, 러시아, 북한까지. 만 리 밖에 떨어져 있는 미국만 남았다. 외줄타기다. 급한 일 생기면 언제 거두어들일지 알 수 없다. 그러면 나토에 급전을 칠까? 안보 위기다. 백성들의 생사가 달린 일이다. 플랜 B를 실행할 때가 되었다. 외줄타기 놀이는 민속촌에서 벌일 일이다. 꾸물대면 만사휴의다.

장사치의 고백

남대문 시장에는 능력 있는 장사꾼들이 많다. 장사는 아무나 하나. 우선 사람을 보고 순간적으로 분별한다. 돈이 있는 사람일까, 내 말에 어떻게 반응할까. 얼마를 깎아주어야 하나. 빠른 판단이 요구되는 삶의 축소판이다. 에누리하는 맛에 백화점보다 재래시장을 찾는다는 사람이 많다. 일주일에 100만 원 투자해서 50만 원을 벌어야 초보 장사꾼이라도 된다고 하리라. 나에게는 대인이라는 노련한 장사치 선배가 있다. 그는 약간 어눌한 쪽에 속하는 나를 잘 받아주었다. 어울리지 않게 그는 간부급 교인이기도 했다. 다음은 그의 신념에 찬 장사치 철학이다.

너도 알다시피 나는 손해 보는 짓은 아니 하는 노련한 장사치다. 고로 내 별명은 시장통에서 대인으로 불리고 있다. 신을 믿으려면 제대로 믿어라. 보이지 않는 신을 보는 듯이 믿고 의지하라. 단 너의 헌신과 행동 또 정해진 경전 독해와 명상에 정성을 다하라. 그리고 그 결과를 유능한 장사치처럼 기대하라. 믿음을 굳건히 또 끝까지 지켜라. 자신과 이웃과 신을 기만하지 마라. 그리고 여유 있게 웃으며 기다려라. 왜냐하면 네가 죽은 뒤에 받을 이윤이 네게 배당될 가능성이 매우 높기 때문이다. 적어도 반반은 된다. 억만 배의 보상이 있을 것이요 안 된다 해도 본전은 찾는다는 말이다. 신과 구원이 우리 눈에 보이지 않으니 100%의 구원을 피차 장담할 수 없다. 나 같은 장사치는 나대로 생각할 수밖에 없다. 바울의 확신에 찬 구원론보다는 소크라테스의 그것을 선호한다.

50%는 구원을 받을 것으로 보인다. 또 50%는 영원한 숙면이리라. 생각해 보라. 생명을 걸고 믿음을 지킨 자, 숨이 다하기까지 진리의 끈을 놓치지 않고 버틴 자를 지옥 불에 던질 신은 없다. 나같이 노련한 장사치는 손해 보는 거래는 아니 한다. 바른길로 가면서 기뻐하고 감사하면서 살다가 이 세상 뜨면 여기서도 저기 가서도 그렇게 당당하고 편안할 수가 없으리라.

4장

사람들

자유 영혼

꺼드럭꺼드럭, 검정 기모노 휘날리며 게다짝 딸그락 소리 요란한 중에 엔카 콧노래 소리 높이 불러젖히며 임시정부 청사를 제집처럼 들락거리는 꼴은 가히 가관이었다.

모두 손사래를 치며 어서 내쫓기를 주장했다. 그러나 김구는 좀 내버려 두면서 지켜보자고 타일렀다. 그 이유는 이 사람, 이봉창 군이 서투른 한국말로 다음과 같이 첫 대면을 장식했기 때문이었다.

"저는 일본에서 쭉 자라며 철근 공장에서 잡일을 거들다가 기술자가 되어 제법 풍족하게 지냈습니다. 돈도 벌고 온갖 즐거움도 다 경험하였지만, 어딘가 허전한 중에 또 인종차별까지 당하게 되었습니다. 뜬금없이 내뱉는 조센진이라는 비하 발언에 저의 적개심이 점점 자라는 것은 불가피한 일이었습니다. 저는 결심했습니다. 언젠가는 내가 너희들을 복수해 주리라고요. 그런 중에 상하이에 조국 광복을 위해 일하는 애국자들이 계신다는 사실을 알고 여기까지 찾아왔습니다. 저는 제 인생에서 더 바랄 것이 없습니다. 한번 사는 인생입니다. 가치 있게, 보람되게 살다가 가렵니다. 또 괴롭히던 일본 놈에게 시원하게 복수할 수 있는 길이 있다면 더 이상 바랄 것이 없습니다."

얼마 후 그는 상하이 어느 철공장에 취직하여 그 돈으로 하루 한 끼도 잘 못 챙기는 임정 청사 임원들을 도우면서 여전히 마른 체구를 꺼들거리며 들락거렸다.

일 년여를 지켜보고 있던 김구가 드디어 그를 불러 세우고 천황 암살을 부탁하며 거사 자금을 건네니 그 돈은 풍찬노숙의 처지에서도 거지 옷 속에 감춰두었던 미 동포가 보내준 독립운동 비밀 자금이었다. 그러나 피시식 타들어가던 폭탄의 심지가 스르르 꺼지고 그렇게 공들인 거사가 실패로 돌아가고 말았다. 그때는 아무도 이 실패한 일이 곧 이어질 윤봉길 의거를 성공시킬 필요한 전초전인지 알지 못했다. 김홍일 장군이 준비한 가공할 홍구공원의 고성능 폭탄 제조를 가능하게 한 기초가 된 것이다.

백정의 가정사를 갖고 태어난 김구는 이봉창의 하소연을 접하는 순간 그가 일인들에게 겪은 무시와 멸시를 곧 알 수 있었다. 남들이 다 손사래 칠 때 철부지 청년의 깊은 가슴에 응어리진 원한과 애국심을 발견해 내기가 어렵지 않았다. 그 보석을 오랜 시간을 두고 정성스럽게 캐내어 거사에 옮긴 김구의 지각과 대의는 이봉창 그 이름과 함께 영원히 기억되리라. 깃발처럼 펄럭이는 자유 영혼에 숨겨진 정의의 보물을 찾아내다니, 과연 굳은 의지와 신념의 의인이면 가능한 일일까?

조마리아

"일제에 목숨을 구걸 말아라. 네 죽음은 조선 민족 전체의 공분을 짊어지는 일이다. 너의 비겁은 곧 조선 전체의 비겁이 됨을 기억하여라. 나의 아들이 되기를 포기하여라. 오히려 천부님의 아들이 되거라. 그것이 나에 대한 진정한 효도다."

안중근에게 보낸 조마리아 여사의 편지 내용이다.

이렇게 피로 싸워서 얻은 자유가 미군정의 경박함으로 다시 혼동과 악으로 소용돌이에 빠지게 되고 독재, 부패, 쿠데타 등의 능선을 넘어왔다. 1997년에야 수백 년 만에 평화적 정권교체가 이루어졌지만, 또다시 속고 또 속으며 후회하고 가슴을 치다가 2021년에 이르렀다. 거대 기득권 카르텔이 검은손을 뻗쳐 병약한 민주 세력을 허물어버리고 있는 모양이다. 가만히 당할 그들이 아니다. 개혁 과제가 쌓여 있건만 한 발짝도 움직이려 하지 않는다. 의인의 숫자가 점점 줄어들고 있다. 팬데믹도 한몫 단단히 차지하고 덤빈다.

위기다. 선진국 타이틀이 떨어져 나가기는 눈 깜짝할 만큼 일도 아니다. 일본의 허덕이는 마지막 몸부림을 보라. 거짓과 돈으로 세운 왕국은 망하는 법이다.

정의의 피로 세운 왕국이 영원하리라.

유랑극단의 신파극에 놀아나던 유아기를 벗어나서 어머니가 남긴 슬픈 명언들을 새겨들어 소화시킬 때도 되지 않았나 꿈을 꾸어본다.

현봉학 1

한국에도 모세가 있다. 현봉학이다. 그가 바로 홍남부두에 몰려든 수만 명의 목숨을 구한 28세의 함경도 청년이다. 미 동부의 명문 펜 대학교 의과대학에 재학 중, 미군 통역관으로 차출되어 한국전쟁에 참여하게 되었다. 1950년 12월 눈 내리는 부둣가에 개미 떼 같이 모여, 갈팡질팡 하며 아우성치는 피난민들을 바라보며 그는 죽을힘을 다하기로 결심 했다. 군수품 전문 배달을 임무로 동해에서 활동하던 상선 LST 선장과 미 지휘관을 설득하여 저 수많은 생명을 구해줄 것을 줄기차게 호소했 다. 그때만 해도 그 정도의 영어 회화가 가능했던 한국인은 손가락으로 셀 수 있을 때였다. 그는 하늘이 자기에게 부여한 재능을 죽을힘을 다하 여 발휘하기로 결심한 것이다. 땀 흘려 노력한 결과는 획기적이었다. LST에 가득 실려 있던 군수품들을 모두 바다에 버리고 배를 비운 뒤에 피난민들을 태우니 그 수가 홍남과 원산항 부두에서만 9만 2천 명으로 수일 후 거제도, 부산과 제주도에 옮겨놓은 것이다. 그 배, LST의 대표 적인 브랜드가 메러디스 빅토리호다. 그 일로 인하여 민족 대이동이 이 루어지고 남과 북이 섞이며 새로운 성격의 문화와 사상, 철학이 태동함 으로써 70년이 지난 지금의 선진화가 이루어진 것이다. 부산 피난 시절 중, 최고 사상을 주도했던 시사 잡지, 『사상계』는 북쪽에서 이주한 와이 즈맨들이 문화 사상을 완전히 압도했다고 전해지고 있다. 장준하, 함석 헌, 김재준 등이 형이상학 분야를 뺏었다고 한다. 희미한 등불의 심지를 높이며 주위를 환하게 밝히면서 새로운 가치를 품은 철학사상을 방황하는 백성들에게 심어준 인물들이다. 현봉학이 모세처럼 민족 대이동을 이룸으로써 싹트고 자라난 문화와 사상은 놀랍게 발전하여서 70년이 지난 지금 K-팝과 K-문화로 온 세상을 뒤덮고 있다. 헬레니즘의 뒤에 알렉산드로스 대왕이 있다면 K-문화 융성 뒤에 현봉학이 있다고 한다면 좀 지나쳤다고도 하리라.

현봉학 2

현봉학, 그는 도대체 어떤 배후가 있기에 민족 대이동의 기적을 창출해 냈을까? 깊은 신앙이 하루아침에 일어나기가 불가능한 것처럼 그와 같은 결단력을 발휘하게 된 동기도 명확하게 드러난다. 그를 만들고 다듬고 성숙시킨 뒷배가 있었다는 것이다. 하루아침에 하늘에서 뚝 떨어진 멋진 사나이가 아니라는 말이다. 그의 부친인 현원국 목사는 YMCA 초대 회장을 지내며 실천 신학을 청년들에게 심어준 분이다. 모친은 한국 장로교 여전도회 회장을 역임하신 신해균 여사다. 한국신학대학과 경동교회 창립 시 많이 이바지하신 분이다. 1980년 초 미국 체류 2년여에 교인으로 등록하여 평화의 교회 여전도회 창립을 주도하며 발전시켜 여러 가지 사업과 바자회 등을 열게 하여 교육관 건물 구입에 기여가 큰 실질적 지도자였다. 창립자인 백리언 목사 뒤에 취임한 이창식 목사와는 강원용 목사와 같이 서울 경동교회 때부터 친분이 두터운 사이라고 한다. 그러나 그녀는 한 번도 자기 아들, 현봉학의 이야기를 들려주지도 않고 누가 물어도 미소로 화제를 돌려놓았다. 그 큰 인물이 태어난 환경을 짐작게 하고도 남는 값진 경험을 운도 좋게 얻어 가진 셈이다.

모성애

보기보다 힘이 남다른 이순신은 아마도 태어난 통뼈였는지도 모른다. 남정네 여럿이 비석 하나를 옮기는 데 쩔쩔매는 꼴을 보고 다 물리치고 자기 혼자 앉은 채로 등으로 쓰윽 밀어서 돌비석을 제자리에 맞추어 놓았다고 한다. 술도 꽤 즐기기는 한 것 같은데 그냥 애주가 정도지 말술은 아닌 모양이다. 부하들이 찾아오면 방으로 끌어들여 술판을 벌이고 나서는 다음날 벌떡 일어나서 볼일을 보지 못한 경우가 많았다고 한다. 그 이유는 쩍하면 토사곽란으로 방안을 구르며 며칠을 땀을 흘렸다고 『난중일기』에 적혀 있다. 그것도 무슨 자랑이라고. 적당히 마시고 말 일인데 의기투합하면 정신줄을 놓고 퍼마신 모양이다. 일단 마음이 통하면 끝을 보고 마는 습관은 어디서 왔을까? 술 자체보다는 소통에 집중하다가 자제력을 잃어버리고 마는 것이 그의 단점인가, 아니면 장점일까?

장군의 모친이 그를 음식으로 몸을 키우면서 한없는 소통으로 그의 정신과 마음을 가득 채워준 장본인이다. 모자 쌍방이 똑같이 토론의 대가로 국가 경영과 인생철학을 논하되 밤을 지새우기가 다반사였다고 한다. 그들의 독서량과 지혜는 넘쳐나는 샘물처럼 풍성하여 피차 목마름이 없었다. 전쟁으로 인해 서로 떨어져 있어도 전령을 보내서라도 안부를 확인하고서야 마음을 놓을 수 있는 것이요, 다시 사나흘이 지나면 또 불안하다고 했다. 보기 드문 효자요, 그 어머니는 우리 모두의 모범적인 여인상으로 자식 교육의 표본으로 새겨둘 만한 지성인이었다. 장군이 전쟁터에서 눈빛과 손짓 하나로 번개 같은 통솔력을 발휘한 이유는 미리 쌓아놓은 상호 신뢰와 굳은 믿음에 기인했다.

회색 양복

그렇게 가난의 쓴맛이 좋으셨나.
수유리 13평짜리 국민주택에
그런 거인이 사시다니.
장공 김재준이 회색 양복의 주인공이다.
오늘도 내일도 같은 옷 같은 색
설교 때도 강의 때도 멋진 단벌 신사.
회색은 모든 것을 품는 색이다.
먼지도 세월도 그 속에 스며들면
그냥 회색이다. 엄마의 품 같은 회색.
그 작은 키, 깡마른 체구에서
내뱉는 조용한 한마디 한마디
예수 천당 가운데 자리에 세상을 넣으라고.
진리 속에 가난을 밥 먹듯 즐기던 사람
한때 한국신학대학 학장과 경동교회 초대 목사도 하셨다던데.
외손녀 셋이 제 부모 따라 이민 간다는데
공항에 빈손으로 나가 손만 흔들던 때가
제일 가슴 아팠다고 회고하며 촉촉한 눈망울.
그때 내 빈손이 너무나 부끄러워
빠이빠이 흔들다가

곧 밑으로 내려버렸다.

그러나 그런 가난에도 굴복하지 않았다.

민주화 투쟁에 몸 바쳐 혼신의 힘을 쏟았지만, 함석헌과 DJ 회동 때도 언제나 회색 양복.

그러나 그의 최종 목표는 투쟁이 아니고

사랑과 평화를 위한 예정이라고

청빈으로 사시다가 회색 양복 속으로 사라진 맑은 영혼.

언제 다시 그런 거인을 볼 수 있으리오.

가난과 고통을 등에 지고 가던 목회자.

그 아름답던 회색 양복이 꿈속에 그립다.

약속

약속 하나로 세계 최고의 정복자가 된 분이 칭기즈칸이다. 성을 공격할 때마다 성안에 통지하기를 항복하면 너희의 생명은 물론 재산과 현재 너희의 직업을 그대로 유지토록 하겠다. 단 내 제안을 거부하고 대항할 때는 사람과 짐승까지 숨 쉬는 생물은 하나도 살아나지 못하리라. 이런 뒤에 성공하여 입성하면 약속대로 행했다. 예외는 절대 없었다. 그 후로 쭉 밀고 나가니 소문이 퍼지고 대부분 무혈입성이 가능해진다. 약속은 이처럼 어마어마한 결과를 얻게 된다. 그렇지만 그도 예외를 두었으니 일자무식이 석학을 뛰어넘고도 남는다는 사실이다. 공과 전문가들과 기술자들을 뒤로 빼돌려서 최고의 대우를 하니 그들로 하여금 최첨단의 공성 무기를 생산케 하여 적재적소에 사용했다. 약속과 정직 그리고 뛰어난 지혜로 이룬 세계 정복의 역사는 전무후무할 위업이 아닐 수 없다. 칭기즈칸은 인간의 본성과 양심의 가치를 최고조로 드높인 인류의 스승이다.

두 정상

미국 바이든과 영국 총리 보리스 존슨이 회의장 귀퉁이에서 수군대고 있다. 2021년에 극성을 떨며 괴롭히던 무서운 코비드-19 전염병 때문에 둘이서 피차 위로하며 대책을 논의하건만 결국 무대책이 유일한 대책이라면서 한탄하고 있는데 한 사람이 책상 건너편에서 손 인사를 하며 지나간다. "어 저 친구!" 동시에 소리치며 손을 들어 문재인을 가리킨다. 보통 손가락으로 표현하는 것이 자기들의 습관인데 두 사람이 동시에 손바닥으로 그를 향해 아는 체를 하며 경의를 표한다.

> "저 양반이 바로 세계 최고의 방역으로 성공하여 우리의 코를 납작하게 만든 장본인 아닌가. 놀라운 일이야. 허허."

이런 찬탄을 듣는지 어떤지 무심하게 사라지는 사람이 바로 문재인의 본성인 모양이다. 세상은 그를 통하여 민주주의라는 정치체제가 어디까지 가치 상승할 수 있는지 증명했다고 인정했다.

빈 스컬리의 회고

내가 방송을 시작하고 얼마 안 된 새내기 청년 시절이었지. 내 나이 또래의 깡마른 청년이 다저스로 찾아와서 자기를 야구 투수로 써달라고 신청서를 들이밀었다. 삐쩍 마르고 온몸이 새카만 몰골이다.

그저 매일 바닷가에 나가 일광욕하며 즐기는 청년으로 보였다. 트럭 운전사 같은 생각도 들었지만, 얼굴과 목, 팔뚝이 구릿빛이다. 야구 투수를 해보겠다고? 홍, 오늘 한번 해보다가 퇴짜 맞고 돌아설 테지. 뭐 내가 저 친구 또 볼 일은 없을 것이다. 나뿐인가. 대부분 그곳에 모인 사람들도 싱글거리며 열중쉬어 자세로 흔들대고 있었다. 아, 아, 그가 모션을 취하고 첫 공을 휙 던지는 순간, 모인 자들의 눈이 두 배로 커졌다. 동작의 유연함과 번갯불 같은 투구 순간과 동시에 들려오는 뻥 하는 공 받는 소리. 그는 과연 준비된 성실한 청년이었다. 누가 그를 영원한 야구의 전설이 되리라고 짐작이나 했을까. 그는 다저스의 전설 샌디 쿠팩스Sandy Koufax다.

OK 목장의 결투

십 대 시절의 괴로운 추억의 하나가 학교 깡패들의 창궐이었다. 중학교를 졸업하고 같은 이름의 고등학교를 진학하려는데 문제가 생겼다. 1954년까지는 자동으로 올라가곤 하던 것이 일 년 후부터, 즉 우리 때부터 입학시험의 관문을 거쳐야 한다는 문교부의 새 정책이 하달되었다. 지방에서 중학교를 마친 아이들이 서울로 진학할 기회를 얻게 된 것이다. 전국에서 올라와 입학원서를 타려고 찾아오는 데 문제가 생겼다. 교문 앞에는 20여 명의 주먹들이 진을 치고 그들을 위협하여 돌려보내니 이는 자기 밥그릇을 뺏는 자를 미리 차단하는 졸렬한 짓이었다. 힘없이 발길을 돌린 아이들 중 더 좋은 데로 대담하게 도전하여 성공한 사례도 있었다.

문제는 진학 후에 더 생겼다. 입학시험에서 탈락한 주먹들이 학부모들의 항의 데모 후 어렵게 구조되고 다시 그들에 의한 복수전이 시작된 것이다. 시비를 걸어 지방 학생들을 집단 폭행하니 그 광경은 무법천지 같았다. 전쟁 직후라 그런가. 아이들도 무척 잔인했다. 나는 지금 볼 것 없이 쭈그러들었지만, 그 당시는 별명이 통뼈로 이름나서 동급생 600명 중에 팔씨름 2위로 등극할 정도였다. 그들 깡패도 독불장군인 나를 무시하지 못했다.

나는 우연히 대전 한밭중학교 농구선수였던 조 군과 조우하면서 친구가 되었다. 불행히도 그가 그들의 먹이 표적에 걸리고 말았다. 오늘 점심시간에 북산 아래 펼쳐진 OK 결투장에 나오라는 명을 받고 나에게 구원을 요청한 것이다. 아이고, 골 때리네. 나는 급한 대로 그쪽 두목을 접견하려 애썼지만, 그는 안 보이고 조무래기 한 놈이 나타나 나와 뒤에 멀뚱히 서 있는 조 군을 훑어보며 침을 튀긴다. 뭐야 니네들. 오늘 손보기로 한 저놈을 네가 살리겠다. 이거야. 건방지게. 그와 동시에 그는 손바닥으로 내 턱을 툭툭 올려 치며 거친 말을 내뱉었다.

그 순간 나는 순한 양에서 갑자기 송곳 이빨 내밀고 달려드는 늑대로 변하기 시작했다. 그의 멱살을 한 손으로 번쩍 들어 올리니 그 애가 공중에 대롱대롱 떠오른다. 나는 마치 광주혁명 때 희생자를 질질 끌던 모양으로 멱살을 오른손으로 잡은 채 그를 끌고 이 층 계단을 뛰며 내려 달리니 그 녀석의 구두 뒤창에서 나는 덜거덕 소리는 요사이 유행하는 힙합 소리와 유사했다. 일이 커질 것을 우려한 가까운 친구들의 제지로 일은 거기서 일 단락이 되었지만, 그 후유증은 그대로 남아 있었다.

그동안 재야에 묻혀 있던 열사들이 나에게 몰려들어 나를 격려하며 큰소리를 치기 시작했다. 나는 자칭 야전사령관이 되어 특사를 각 방면에 파견하여 세를 모으니 역도부와 야구부 등 불평분자들이다. 원 이리들 흥분할 것을 그동안 왜 그리 숨죽이고 있었다는 말인가. 200명 가까운 지방 학생들까지 뭉쳐서 합세하니 드디어 깡패님들은 완전히 쪼그라들고 말았다. 몰려다니거나 집단행동은 때에 따라서는 필요한 일이지만 그 목표의 궁극점이 분명해야 한다. 공의를 위해서인지 자신이나 자기 소속된 단체를 위해서인지 구분되어야 하리라. 사실 내 욕심을 위해 몰려다니는 깡패집단은 불행한 환경 때문에 생겨난 잡초 같은 면이 있다. 그러나 엘리트라고 자부하는 살만한 엘리트들의 집단행동이 자기들의 과잉 목표를 향한 추한 몸짓으로 바뀌는 경우는 그 해악이 상상을 초월한다. 독재 정권 아래서는 주저 없이 꼬리 흔들며 애교

부리는 애완견으로 변하여 땅에 떨어진 부스러기를 핥아먹고 민주 시대
가 되면 역이용하여 순한 주인까지 물어뜯으며 영웅 놀이까지 하는 맹견
으로 표변한다. 결국, 나라의 근본까지 파고드는 해충으로 온 국민이 합심
해서 제거할 일이다. 투쟁과 희생 없는 자유와 평화는 불가능하다는 사실
은 현재도 유효하다는 것이 인생사인 듯하다.

친구

노가 말했다지. 나는 대통령감이 맞다. 그 이유는 문재인이 나의 친구이기 때문이다. 그 말은 내가 문재인의 친구가 아니라는 말이다. 내가 대통령이 됐다고 나를 주어로 박아놓고 서술하는 것은 잘못이다. 문이 주어가 되어야 두 사람의 인간 가치가 드러날 것이다. 즉 문이 노의 친구이므로 노가 깜냥이 될 수 있다는 말이다. 어느 누가 문의 진정한 친구가 될 수 있으리오. 절대로 쉬운 일이 아니다. 아, 빛나는 나, 노무현이여. 나는 어쩌다 문과 같은 사람을 단짝으로 끌어들였는가. 그는 1백 년에 한 번 나올까 말까 한 천하의 의인이요 참다운 영웅이다. 나는 정말 행운아 중의 행운아인 것이다.

―――――――――

춘추전국시대 최고의 의인으로 위나라 정승인 신릉군이 있었다. 그는 문무겸전으로 국가의 운명이 걸린 전쟁에서 큰 공을 세웠다. 백전백승하던 진나라의 백기 장군을 세 번이나 물리친 불세출의 영웅이다. 그러나 그대는 아는가. 그의 가장 친하던 친구는 모공과 설공이었다. 자기 집에는 3,000명의 식객이 십 년을 넘게 머무르며 천하를 논하고 있었다. 그중에는 이름난 선비와 학자와 장수들이 무수했지만, 그들과 대화도 하고 토론을 벌이다가 속이 답답하고 막힐 때는 시장통으로 달려가 모공과 설공을 찾았다. 모공은 도박장에서 심부름하는 천인이요 설공은 간장 장수였다.

―――――――――

그들은 여러 번 신릉군의 청을 거절하니 그 이유가 절묘했다. 우리가 하루 벌어 하루 사는 데 큰 불편이 없어요. 만일 신 정승 밑에 들어가서 벼슬하면 큰 집에서 하인들 부리며 호의호식하겠지만 마음은 항상 긴장 속에 살면서 위아래 눈치를 보아야 하니 그 수고도 만만치 않을 것이외다. 지금의 우리 생활은 그렇게 편할 수가 없어요. 남의 눈치도 아니 보고 긴장도 아니 하고 하루하루를 즐기니 온 천하가 내 것 같고 즐겁습니다. 이렇게 신릉군이 오시면 시정 민심도 아뢰고 천하 정세도 논하게 되니 참 좋습니다. 그려. 상하 관계도 아니고 친구로 평등을 유지하니 피차 얼마나 편합니까. 다시는 그런 제안하지 마시기 바랍니다.

―――――――――――

노무현은 야망이 있었다. 어려운 환경에서 상고를 나와 고시에 합격하여 그 힘들었던 가난을 벗어나 체면도 차리고 돈맛도 보며 기를 펴게 되니 살맛이 난다. 그러나 그는 신중한 사람이라서 인생의 본질을 탐구하며 고민하니 혹 두 번 사는 인생이라면 몰라도 오직 한 번 사는 인생을 시류에 떠내려가듯 가치 없이 보내기는 너무 억울했으니, 마치 평화의 교회 가족 같은 분이었다. 그 후 그는 모든 일에 마음을 다하고 목숨을 걸면서 큰 뜻을 펴서 후세까지 아름다운 가르침과 본보기를 남겼다. 이 모든 것이 친구를 잘 둔 덕이다. 그의 친구는 물론 문재인이다.

―――――――――――

문재인은 인간 그 자체가 진국이다. 야망 같은 것이나 사나이의 기개 등은 아예 체질에 맞지 않았다. 민권 운동하며 부산 광복동 거리를 노무현 옆에서 행진하던 문재인은 투사라기보다 얌전한 선비였다. 짐작건대 모친의 교육이 청빈했던 것이 아닐까 싶다. 전쟁 중에 흥남 부두를 떠나 LST 배를 타고 거제도에 도착한 피난민 중에 그와 같은 드높은 기상의 소유자들이 있었다니 놀라운 일이다. 뜻이 있으면 길이 있다던가. 고난 속에 피어난 연꽃인가. 세계적인 의인을 키워내니 한민족과 온 세계의 홍복이 될 것이다. 그는 과연 진리의 길로 사라진 노무현의 진정한 보호자요 영원한 친구다.

마리 앙투아네트

동쪽 하늘에 새벽이 밝아오고 붉은 해가 떠오른다. 특별한 운무 현상인가? 무슨 해가 저렇게 크단 말인가. 베르사유 궁전 정면에서 바라본 광경이다. 내 팔을 뻗어 두 손바닥으로 해를 가려보았다. 둥그런 해가 절반도 더 남았다. 이곳을 택하여 초호화 궁전을 만들고 태양왕이라 자처하며 거드럭거린 자가 루이 14세이고 그 손자 격인 루이 16세가 자기 부인 앙투아네트와 같이 혁명의 단두대 이슬로 사라져갔다. 관광버스는 필수 코스라며 우리를 단두대 처형장으로 끌고 갔다. 거리를 두고 건너다보건만 온 주위가 초겨울의 공기처럼 싸늘해 오는 것이 엄숙하기보다 으스스하다. 무서운 국민이요, 결단의 나라. 왜, 이 흉물을 1백 년이 넘도록 보관 유지하면서 자국과 세계에 보여주고 있을까? 단칼에 두 조각을 내버린 결단은 곧 혁명의 결정적 마침표를 찍는 것이다. 어설픈 용서는 가다가 멈추는 꼴이 되어 아니 감만 못하다는 우리말처럼 도루묵이 되고 만다. 다시는 배반과 부조리의 후유증으로 후회하지 않겠다는 깊은 지성의 결단은 남다르다. 썩은 사상과 전통에 젖어 아직도 혼란의 늪에서 허우적거리는 극동 아시아의 미숙한 선진국들과는 비교 자체가 불가능한 일이다.

7명의 영웅

김구 — 조국 독립을 위해 온몸과 마음을 담아 조악한 환경을 지혜와 강철 같은 의지로 견디며 세계 양심을 흔들어 조국의 명예를 회복한 영원한 지도자.

박정희 — 중화학을 개척하고 경부고속도로를 깔고 수출을 장려하여 경제를 일으킨 공로가 지대하다. 그러나 지독한 독재로 그의 크나큰 업적과 자신까지 한순간에 연기처럼 날려버렸다.

김대중 — IMF를 금 모으기와 세계적 인맥을 이용한 긴급 자원 충당으로 나라의 위기를 극복하고 의약 분업과 IT 사업의 미래 예측과 선점, 문화예술 지원, 민주제도의 확립, 평화통일의 적극적인 시도와 실천으로 선각자의 역할을 다한 세계적 지도자다.

노무현 — 그동안 쌓여온 기득권의 부조리와 사회악의 높은 벽과 싸우다가 산화했다. 조국의 민주화 제단에 자신의 몸과 마음을 기꺼이 바친 제2의 성삼문이다.

문재인 — 세계 최고의 인격자로 또 능력자로 인정받은 신사다. 영미와 선진국 수반들의 존경과 부러움을 한 몸에 받으면서도 단 한 번도 겸손과 미소를 잃지 않는 성품이다. 내치로는 세계 6위의 군사 대국으로 키우면서도 끝까지 평화 제일주의를 내세워 북의 정권이 후에 알고 나서 혀를 내두를 정도였다. 외유내강의 표본이 문재인이다.

이재명 ─ 성남시장과 경기도 지사를 역임하며 정치력과 행정의 귀재로 한국은 물론 온 세계에 명성을 날린 바 있다. 2024년 총선을 대승으로 마무리했다. 앞으로 백성들의 기대가 크지만, 기득권의 생명을 건 도전을 극복해낼지가 문제다. 한국의 운명을 가름할 마지막 싸움인 아마겟돈 전쟁 전야다.

조국 교수 ─ 검찰 독재와 재벌 언론의 포화 속에서 탈출한 의인이다. 만신창이가 된 몸을 치료도 받지 못한 채 전쟁터로 제 발로 참전하여 악을 상대로 전승하고 돌아왔다. 개선장군이다. 머리 좋은 사람이 싸움도 잘하다니 믿기 힘들다. 거기다가 쭉 뻗은 키와 잘 생기고 지성미로 꽉 찬 외모는 바로 군계일학이 틀림없다. 악으로 들끓는 세상에 이런 인물을 한반도에 보내주신 하늘의 뜻을 헤아리기가 매우 어렵다.

추미애 ─ 일개의 장관이요 자기 자신은 일국의 장관이라고 뽐내는 어리석은 자가 국정을 운영하고 있는 곳이 2024년 대한민국이다.

불사신

두메산골의 화전민 생활을 거쳐 서울의 소년공을 견뎌온 재명은 좌절 속에 여러 번 자살까지 시도했다. 그런 환경에서도 계속 노력하여 자수성가한 원동력이 있을 것 같다. 시골에서의 아름다운 자연 속에 자유를 숨 쉬며 뛰놀고 자란 아이들의 창조력과 의지는 도시 아이들의 연약함에 비할 바가 아니다. 그는 학교 도서관에서 책을 통해 놀라운 세계 역사와 문화를 만나면서 지식을 차곡차곡 쌓아 나갔다. 거기에 더하여 어머니의 꾸밈없는 사랑과 바른 생활의 실천 모습은 소년의 인생철학 정립에 산 교훈이 되고도 남았다. 나중에 커서 변호사가 되고 시장과 도지사를 역임하면서도 청빈 사상과 정직을 자신의 좌우명으로 삼고 조금도 흔들리지 않고 지켜나가고 있다. 지금 이 시간 간악한 정적에 의해 300번 이상의 압수수색과 살인 테러로 목에 칼을 맞고 천우신조로 다시 살아났다. 그의 인생 역정을 볼 때 그는 특수 임무를 받고 태어난 창조물이 아닐까 싶다. 그의 행정과 정치력은 타의 추종을 불허한다. 그 성과는 온 세계의 언론으로도 입증되었다. 그는 오직 한 나라가 아니고 전 세계 최고의 지도자가 될 자질을 갖춘 인물이다. 이처럼 공들여 만들고 단련시켜 키운 인재가 하루아침에 사라진다면 그 어떤 이유로도 설명이 아니 되리라. 그의 임무를 수행한 다음에 가든지 말든지 왈가왈부할 일이다. 그때까지는 불사조로 남아 있는 것이 섭리라고 할 것 같다.

살림꾼

이순신 장군이 선조의 미움을 받은 이유가 있다. 전쟁을 너무 잘해서도 아니고 건방져 보여서도 아니다. 그 이유는 이순신이 고금도와 한산섬에서 소왕국을 세우고 다스리는데, 지상천국을 이루어서 완전 민주주의 도시국가를 완성했기 때문이다.

도망 다니기 바쁜 왕이 미안하고 창피해서 고개를 못 들게 만드니 왜 질투심이 타오르지 않으리오. 살려달라고 따라붙는 경상도 난민들을 섬에 정착시켜 농사와 물물교환과 전투함 제작에 투입하였다. 전투에서 공을 세운 자들을 면천하여 종의 신분을 벗게 해주었다. 행정관을 두고 지도하면서도 대부분 스스로 판단하여 살게 해주었다. 고대 아테네 시대 이후 처음 시도된 민주사회를 창조한 것이다. 물론 왕의 허락하에 실시한 정책이지만 선조 왕의 의심이 자라기에 더 이상 좋은 조건이 어디 있으리오. 장군은 스스로 자기의 운명을 결정지은 것 같다.

400년 후에 성남시장 이재명이 나타나서 같은 도시를 건설했다. 완벽히 민주화된 도시국가를 창조하니 곧 세계 최고의 유일한 완전 복지국가가 탄생한 것이다. 미래에 세워서 우리 후손들이 누리기를 바랄 만한 지상천국을 만들었다. 놀라지 않을 수 있으리오. 세계도 놀라기는 마찬가지다. 영국의 유력지 「이코노미스트」가 보도했다. 이재명이라는 사람이 전임 새누리당 시장이 만든 어마어마한 빚을 3년 6개월 만에 상환하면서도, 재정 자립도가 높은 도시로 올려놓았다고 칭찬했다. 그리고 이어서 그가 이루어 낸 성과를 구체적으로 소개했다. 무상 산후조리원, 무상 교복, 청년 배당금 등이다. 이재명은 나중에 담담히 회상했다.

"쓸데없는 토목공사, 부정부패 제거, 새는 세금의 통제로 거두어들인 세금이 상상하기 어려울 정도로 많아서 마음껏 복지를 펼 수가 있었다."

이런 인재를 한반도에 탄생시킨 신에게 영광과 찬사를 올리지 않을 수 있으리오. 감사합니다.

검은 구름

이재명은 무섭다. 이태원 희생자를 힐난하는 한 아주머니에게 매섭게 한마디 던진다.

"만약 당신의 자식이 그렇게 당하면 그렇게 말할 수 있겠습니까?"

그러나 놋쇠보다 더 뻔뻔한 아줌마 왈,

"그건 다르지요"

그렇게 말하며 움칫한다. 그 순간 이재명은 마지막 펀치를 날린다. "아니지요, 내 자식이 귀하면 남의 자식도 똑같이 귀한 겁니다. 그렇게 함부로 말하는 게 아닙니다." 두렵지 아니한가? 검은 구름이 몰려온다. 김대중, 노무현, 문재인 세 사람 모두 단호한 정치 철학으로 국정에 임했지만 아우성치며 덤벼드는 야당의 죄과를 대부분 모르는 척하고 넘어갔다. 솜방망이는커녕 솜이불처럼 푹신푹신한 상태로 지나갔다. 그러나 이재명은 영 다른 것 같아 오금이 저려온다. 눈에는 눈 이에는 이다. 당한 만큼 아프게 갚을 것 같다. 어설픈 꾀나 사기나 협잡질을 그의 몸속에 차곡차곡 저장하고 있을 것 같다. 오금이 저려온다. 혹 검은 구름이 몰려올지도 모른다. 설마 심판의 날이 오는 것은 아닌가 우려스럽다. 설마 아니겠지.

현인들

성인 다음으로 선한 이들을 현인이라고 한다. 검사 독재 정권에 대항하는 세 현인이 있다. 당대표 도전해 보라는 부추김에 정청래는 대답했다.

"사람은 자기의 시간을 알아야 한다. 때가 아닌데 나서는 것은 어리석은 일이다."

자신의 때와 장소를 아는 두 번째 사람이 유시민이다.

"나는 10년 정도 정치를 이미 했다. 정치는 나라와 국민을 위해 최선으로 성과를 내는 보람 있는 일이지만 그러려면 자기희생이 필요하다. 이제부터는 자신을 위해 산다고 해서 욕먹을 정도는 아니라고 생각한다."

세 번째는 김어준이다. 아시아를 넘어 세계만방에 정의라는 금가루를 뿌려댄다. 스핑크스처럼 생겼다. 그런데 그 입에서 자유라는 생명의 불이 나온다. 가슴을 찌르는 사자후다. 이런 현인들로 인해 누란의 위기 속에 허덕이는 나라를 구해내리라고 확신을 해보는 것이 헛된 꿈은 아니리라고 믿는다.

단벌 신사

한신대학교 창설자요, 총장을 여러 해 지내셨다. 서울 경동교회를 세워서 제자 강원용에게 물려주고 네 뜻을 마음대로 펼쳐보라고 도대체 그쪽 을지로 6가로는 고개도 아니 돌리며 모른 척했다. 자그마한 체격에 깡마른 모습은 단아했지만, 호수같이 잔잔한 인격에서 풍기는 위엄은 주위를 압도했다. 그가 착용하던 양복이 회색이다. 회색은 언제나 똑같다. 새것도 회색이요 헐어도 회색이다. 세탁 전이나 그 후나 샘샘이다. 그래서 그런지 그 양복 하나로 버틴다. 그 회색 양복을 입고 세계를 누비며 의를 선포하고 가르쳤다.

그가 자기의 가장 괴로웠던 순간을 토로한 적이 있다. 그의 집은 국민주택 13평으로 오랫만에 손녀들이 놀러 오면 재워줄 방이 없어서 그냥 돌려보낼 때 가슴이 아팠다고 한숨을 푹 내쉬었다. 또 그들이 캐나다로 이민을 간다고 해서 공항에서 이별하는데 아무것도 줄 것이 없어 빈손으로 그냥 흔드는데 너무 부끄러워서 자기도 모르게 손을 빨리 내리게 되더라며 고개를 돌리며 끔벅이는 모습은 영원히 기억해야 할 생의 좌표가 되어 나의 손을 이끌어줄 것이다.

탈일자

탈북자도 있지만 탈일자도 있다. 북쪽에서 온 동포들을 탈북자라고 하지만 일본을 탈출한 자들을 탈일자라고 해보는 거다. 일본 제국주의의 관습을 그대로 몸속에 남겨둔 채 벗어나지 못하고 헤매는 사이코패스 그룹들이 아직 나라 중심부에 자리를 틀고 온갖 비리를 합법으로 위장하여 오구잡탕을 만들고 있다. 그러나 한편으로는 탈북자들과 같이 그 혼돈의 가치관을 탈출하여 빛을 찾아 나선 선각자들이 있다. 유시민은 주장한다. "나는 제일 좋은 대학은 아니지만 제일 좋다고 하는 대학을 나왔다." 출세해서 부자 되는 방법을 배워서 잘 이용하는 사람들을 지도자라고 하는 사회에서는 제일 좋은 학교가 맞다. 공공의 이익과 남보다 먼저 정의 실천에 앞장서서 본을 보여주어야 하는 엘리트가 참 지도자다. 자신만을 위한 노력을 탓할 필요는 없지만, 남에게 해악을 끼치면서 욕심을 채우는 자들을 지도자로 인정할 필요는 없다. 제일 좋은 학교라고 하는 복마전에서 용감하게 도망친 사람들이 가물에 콩 나듯 있긴 하다. 허황된 자부심을 털어버리고 사회정의를 구현코자 자기를 던진 탈일자들이다. 머리도 남달리 뛰어나다. 그들의 공적이 태산같이 높다. 예를 들어 말한다면 이런 분들이다. 소수다. 백낙청, 유시민, 최강욱, 조국 등이다. 다섯 손가락 채우기도 이처럼 어렵다. 학교가 정의를 외면하니 그대여, 어디 가서 호소해볼꼬?

대결

죽음과의 대결을 구경할 차례다. 너희가 전두환 같은 정부를 향해 박수를 치라고 하며 나를 협박하는 중이지만 "내가 이 자리에서 죽고 또 죽더라도 그 짓은 못 하겠다." _소크라테스

근본도 없는 것들이 함경도 촌구석에서 튀어나와 나라까지 통으로 먹겠다고 덤비는구나. 다들 꼬리를 내리고 손바닥을 비비지만 나는 고려의 충신이다. 죽이려면 죽여 봐라. 백번 죽어도 좋다. 소크라테스처럼 깨끗하게 죽겠다. 비록 죽어서 넋이 없으면 억울하겠지만 그래도 내 결정은 절대로 변함없으리라. _정몽주

나는 수양과 한명회의 사악한 음모를 꿰뚫고 있다. 그놈들을 모조리 박살을 내려다가 실패했다. 하늘의 뜻을 어찌하랴. 나라도 이 몸 바쳐 정의의 흔적이라도 남기리라. 저것들이 나를 찢어 죽이겠다고 이를 갈지만, 이왕 흙으로 돌아갈 몸을 조각내어 죽이면 더 빨리 흙이 되기가 수월하겠다. 다만 혼은 높은 산봉우리에 솟은 푸른 소나무가 되어 레바논의 백향목처럼 천하를 호령하리라. _성삼문

나는 예수가 남긴 진리를 세상에 알리기 위해 온갖 수모를 겪으며 세상을 휘젓고 다녔다. 돈과 이성의 유혹을 다 뿌리치고 쉬지도 않고 눈치도 보지 않고 달려왔다. 아마 오늘이 내가 로마 당국의 손에 처형될 모양이

다. 나는 후회가 없다. 다릴 길 다 달리고 믿음을 지켰다. 지금 주께서 면류관을 들고 나를 기다리고 있다. 죽음이 삶보다 슬프지 않다고 소크라테스도 말했다. 나는 죽음이 영원한 축복이라고 너희들에게 감히 알려주며 하직 인사를 보낸다. _바울

이재명

안동에서 검사시보를 시작하면서 이재명은 특유의 재능을 발휘한다. 범죄 피의자를 심문하여 증거를 찾아내고 기소하는 속도가 베테랑 선배 검사들을 능가하면서 칭찬의 소리가 퍼져나가기 시작했다. 검사 체질에 딱 맞는 후배가 와서 우리도 같이 승진할 일만 남았다고 박수를 보낸다. 그러나 그는 멈칫하며 과거의 나처럼 불행하게 살아가는 사람들의 죄를 캐면서 박수를 받는 일이 과연 바람직한 일인가 하고 고민한다.

"이렇게 조용히 시키는 대로만 하면 부와 권력을 쥐고 편하게 살 것은 확실하다. 가난한 우리 가족 모두가 어깨를 펴고 즐거운 생이 펼쳐지리라. 그렇지만 이 일은 내가 맡을 일이 아닌 것 같다. 노무현이 회심하여 힘든 길을 택한 것은 자기 양심의 소리에 귀를 기울인 때문이다. 나도 한번 사는 인생을 뜻있게 살아가야겠다. 그러나 청소하는 여동생과 공중화장실에서 일하는 어머니가 너무 불쌍하다. 아, 괴롭구나."

그의 두 뺨에는 주르르 눈물이 흘러내렸다. 그 후 그는 인권 변호사가 되어 빈민들의 대변자로 변신한다. 수십 년이 지나가고 있지만, 그의 결심은 조금도 변함이 없다. 우리는 그가 택한 고난을 좁은 문으로 부른다.

박지원

정치가 박지원의 야누스적 변신은 화려하다. 세세하게 열거하며 왈가왈부하기는 진부하고 여기서는 그의 변화무쌍한 정치 행로에도 불구하고 매우 성공적 결과를 얻을 수 있는 근본적인 원인을 찾아보자는 것이다. 그는 때에 따라 자기 자신의 판단 미숙으로 들어선 길이 바르지 않다는 것을 깨달은 순간 주저 없이 회개하고 돌아서서 지지자들에게 자세하게 자기의 실수와 허점을 털어놓는다. 사람들이 실망하며 고개를 좌우로 흔들다가도 그의 유려하고 귀엽기까지 한 솔직함에 매료되고 만다. '반문재인'에 앞장섰던 그가 국정원장으로 임명되고 문 대통령을 찾아가 미안하다고 했다. 멋쩍어하는 새 국정원장에게 돌아온 대답을 보면 박지원이 능력도 대단하지만, 때를 잘 타고난 인물임이 틀림없다. "저 문재인 그런 사람 아닙니다. 하하."

프란치스코

나는 온몸과 마음을 다하여 사랑하고 존경하는 사람이 있다. 눈으로 보이는 창조물을 존경하기는 정말 어려운 일이다. 그가 바로 266대 교황이다. 그는 34일째 단식 중이던 김영오 씨에게 다가가 손을 얹으며 위로했다.

"고통 앞에서 중립은 없다."

김영오 씨는 세월호 희생자 유가족이다. 나는 그 순간 주님이 오신 줄 알았다. 교황이 차를 타는데 H사의 최소형 차 안으로 구부리고 들어가는 모습에 가슴이 내려앉았다. 2,000년 동안 전통의 금 십자가를 마다하고 그의 목에 걸린 것은 쇠 십자가이다. 가난한 자, 애통하는 자들의 눈물을 위해 기도하는 그를 통해 평화가 온 누리에 퍼지기를 고대한다.

고급 차

고급 차에 신사 숙녀가 뒷좌석으로 탑승하는 모습은 멋진 광경이다. 부인이 운전하는 경차에 오르는 노동자의 건강한 모습도 아름답기는 마찬가지다. 그러나 하얀 예복을 깨끗하게 차려입고 기아 쏘울 차 뒷좌석으로 구부리고 들어가는 프란치스코 교황의 모습은 아름다움의 극치다.

인상여 1

이름이 좀 그렇다. 그러나 이름처럼 인상도 인상적이다. 평소에는 양같이 순해 보이다가 화가 나면 갑자기 왕마귀의 얼굴이 된다. 이 재주로 그는 엄청난 출셋길을 달린다는 이야기다. 과연 특이 체질의 소유자가 인상여라는 인물이다.

이 사람이 지금 호랑이 같은 진 왕의 목덜미에 번쩍이는 보도를 들이대고 있다. 이 칼은 쇳덩이를 진흙같이 가르는 유명한 보검 단도다. 쓱 하면 진 왕의 목은 잘리고 머리는 몸에서 떨어져 나가 두르르 구르게 되어 있다. 인상여가 진 왕의 잘못을 열거한다. "대왕은 우리 조나라 왕을 이 국경 지방의 강가로 강제로 불러내어 잔치를 벌이고 서로 형제의 의를 두텁게 하자고 유인해 놓고 장난질을 치고 있습니다만 대왕의 뜻대로 되지 않을 겁니다. 지금 대왕의 뒤에 바짝 붙어 있는 열 명의 장수가 이미 칼을 반쯤 빼들고 있지만, 그 전에 이 보도가 대왕의 목을 깊숙이 들어갈 것이요. 우리 조나라 왕의 노리개 춤사위를 그치게 하고 정당한 예우를 차리시오, 당장!"

그 즉시 진 왕의 호령이 떨어진다. "너희들, 당장 열 걸음 뒤로 물러 나거라." 진 왕의 주위가 호위병 한 명 없이 깨끗하다. 진 왕이 사정한다. "대감, 그 칼 좀 치워주구려. 내가 흥에 겨워 술김에 조 왕께 실수를 했소. 잘못했소. 제발 그 칼 좀."

그러나 인상여는 쉽게 물러나지 않는다. 그의 머리털들은 위로 치 솟아 들썩이고 가로의 두 눈이 세로로 세워져서 눈꼬리에서는 붉은 액체가 흘러내린다.

"내가 천지신명께 약속하리다. 절대로 이 이상의 술자리를 피하고 곧장 귀국하리다. 앞으로는 조 왕과 우의를 더 굳게 하리다."

그제야 인상여가 칼을 내리며 절대신 읍으로 답을 하고 한 걸음 물러선다. "고맙습니다, 대왕님." "아니오. 조금도 딴 마음 없으니 어서 주인 모시고 돌아가도록 하오." 허위의 잔치는 막을 내리고 서로 등을 돌리자마자 뒤로 물러섰던 진 왕의 떼거리가 몰려들며 "대왕님, 저희가 따라가 저놈들을 당장 도륙을 내겠습니다" 하고 수선을 떤다. 그러자 진 왕은 조용히 그들을 말리며 자기 목덜미를 만져본다. 그리고 또 한마디 중얼대며 한숨을 푹 내쉰다.

"아니다. 내가 조금 전 탐문해보니 조나라 염파 장군이 30만 대군으로 강가에 포진하고 있다더라. 지금은 모른 척하고 조 왕을 보내줄 수밖에 없구나. 조나라에 이렇게 뛰어난 인물이 많으니 지금은 때가 아니구나. 어휴, 죽다가 살았다."

인상여 2

인상여의 팔자는 기구했다. 대궐 환관으로 있는 내관댁에 들어가 마름 일을 했다. 집 살림을 도우며 빌붙어 사는 중에 호랑이 같은 진 왕의 회담 요청으로 온 나라가 웅성댄다는 소리를 들었다. 주인 대감 말로 아무도 조 왕을 모시고 강제 회담에 동행할 사람이 나서지 않아 큰일이라는 것이다. 인상여가 주인 대감에게 청해본다. 주제넘지만 자기가 자원해 보겠다고 했다. 그래서 조 왕께 천거하게 되고 불러서 이리저리 대화해 보니 그럴듯하여 발탁했다. 찜찜했지만 아무도 나서지 않으니 할 수 없이 임시 감투를 씌워주고 대동하게 된 것이다. 결국 진 왕의 앞에서 노래도 하고 춤도 추면서 재롱을 부리던 대왕은 그나마 인상여의 기지와 용기로 호랑이굴을 벗어나게 되었다.

> "휴, 우리나라에 저런 괴물이 있었다니 놀랍도다. 저 친구 아니면 골로 갈 뻔했구나, 참말로!"

인상여 3

진 왕은 아무리 생각해도 어처구니없이 당했다. 창피도 창피지만 다 입속에 넣었던 고기를 씹어보기는커녕 오히려 생명까지 잃을 뻔했다. 조나라 그 넓은 천지와 그 왕까지 가로채려던 꿈은 사라지고 꿈자리만 사납구나. 에이, 복수다. 그는 조 왕이 가지고 있는 천하 보물 '화씨의 벽'을 빼앗기로 결정했다. 그래서 전갈을 보내 그 '화씨의 벽'을 내가 아끼는 15개 도시와 바꾸자고 제안했다. 조 왕은 못 하겠다고 거절할 처지가 아니다. 중원 천지에 어느 나라 왕이 감히 진 왕의 명령을 거절할 수 있으리오. 그러나 500년 동안 명성을 떨치며 전해오는 보물 '화씨의 벽'이라는 복덩이 옥구슬을 선뜻 내주기가 너무 원통하다. 며칠 밤 고민만 하고 있을 때 이번에도 역시 인상여가 나섰다. "제가 가서 임기응변으로 대처해 보겠습니다." 먼젓번 일로 겨우 한가한 차관 자리 벼슬을 얻어가지고 밥벌이를 하고 있었지만, 이번에도 급한 일이 생기니 어찌 모른 척하고 넘기기도 그랬다. 내 팔자에 무슨 편할 날이 있으리, 에이, 죽어도 할 수 없지. 그는 보물을 가지고 수하들과 같이 진나라로 들어갔다.

인상여 4

인상여가 가져온 '화씨의 벽'을 진 왕은 받아 들고 500년의 전설을 가진 보물의 은은한 빛에 감탄을 연발한다. 그리고 옆의 대신들과 같이 참석한 외국 대사들에게도 천천히 돌려가며 구경시킨다. 그러다 보니 벌써 한 식경이 지났다. 밑에서 우두커니 서서 기다리던 인상여는 생각 중이다.

"저놈이 준다고 약속했던 15개 고을 지도는 내놓지도 않고 시간만 끌며 그냥 보물만 슬쩍 하려는 것이 분명하구나." 인상여가 미소 지으며 아뢴다.

"대왕이시여, 그 보물에는 한 가지 흠이 있습니다. 그것을 경황 중에 손보지 못하고 가지고 왔습니다. 그 흠을 고치는 데 5, 6일 걸립니다. 그것을 잘 보수해서 다시 바치겠습니다", "그래요? 그것 반가운 소리요. 그렇게 하시오." '화씨의 벽'을 다시 받아든 인상여는 영빈관으로 돌아와 같이 온 부하에게 귀엣말로 분부한다. 즉 거지꼴로 변장시킨 후 '화씨의 벽'을 가지고 뒷길로 빠져 달아나게 했다. 보물은 다시 조나라로 돌아가고 인상여만 덩그러니 호랑이굴에 혼자 남았다.

인상여 5

"오, 인 대감, 오랜만이요. 그래 수리해서 다시 가져온다던 화씨의 벽은 어디에 있소? 안 보이는구려. 아직 수리가 끝나지 않은 모양이지?" 인 상여는 조금도 공유하는 기색이 없이 또박또박 아뢴다.

"대왕이시여, 제가 죽을죄를 지었습니다. 그 화씨의 벽은 이미 조 나라로 돌아갔습니다. 해외에서 주신다던 15고을의 지도도 아니 보이 고 아무래도 보물만 빼앗길 것 같아 몰래 고국으로 보내버렸습니다. 모든 죄는 이놈이 지었으니 자, 이제 저를 죽이시는 일만 남았습니다. 고국의 집에도 오늘이 저의 제삿날이 될 것이라고 전했습니다. 화씨의 벽 대신에 이 몸을 바칩니다."

진 왕은 기가 막혔다. 이놈에게 벌써 두 번이나 당하다니. 속에선 불이 나고 있었지만 자기도 잘했다고만 볼 수 없다. 이놈을 죽여 봤자 보물이 다시 돌아올 것도 아니고 남의 나라 충신을 심술로 죽였다는 소문만 퍼지리라. 그는 헛기침을 한번 뱉으며 대인 흉내를 내보인다.

"허허, 그것참, 아쉽구먼. 그래도 그 귀한 보물을 한번은 구경했으 니 그것으로 만족해야겠군. 그래, 저 충신을 잘 보살펴서 안전하게 귀 국도록 해라."

"……."

"돌아가서 두 나라가 서로 화목하는 데 그대의 노력이 크리라 믿겠 소." "예, 만수 하옵소서." 그는 무사히 살아서 돌아왔다.

인상여의 애국

두 번이나 나라의 위기를 자기 몸 하나 던져 구한 인상여는 여차여차하여 일 년 안에 국무총리에 오른다. 그러나 조나라에는 전쟁마다 백전백승하는 명장 염파가 있다. 무서운 호랑이 진나라에도 백기라는 세기의 명장이 버티고 있지만 염파와는 아직 무승부다. 그런 염파는 억울하게도 부총리로 지내고 있다. 염파 장군이 불평하며 투덜거리는 이유는 충분하고도 남는 바가 있다.

"아니, 내시 집 머슴 하던 자가 총리를 한다고? 제가 사용하고 겸양할 일이지 덥석 받아먹다니. 고약하구나. 만나기만 해라. 이놈을 꾸짖어서 얼굴을 못 들고 다니게 하리라." 그 후로 벼르고 다니지만 대신회의에도 병을 핑계로 나타나지 않고 길거리에서도 멀리서 염파의 마차가 보이면 옆 골목으로 피해 있다가 나온다. 소문은 퍼져나가고 모르는 백성이 없을 지경이 되었다. 총리실 소속 인물 몇 명이 나서기로 하고 인상여에게 항의했다. "총리님은 세상 소문도 듣지 않습니까?" "무슨 소문?" 총리가 눈이 휘둥그레지며 되묻는다. "총리께서 염파 장군만 보면 도망간다는 소문이 시중에 파다한데 어찌 그렇게 태연하시단 말씀입니까?" "그게 무슨 소리요?" 그리되니 자초지종을 늘어놓지 않을 수가 있으랴. 내용을 다 알아차린 총리가 조용히 타이른다.

"내가 무서워하는 것은 이 조나라의 국력이 약해지는 것이었다. 내가 왕 호랑이 진 왕의 멱살도 잡아 흔든 사람인데 염파가 아무리 진 왕만 하겠소? 내가 염파 장군을 피하는 것은 다른 이유가 있지.

진나라가 거의 통일을 이루었지만, 이 조나라만 먹지를 못해 안달이외다. 그 이유를 왜들 모를까? 답답하도다. 바로 나 인상여와 염파가 있기 때문이오. 이럴 때 두 사람이 다툰다는 소문이라도 난다면 어떻게 되겠소? 내 앞에서 다시는 그런 한심한 소리를 하지 마시오. 그 정도의 지각들도 없다니 이 나라 미래가 걱정이로군."

이 말이 온 나라에 퍼지게 되고 염파의 귀에도 전해졌다. 염파는 그 당장 벌거벗은 자기 등에 가시덤불을 짊어지고 피를 흘리며 인상여의 앞뜰에 무릎을 꿇고 큰 소리로 용서를 빌었다. 뛰어나온 총리는 염파의 손을 잡고 안으로 모셔 웃어른의 큰 뜻을 위로하고 피로써 형제의 의를 결의했다.

이 이야기는 기원전 250년경의 두 영웅의 기록이다. 100여 년 후에 역사가 사마천은 다음과 같은 기록으로 두 사람을 예찬했다.

"문경지교로 알려진 이 이야기는 하늘이 열리고 바다가 갈라질 정도의 선행이요, 인간사 최고봉의 미덕이다."

그렇다면 한반도가 둘이 싸우면 네 마리 하이에나가 침을 흘리고 달려들 것은 너무나 명확합니다.

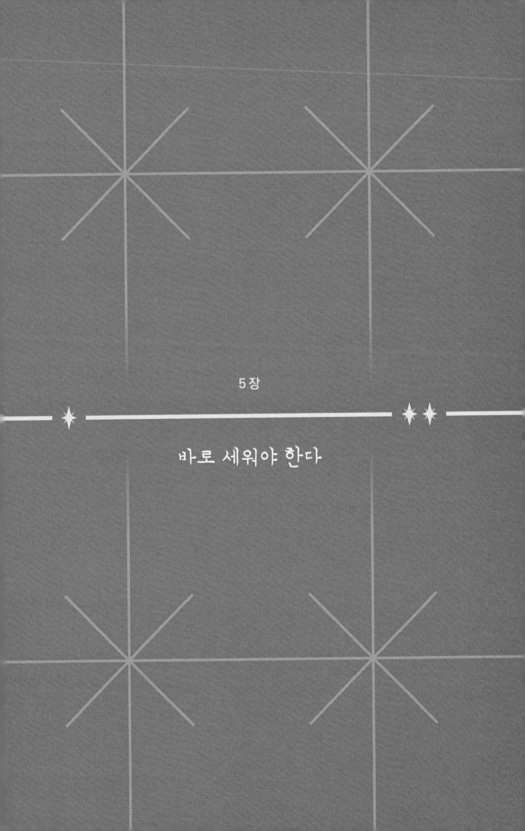

5장

바로 세워야 한다

영원토록

나는 집 없는 나그네다. 옷도 한 벌이요 사막의 먼지로 그 외양이 누추할 수밖에 없다. 아무런 금은 장식이 있을 리도 없지만 어울리지도 않으리라. 생긴 것도 보통이다. 그러니 어느 누가 나를 우러러보리오? 내가 잘난 척하며 너희를 꾸짖고 다니니 누구나 다 반발함이 자연스럽다. 고로 나는 너희를 벌하거나 섭섭해하지 않고 모른 척하겠다. 그러나 성령은 다르다. 모양도 음성도 눈짓도 없다. 오직 그분의 하는 일은 위급할 시에 양심의 문을 두드린다. 그때 마음의 문을 걸어 잠그고 반항하면 그 책임이 크다. 피하고 움츠려도 위험한데 대부분 이론을 창조하여 그럴 듯이 변명하면서 진리를 외면하면 어찌 될까? 용서 없다. 예외도 없다. 그것도 영원토록.

살생부

테러로 황천 길목까지 갔다가 돌아온 이재명의 눈초리가 범상치 않다. 검사들은 요리조리 올가미를 쳐놓고 그를 끝없이 몰아붙이지만 아무런 증거도 없다. 여기에 연관된 검사들도 그 이름들이 일반인들마저 기억할 정도가 되었다. 그러니 이재명의 뇌리에 그 검사들의 명단이 차곡차곡 쌓여 있으리라. 언제 그 이름들이 살생부로 변할지 아무도 모른다. 이재명이 당한 만큼 되돌려줄지 아니면 몇 배 되는 민·형사로 묶어 그들의 삶이 바닥이 드러날 때까지 파고들어갈지 알 수가 없다. 22대 총선에서 어기적거리던 역행자들을 손도 안 대고 잘라버린 솜씨를 볼 때 조용히 그냥 넘어갈 사람이 아닌 것 같다. 초겨울 하얀 서리처럼 서늘하다. 뿌린 대로 걷는다고 한다지만 검사들도 자신의 미래를 준비해야 한다. 양심고백이라도 서둘러 발표하면 재생의 길이 열릴 수도 있을 텐데 용기백배하기 바란다.

중도

공자의 '중용'은 동양철학의 중심으로 통한다. 선악을 판별하여 행하되 너무 극단으로 치우치지 않고 선으로 풀어보라는 뜻 같다. 그러나 중도에도 여러 가지 뜻이 있다. 빌라도는 예수의 무죄를 알면서도 나는 몰라 너희의 일이니 너희 맘대로 해라. 그는 물로 손을 씻으며 피해갔다. 사람들도 다 알아챌 일을 어찌 하늘을 속일 수가 있으리오. 2,000년이 지나도록 그 죄를 벗지 못하고 있다. 중도는 눈감고 피하는 것이 아니다. 누군가 일러준 대로 뒷골목 담벼락에 대고 욕이라도 해야 한다. 그래도 정 힘들면 주님처럼 묵비권을 행사할 일이다.

상꼰대

저의 실수로 인하여 큰 대가를 치러야 했다. 세월호 노란 리본을 깜박하고 가슴에 달고 친구들 모임에 간 것이다. 욕과 저주를 바가지로 먹었다. 우리 세대는 4 · 19 학생혁명 때 대학 3학년 학번이라 2024년인 지금 꼰대 중에도 상꼰대에 속한다. 만 86세 전후니까. 그런데 그렇게 믿던 문 모라는 녀석이 역적인줄 차마 몰랐던 모양이다. 아니면 많이 이상했지만 피차 모른 척하고 넘어간 것이 사실이다. 그런데 이번에는 노란 리본이 딱 증거로 잡혔다. 나도 처음에는 실실 웃으면서 피했지만, 끝없이 펼쳐지는 항의와 손짓에 슬슬 불길이 일어나기 시작했다. 나는 제법 큰 소리로 외쳤다.

> "교황께서도 '슬픔에는 중도가 없습니다'라고 위로의 말을 했잖아. 그래, 실컷 욕해라. 너희가 나를 욕하면 욕할수록 나는 기쁘고 즐겁다. 왜냐하면, 마태 5장 11절 이하를 들려주마. '나로 인해 너희를 욕하고 핍박하고 거짓으로 너희를 거슬러 모든 악한 말을 할 때에는 너희에게 복이 있나니 기뻐하고 즐거워하라. 하늘에서 너희 상이 큼이라.'"

오늘 밤도 하늘에 별이 총총하다. 저기 보이는 은하수가 혹시 내 차지가 될 것 같은 착각에 빠져드는 몽롱한 밤이다.

선견지명

"건달도 아닌 것이, 날라리도 아닌 것이 워쩌커럼 땡겨서 알아부렸냐고 이 말이여."

2000년 전후 일본과 문화 교류를 확 개방해버린 자가 바로 후광이었다. 모두가 놀라워했다. 일본 영화와 감미로운 그들의 음악은 곧 한국 사회를 덮쳐서 삼켜버리리라고 대부분 우려했지만, 후광은 이상할 정도로 자신만만했다. 다카키 마사오의 장기 집권 흑심을 까발려서 세계적인 관심을 이끌어냈던 명연설은 그렇다 치고라도 자기 전문 분야도 아닌 대중문화의 밑바닥 흐름까지 꿰차고 덤비는 안목은 분명 남달랐다. 3,000년 전에도 활 잘 쏘고 가무가 기막힌 오랑캐로 기록된 것을 보면 알겠지만, 어찌 콧소리와 아기 손짓으로 꼬물대는 섬나라 아해들을 겁낼쏘냐. 아마도 이런 생각을 했던 모양이다. 일본 학자들은 지금까지 한숨을 쉬며 내뱉고 있다. 어쩌다가 J팝이 K팝에게 먹혀버렸는지 모르겠다고. 그러나 후광은 유서 깊은 한국 문화는 세계적인 수준을 넘어 우주까지 휘져볼 만하다고 간파한 선견자가 아닌가 싶다. IT와 K팝, 의약분업과 평화통일, IMF 탈출까지 그의 선견지명과 조국 사랑은 타의 추종이 불가능할 정도다.

김성회

교회 전도사였던 김성회는 두뇌 회전이 빨랐다. 무슨 일이든지 잘 해결해서 부러움도 사고 몇몇 동기 사이에서 질투의 대상도 되었다. 그의 약간 거친 듯한 야성을 다듬고 격려도 해가며 믿음의 세계로 이끈 평화의 교회 담임 목사의 꾸준한 노력도 기록에 남을 만하다. 한창 젊은 나이에 외모도 헌칠하고 목소리도 중저음으로 신빙성을 주는 데다 이론이나 설득력도 온화하게 결과물을 도출하는 능력을 보여줬다.

그러나 그때까지는 교회 담당보다는 사회 운동가의 면모가 보여서 만인 친절 형의 무드는 나타내 보이지 않았다. 그런 중에 고국에서 막 인기를 올리고 있던 '나꼼수'의 김어준 등 4, 5명을 나성의 진보 측이 초청하게 되고 그때 자원봉사자로 한정환 등 교우들도 합류하면서 그 담당을 김성회가 맡아서 진행하게 되었다. LA와 미 주요 도시들을 다니며 반정부 성격의 강연회를 개최하여 큰 성공과 화제를 모은 때가 2016년 가을이었다.

얼마 안 되어서 김성회는 귀국 길에 올라 정치에 입문하니 그 성실성과 부지런함이 인정되었는지 요사이 어느덧 유명 인물로 떠올랐다. 미국에서 사업을 성공적으로 일으키며 명성을 날리고 또 시간을 아껴가며 미국 유명 대학의 석사학위도 우수한 성적으로 받아내 조국에 헌신하게 되니 이곳 LA 동료들의 기쁨과 흐뭇함은 넘치고 또 넘친다. 부디 선진 조국의 앞장선 역군이 되시기 모두 기원할 뿐이다.

두 청년

이준석의 대담 짝꿍이 김성회다. 둘 다 MZ 세대란다. 둘을 붙여놓고 갑론을박하면 청취율이 오른다고 하여 큰 화젯거리가 되곤 했다. 그러나 그런 재미도 사라질 모양이다. 이준석이 야당 대표가 되었기 때문이다. 수면 위로 떠오른 그 대신 김성회는 아직이다. 또이또이 형님들이 아직 그의 앞에 스크럼 짜고 버티고 있어 인내와 노력이 더 필요한 시기다. 그러나 둘 중에 누가 더 먼저 결승점에 도달할지는 미지수다. 김성회는 서태지와 아이들에 빗대어 이준석과 아이들이라는 새 언어를 만들어 내고, 박근혜 탄핵을 극복해야 한다는 이준석의 대구 발언을 거론하며 이때가 그가 평론가에서 정치가로 탈바꿈하는 순간이라고 칭찬해 주고, 윤석열의 대권 욕심을 총을 들고 노루 사냥하듯이 제멋대로 놀다가 맨손으로 UFC 격투기 링에 오르는 것과 같다고 비유했다.

시사적 언어 구사 능력이 특출하고 창조적이다. 지금은 이준석이 앞서 나가지만 두고 볼 일이다. 지금까지는 몇백 년 동안을 눈치 빠른 자의 무대만 펼쳐왔지만, 그 부작용으로 온 국민이 종노릇에 만족할 수밖에 없는 상황이었지만 지금은 좀 다른 것 같다. 선진국 대열에 발을 들여놓은 모양이고 물질만큼 정신 수준도 발돋움하려는 부류가 점점 불어나고 있는 것 아닌가 싶다. 김성회의 기상이 이곳 남아 있는 동료들의 그것처럼 하늘 높이 오를 날을 기대해 본다.

여운

"어서 오세요. 웬일로 여기까지?" 김성회는 교회 전도사지만 청년 담당이므로 우리를 방문하거나 심방할 군번은 아니었다. 그러나 조금 전 전화로 이 근처 일 보러 왔다가 돌아가는 길인데 잠시 들러도 되느냐고 물으니 그러시지요 한 거다. 들어서더니 곧바로 컴퓨터 앞에 앉아 이것저것 눌러보며 데이터를 입력하고 사용법을 깔아놓고서 개인 교습에 들어갔다. 교회에서도 서로 지나치며 미소와 눈인사 정도로 지내던 사이였건만 뜻밖에 이런 신세를 졌다. 담임께서 보냈는지 자진해서 왔는지 묻기도 그렇고 그냥 열심히 배웠다. 헤어지며 촌지 봉투를 건네니 젊은 이가 눈을 부릅뜨며 단연 거절이다. 당신 집 꼬마들 용돈 전하는 것이니 두말 말고 전해주소 하니 그의 올라갔던 눈썹이 제자리를 찾는다. 이렇게 옥신각신하면서도 수차 왕림하여 기초를 졸업시키고 물러났다. 공짜로 배운 것으로 지금까지 이용하고 있으니 그 고마운 마음은 계속 샘솟듯 한다. 그가 귀국길에 오르고 환송도 아니 하고 무심히 있는 나에게 전화가 왔다.

"여기 탑승 수속 마치고 잠시 전화드립니다. 저 같은 놈을 사람 만들어 귀국시킨 은혜를 잊지 않겠습니다." 나한테까지? 당황하면서도 미안한 마음이 울컥 솟았다. 그동안 박대한 것이 부끄럽고 미안했다. 섭섭도 하련만 다 잊고 이별을 아름다운 추억과 길고 긴 여운으로 남겨놓는 그의 성품이 한없이 부럽고 존경스럽다.

깡

이재명의 깡이 부럽다고 윤 후보가 자기의 속내를 드러낸 모양이다. 맞다. 지금까지 윤이 내뱉은 말 중에 최고의 명언이다. 화천대유는 누구 껍니까? 다스는 누구 껍니까로 손해 본 적폐들이 앞뒤도 못 가리고 패러디라고 내놓은 꼴이다. 이것저것 다 해보아도 되는 것이 없는 급박한 처지다. 정신없이 내지른 형국이다. 재명과 미래의 기세가 보통이 아니다. 조국 잡을 때는 그리 재미있고 술술 풀렸는데 이번에는 이상하다. 삐딱하게 덜커덕거리는 것이 탈선할 모양이다. 옛날에는 참 좋았는데 요사이는 왜 안 통하는지 모르겠다. 초원복국집에 모여 김기춘이 지역 감정으로 선거를 해치우자고 망국 발언한 것이 그대로 녹음되어 곤란하게 된 벌레들이 녹음한 자를 잡자고 떠들썩하게 요동을 치면서 국민의 시선을 돌려놓고 쾌재를 불렀다. 멋지게 성공한 것이다. 때마다 그런 방법을 동원하여 뜻을 이루니 무슨 짓이든 거침이 있을 리가 없다. 그러나 때는 왔다. 이제는 아니 통한다. 언론 지형이 바뀌고 깨어난 시민이 과반에 육박한다. 화천대유는 누구 껍니까 하면 대답은 간단하다. 알면서. 대답은 바로 세 글자다. 알면서. 이재명은 빈손이다. 날카로운 무기도 없이 깡 하나다. 다행히도 정직과 기초 도덕이 투철하다. 그곳에서 나오는 처방은 천하무적이다.

김어준

배짱이 두둑하다. 출연자들이 정치 현안을 어렵게 또 복잡하게 몰고 갈 때, 자기 언어로 다시 풀어서 알아듣게 듣는 이들의 머릿속에 차근차근 넣어준다. 빵 터지는 웃음소리는 어색한 분위기를 진정시키면서 매끈한 진행이 계속된다. 가끔 등장하는 기득권자들의 궤변과 억지는 그의 번뜩이는 해학과 반 유머로 스르르 가라앉고 만다. 지각과 경륜이 뛰어나지만, 배포 또한 국제적이다. 국민의 정치 감각을 두세 계급 올려놓은 스승이다. 아류의 소피스트들을 향한 그의 사자후는 한반도를 향한 백두산 호랑이의 호령처럼 우렁차다. 국가로부터 아무런 혜택도 받아보지 못한 그가 언제 어디서 나타났는지 안개 속처럼 희미하다. 마치 머리 풀고 소리 지르며 떠들던 요단강의 세례 요한이 아닌가 싶다. 나라의 복이다.

최강욱

키도 몸도 당당한 것이 얼굴도 시원한데 목소리가 남다르게 탁 트여서 우르릉 소리로 주위를 제압한다. 같은 학교 졸업생들과 어울리며 한탕 두 탕 해먹으면 큰 부자가 되고도 남았을 텐데 용케 범죄 소굴을 빠져나와 나라 위해 분골쇄신 중이다. 2천 명 중에 그곳에서 도망 나와 "나는 그렇게 살지 않고 힘들어도 좁은 문으로 가겠다" 하고 외치며 의를 위해 모든 걸 버리는 바보가 노무현 이후로 얼마나 찾기 어려운가? 최강욱은 말한다.

"서울 법대 아이들이 얼마나 형편없는 돌대가리인지 또 검사라는 놈들이 얼마나 타락한 양아치들인지 모든 국민이 알아버려서 육군 하나회가 사라지듯 순간에 날아가 잊혀버릴 것이다."

그의 소원이 성취되어 모두 함께 춤출 날을 기대한다.

참제사

나라가 어려울 때마다 갑자기 기린아처럼 나타나 그 백성을 위해 몸을 던지니 이번에는 어디선가 뚝 떨어진 것 같은 김어준이다. 사자머리 흔들며 으르렁거리되 호탕한 웃음을 효과음으로 삽입하여 가며 명언을 창조한다. 그런데 그가 우연히 흘리듯 내뱉은 자기 고백이 모두를 놀라게 만든다. 그는 말한다. "나는 기도 안 해요. 우주가 규칙대로 운행하다가 내 기도를 듣고 특이한 이탈 행동을 할 리가 없잖아요? 저는 저 자신을 좋은 일 한다고 생각한 적이 없습니다. 그러니까 저는 기도 안 해요. 하하하."

> "너희가 내 말에 거하면 참 내 제자가 되고 진리를 알지니 진리가 너희를 자유케 하리라"(요 8:32).

김어준의 하루하루가 고난의 연속이지만 자만하지 않고 또 따로 기도하지도 않고 소리 높여 큰 웃음을 토해내면서 진리의 밭을 갈고 있다. 하늘에 순응하고 이웃을 사랑하는 사람이 참 제사를 올리는 자요, 신구약 전체를 꿰뚫는 강령이다.

5부

이런 세상, 사람살이

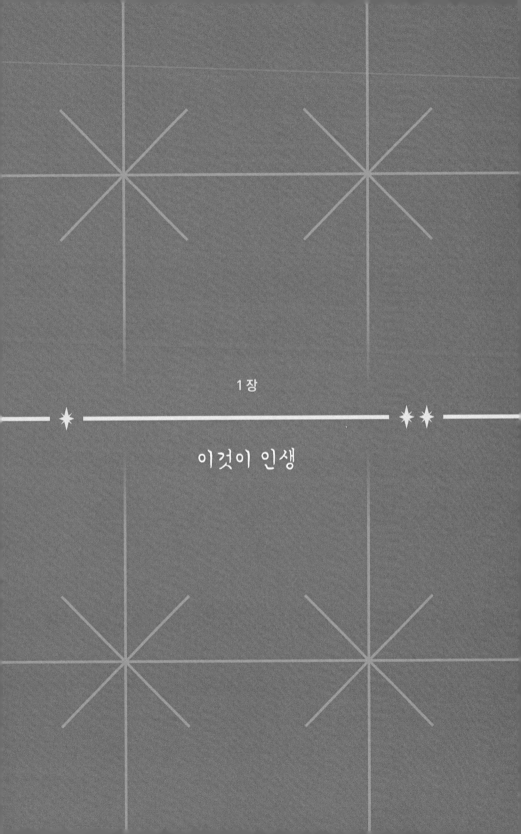

1장

이것이 인생

인생

"인생은 우주의 영광이요, 또한 우주의 모욕이다."

파스칼의 말이다. 인간 하나가 천사도 악마도 될 수 있다는 것이다. 오만과 타락의 강에서 탈출하여 살길을 찾아야 한다. 선을 구하고 배우기를 힘쓰는 자는 길이 열리고 평화를 얻는다. 능력도 없는 자가 배우려 하지 않고 오만의 늪에 빠지면 살아 나오기 어렵다. 겸손과 정직은 악과 선의 갈림길에서 인간의 손을 잡아서 끌어 올려준다.

어디에 계십니까?

내 나이 80을 넘겼습니다. 주위가 조용해지니 이 작은 교회에서 같이 주님을 섬기던 선배님들이 자주 떠오르는 요즘입니다. 한국에서 다 한 가닥 하던 노인들이 늦게 이민 와서 식구들을 정착시키는 중에도 진실하게 교회를 섬기던 분들이 대부분이셨습니다. 노익장으로 관리 청소나 재봉 일을 계속하시는 분들도 많았습니다. 또 은퇴하신 분 중에는 각종 김치 담그기, 함경도식 가자미식해 만들기와 음식 바자를 통해서 건축 헌금을 모으거나 그 분위기를 긍정적으로 끌어 올리는 권사님들도 많았지요.

그럴 때는 그 옛날 이천 년 전의 초대교회가 생각날 정도로 모두가 열심이었어요. 그런데 그 많던 분들이 아침 안개가 걷히듯이 그 자리에 아니 계십니다. 그중에는 한국 신학대학 졸업 동기 삼총사 여인이 고고하신 미를 뽐내기도 하고 한국교회 각 분야에서 활동하시되 청렴하게 몸을 지키신 어른들은 그 말씀과 걸음걸이마저 절도가 있으시면서도 당당했습니다. 공동회의 때는 조용히 계시다가 젊은이들의 이말저말이 나오고 잠시 지루해지면 일어나서 "당회 결정대로 통과하기를 재청합니다" 하고 회의를 마치도록 하는 노련미도 멋이 있었습니다. 물론 이 교회 전통에 재정 등의 비리는 거의 없었고 매우 건전했던 것도 사실입니다. 어느새 세월은 가고 그분들이 차지했던 자리는 허전합니다.

우리의 연수가 70이요 강건하면 80이라도 그 연수의 자랑은 수고와 슬픔 뿐이요 신속히 가니 우리가 날아가나이다(시 90:10).

참 인생은 순간이더군요. 날아간다니까요. 그 시절 반세기가 지나고 꾸어다 놓은 보릿자루같이 구석에 박힌 제 신세가 누가 보아도 처량합니다. 후배들이여, 나처럼 어영부영 살지 말고 힘내어 교회와 이웃을 진심으로 섬기세요. 그러면 우리의 훌륭하신 선배님들의 뚜렷한 발자국을 따라갈 수 있습니다. 그나저나 그렇게 근사하시던 선배님들, 도대체 지금 어디에 계십니까?

가 보면 알지

산다는 것은 정리해 보면 잠자고 하루 세 끼 먹고 돈 벌러 갔다가 돌아와 식구와 어울리다가 주말에 문화생활하고 크고 작은 일과 어려운 일 해결하고 또 쉬고 다시 일터로 나간다. 이상이 가장 정상적이고 행복한 소시민의 일상이다. 그러다 어느새 나이를 먹고 새치에 반백이 되다가 백발이 덮쳐온다.

환갑이 되면 "아, 내가 나이가 좀 들었군" 하고 반신반의하며 어정쩡한 상태로 지내게 되지만 그래도 더 늙으리라 생각하지 않는다. 80, 90세 노인들이 언제나 우리 주위에 맴돌지만 내가 저 모양으로 변하리라고는 아무도 실감하지 못한다. 그것은 인간의 욕심이 곧 오게 될 엄연한 사실과 진리를 외면한 결과이리라. 저 노인들은 나와는 상관없지.

왜냐하면, 나는 현재 젊으니까. 곧 저와 같이 될 거라고? 그런 얘기는 너무 자주 들어서 실감이 안 나네. 나는 엄연히 건강한 모습으로 활동하고 또 현재 진행 중이라 나중 일은 나중에 당해도 되리라. 그런데 어느 날 낯선 어린아이가 날 보고 할아버지라고 부른다. 이상하다. 멈칫하며 생각해 보니까 내 나이가 그렇게 되었다. 아이의 말이 현실이다. 진리다. 아, 드디어 남의 일처럼, 다른 세계의 현상으로 골방에 넣어두었던 일이 내 일이 되어 있다.

우리의 연수가 70이요, 강건하면 80이라도 그 연수의 자랑은 수고와 슬픔뿐이라. 신속히 가니 우리가 날아가나이다(시 90:10).

저승사자가 나의 뒤통수를 휘어잡는다. 나는 그를 반긴다. 선생님, 수고 많으십니다. 그런데 어디로 갑니까? 말이 많군. 그냥 따라와. 가 보면 알지(12월 17일).

심리학 박사

다 죽어 나가는구나. 백기가 누군가. 끝없이 드넓은 조나라 그리고 한나라를 쳐서 침도 안 바르고 그대로 진시황에게 바쳤건만 결국 아무 죄도 없이 죽임을 당하였다. 공이 너무 많으면 표적이 되고 그러다 죽어간다. 내가 마지막 남은 초나라를 정복하러 간다. 60만 대군이다. 함양성에 남아서 진시황을 지켜줄 군대가 몇천 명이 될까 말까다. 불안한 그가 나를 가만히 둘 리가 있을지 의문이다. 3년 이상 걸릴 전쟁에 십중팔구 나를 호출하여서 죽이고 말리라. 방법을 찾아봐야 할 텐데. 진 왕은 강도다. 무슨 짓이든 한다. 고로 나도 세게 나가야 하겠다. 우선 나도 작은 강도가 되리라. 그래서 떠나기 전 왕 앞에 나아가 자기 욕심을 털어놨다. 여기서는 비유로 말하겠다. 서울의 서초구와 청담동을 제 이름으로 바꿔주십시오. 제가 3년 후에 왕에게 바칠 초나라는 그것에 비하면 얼마나 광대하나이까.

진 왕은 허락했다. 그러나 왕전 장군은 떠나기 전날 다시 왕에게 다가가 손을 벌렸다. 위대하신 왕이시여. 강남땅을 전부 다 저에게 주십시오. 드디어 왕은 조용히 타이르듯 입을 열었다. 승전하여 돌아오면 그대와 내가 천하를 호령하며 인생을 즐길 터인데 왜 이리 조르는가. 왕전이 대답한다. 대왕이여. 인생 무엇 있습니까. 전쟁 끝나면 저도 늙어서 곧 죽을 텐데 내 후손들이라도 공신의 덕을 보며 잘살게 해주고 싶습니다. 정말이지 부탁드립니다. 왕은 허락했다. 행진 중에 그의 부하 한 녀석이

장군님이 왜 그토록 욕심을 부렸냐고 물으니 왕전은 빙그레 웃으며 대답했다. 영악한 군주다. 빼앗긴 저 강남땅을 볼 때마다 속이 쓰리면서도 나에 대한 의심을 내려놓으리라. 이것이 나와 내 가족이 살아남을 수 있는 유일한 길이다. 고금의 명장치고 살아남은 자가 몇이나 되리오. 미워는 하면서도 의심은 못 하게 하는 발오제의 지게이다. 아무도 써보지 못한 그의 발명품이라 하겠다. 미움은 관리가 되지만 시기와 의심은 치명적이다. 이 정도면 왕전을 심리학 박사로 불러도 될 것 같다. 그 험한 강도 소굴에서 살아남기가 어찌 간단할 수 있으리오. 참으로 용하도다.

인생

아름다운 삶은 고통과 슬픔이 없는 삶이 아니다. 그런 것은 없다. 불가능하다. 오죽하면 주님도 오늘을 최선 다해 살 것이지 내일 걱정은 내일이 맡아서 하게 내버려 두라고 하셨을까. 그러면 어떤 것이 아름다운 사람일까. 어찌하랴. 나에게 배당된 고통을 즐기는 것이다. 폭풍우처럼 몰아치는 환란을 인내라는 방패로 버틴다(롬 5:3). 그러면 연단이 되고 소망이 무지개처럼 피어오르리라. 의인이 믿음을 지킬 때 두 가지 결과를 만나게 된다. 하나는 갈 길이 열리는 것이요, 아니면 우리의 생명이 희생될 때도 있다. 이 경우는 또 다른 차원의 전개로 벽을 허물고 새것을 경험할 준비를 해야 하리라.

바늘구멍

믿음과 돈처럼 서로 무관한 관계도 드물다. 마치 측간이 멀리 있는 것이나 사돈들이 피차 교류가 뜸한 상태가 편하다는 속담과 같다. 고로 믿음에 따라 부자가 된다거나 또는 그 반대라거나 하는 자는 이미 성경과 손절한 사람이다. 벌써부터 부자가 된 사람은 행복을 누려도 된다. 그러나 더 행복해지는 경우는 이웃도 자기와 비등하게 부를 누리며 즐겁게 살 때다. 이럴 경우 남을 무시하지도 또 무시당하지도 않게 된다. 마찬가지로 교만해질 필요도 없다. 서로 사랑하며 즐겁게 살 수 있는 지상천국이다. 그러나 현실은 빈부 차이가 나게 마련이다. 이럴 경우 있는 쪽에서 유의할 필요가 있다. 겸손하고 베푸는 대인의 면모를 보여주는 것이다. 나 홀로 부자 된 사람은 고독하다. 끝까지 최선을 다해 몸을 낮추고 겸손해야 한다. 마치 죄인이 된 것처럼 억울한 일이다. 그래서 낙타와 바늘구멍의 비유가 나온 것이 아닌가 싶다.

입양

일단 입학식이 끝나면 하나님 자신의 체면 때문에 자식들의 일거수일투족을 관리 아니 할 수 없다. 돌보고 눈감아주고 건져주고 한다. 그런데 예외가 있다. 탐욕과 오만한 자의 처리 문제다. 어제까지만 해도 괜찮았던 사람이 학벌이나 감투나 돈이 생기면 어깨가 올라가고 목이 굳어지니 이 일을 어찌할꼬? 이렇게 되면 겉은 번지르르해지고 걸음도 후들후들 갈지자로 변하고 만다. 좁은 문을 부숴버리고 넓은 길로 들어선다. 교회도 이런 사람들로 가득하여 축복을 감사하며 아멘 소리 드높다. 길은 넓을수록, 돈은 많을수록 좋다. 정의와 진실은 잠시 뒤에서 주무시구려. 이런 부류의 사람들은 이미 그 입학이 취소되고 호적에 그 이름이 자연적으로 영원히 사라지게 된다. 나 혼자 축복받고 잘살다가 구원받기는 쉬운 일일 수 없다. 그 이유는 그분의 제자들이나 선지자들은 그와 같은 생애를 누린 예가 거의 없기 때문이다.

인간

아브라함은 믿음의 조상이다. 이 고생 저 고생하며 타향살이를 버텨냈는데 이제는 외아들까지 바치라니, "이게 뭐지?" 하고 멍때리고 지내다가 또 결단을 내린다. "에이, 어쩔 수 없다"라고 중얼대며 칼을 높이 들었지만 어찌어찌 아들을 살려냈다. 한국 해병대처럼 고되게 훈련받은 아브라함은 한 많은 인생을 마치고 후손들이 자기처럼 순종하며 하나님과 친하게 지내기를 빌었다. 그러나 그것은 천만의 말씀, 만만의 콩떡일 수밖에 없는 일이었다. 인간은 배반이 주특기다.

다 나 잘났다고만 하지 자기의 죄를 고백하기는커녕 오히려 몸과 마음이 돈 돈 돈이다. 사회도 교회도 마찬가지다. 그럼에도 대부분 멀쩡하게 버티고 으스대니 묘하고 묘하다.

철학

버트런드 러셀은 철이 없다. 철없는 자가 자기 전공인 수학에만 정진하면 부작용이 없으련만 여기저기 드나들며 드디어 철학까지도 손을 댔다. 철학이 우주 원리를 논리적으로 접근하여 쪼개고 분석하게 마련이지만 그렇다고 무슨 결과물이나 결론이 나오리라고 기대할 수는 없다. 수컷 없는 암컷이 생산하지 못하는 것과 같은 이치다. 목사 가정에서 태어나 왕이 하사한 고급 주택에서 공짜로 살며 하인의 공경을 받으면서 매끄럽게 살아온 그가 눈물 젖은 빵이나 인생의 고통을 알 리가 없다. 수재로 불리며 자기 잘난 맛에 취해 조상들이 물려준 성경을 대강 훑어보고는 유치원 이야기책 정도로 비난하여 청년들의 인기를 독차지했다. 패기만만한 젊은이들을 가르치려면 바이블을 동댕이치듯 비웃는 교수처럼 멋지고 시원한 스승이 없다. 바울은 말한다.

> "나에게 유익하던 모든 지식이나 세계 최고의 철학이라는 그리스 철학까지도 나는 다 쓰레기통에 버린 지 오랩니다. 생명 없는 진리는 진리가 아닙니다. 철학은 그럴듯한 논리로 오랫동안 호기심을 자극하는 학문이지만 결국 혼돈 속으로 빠질 수밖에 없는 불쌍한 운명을 가졌습니다. 시작은 그럴듯하지만, 결론은 초등학문으로 끝납니다. 생명 없는 지식이나 지혜는 시간과 공간의 영역을 제한받게 됩니다."

선민

내가 잘난 놈이라고 착각하면 그것 때문에 모든 분란이 싹트기 시작한
다. 잘났다고만 하지 말고 못난 이웃을 나처럼 사랑하는 사람이 정말로
잘난 사람이다. 모든 분쟁은 교만으로부터 나온다. 잘날수록 굳어진 목
과 어깨를 풀고 상대를 존중할 때 자연히 평화가 우리 모두를 감싼다.

몸-영-혼

사람은 셋으로 구분된다. 몸과 혼 두 가지만 있어도 생명을 유지할 수 있는 것은 사람과 동물이 크게 다르지 않다. 문명을 발전시켜 더 편리하게 사는 인간이 좀 더 멋져 보이는 것이 다른 점일 뿐이다. 근본적인 차이는 인간에게 몸과 혼 이외에 영이 있다는 사실이다. 인간의 삶을 수고와 슬픔뿐이라고 시편에서도 한탄하고 있다. 더 행복한 삶을 추구해 보지만 한계가 있다. 여기서도 저기서도 좌절을 맛보게 된다. 이를 극복하기 위한 몸부림이 시도된다. 이때 나서는 것이 혼이다. 보지도 못하고 알지도 못하는 영의 세계로 우리를 접목시켜준다. 주인의 결정과 지시에 따라 두 곳 중의 한 곳을 소개하니 곧 정직한 연락병이요 충실한 안내자다. 사람은 여기서 선한 영과 악한 영으로 분리된다. 시간이 되면 몸과 혼과 영이 모두 제 갈 곳을 찾아 떠난다. 육과 혼은 흙으로 돌아가고 영은 선과 악으로 분류되어 본향으로 귀속된다.

모자이크

같은 세상을 살고 있는 인생이지만 사람들은 두 부류로 나뉜다. 하나는 본 대로, 들은 대로 주장하고 사는 정직하고 자신감으로 단련된 떳떳한 부류다. 두 번째는 보이지 않는 실체에 인생을 걸고 산다. 인생의 실패자다. 왜? 남을 의지하고 살다니, 그것도 모자라 보이지 않는 허공을 보는 듯이 믿고 따르다니 정말 모순 덩어리로다 하고 웃는다. 사실이다. 비웃을 만하다고 생각한다. 오죽하면 그 모양이 되었으리오. 우리도 처음에는 그대들 못지않게 당당했다오. 그러나 세상이 그리 호락호락하지 않습디다. 동서남북이 다 막혀서 땅을 보게 되고 거기도 막히니 자연 고개를 들었지만, 그쪽도 고요하니 어쩌리오? 남은 기운으로 소리 질러 외치니 역시 침묵이라, 죽기 전에 할 일이 공부밖에 남은 길이 없다. 공부하고 명상하고 되풀이되는 생활 속에 길이 트이기 시작한다. 파란색의 이성과 빨간색의 감성과 노란색의 양심 셋이 합쳐서 창작을 시작하여 예술작품으로 탄생하니 곧 영원한 믿음의 모자이크다. 어느새 보혜사가 동거하시니 나는 주인이 아니라 청지기일 뿐이라. 무슨 수고와 슬픔이 있으리오? 기쁨과 평화뿐이다. 되지도 않을 일에 매달려 용을 쓰던 지난 세월이 너무나 서럽다.

소망

파선의 위험이 없는 배에서는 아무리 높은 파도가 나를 덮쳐와도 견디기 어렵지 않다. 돛대 밑동을 부여잡고 버틸 때의 순간마다 희열도 끼어든다. 소망이다. 살 수 있다는 소망은 위대한 힘을 발휘한다. 소망은 아무 때나 일어나지 않는다. 즐거움이나 쾌락의 술잔보다 고통과 절규 속에서 활화산처럼 위로 뻗쳐 뿜어낸다. 사냥꾼은 자기가 쏜 총알을 맞고 쓰러지는 노루를 보며 인생 최고의 쾌락을 느낀다고 한다. 그러나 반대로 내가 총 맞은 노루의 신세가 되면 어찌 되리오. 노루는 비명 속에 죽어가지만 희한하게도 인간에게는 다른 문이 열린다. 절규다. 그러나 그냥 절규가 아니라 고개를 들어 하늘을 향한 절규다. 소망 속에 외쳐보는 허공을 인격자로 대하는 인간만의 권리다.

동일

선진국에서는 수재들을 인정할 뿐 너무 부러워하거나 시샘을 아니 한다. 내 능력은 이미 정해진 채로 태어나기 때문에 노력을 기울여서 될일이 제한적일 수밖에 없다. 요는 수재들이 자기 능력을 과신하여 교만해지거나 부정을 저지르며 이득에 몰두하면 문제가 발생한다. 큰 벌을 받거나 창피한 인생으로 떨어지게 된다. 대접을 받는 만큼 공적 의무를 다하고 아랫사람들을 손잡아 이끌 수 있어야 한다. 부자도 수재도 그냥 같은 사람이다. 그 이상도 그 이하도 아니다.

갈대

파스칼의 '생각하는 갈대'의 생각은 윤리 도덕을 의미한다. 곧 형이상학의 영역이다. 하루하루 먹을 것을 찾아서 이 생각 저 생각하는 것은 인간과 짐승이 크게 다르지 않다. 삶의 투쟁이 심각한 것은 물론이다. 그렇다고 그것을 '생각하는'이라는 범주로 넣어주고 싶지는 않다. 힘들지만 의를 구하는 태도가 곧 인간의 도리다. 고로 인간처럼 그 삶의 유지가 힘든 경우도 없는 것 같다. 넓은 문도 우리를 유혹하고 좁은 문도 눈짓을 보내니 내 영혼은 어디로 가야 할지 모르겠다. 삶이 쉽지 않은 것은 모두의 운명인가 싶다.

공포

시작부터 고통이고 끝도 마찬가지다. 자지러지는 울음소리가 인간의 첫 번째 탄생과 함께 진동하며 '나 여기 있소' 세상에 신고식을 올린다. 욕심 중심으로 생을 유지하다가 가끔 작전상 후퇴하며 선도 베풀어보지만 한계가 있다. 뺏고 뺏기며 생을 유지하다 어느새 늙고 병들어 죽는다. 다 1백 년 안에 해결되는 인생이다. 과연 갈대와 같이 이리저리 흔들리다가 꺾여서 아궁이에 들어가는 잡초다. 이생을 그나마 마음 편히 살다 가는 방법은 없을까 하고 고민하는 것이 인지상정이다. 나는 일찍이 그 방법을 알아냈다. 롬팔이팔이 그것이다. 로마서 8장 28절을 그렇게 암기하는 것이다.

그 내용은 하나님을 사랑하는 것이다. 그리고 나머지는 오늘에 충실하면 만사 오케이다. 그 이상을 쓰면 달리는 기차가 탈선하듯 생이 뒤틀리고 빗나가기 마련이다. 그래서인지 바울은 명언을 남겼다. 데살로니가전서 5장 16절 이하다.

"항상 기뻐하라. 쉬지 말고 기도하라. 범사에 감사하라."

인생

"인생은 우주의 영광이요, 또한 우주의 모욕이다."

파스칼의 말이다. 인간 하나가 천사도 악마도 될 수 있다는 것이다. 오만과 타락의 강에서 탈출하여 살길을 찾아야 한다. 선을 구하고 배우기를 힘쓰는 자는 길이 열리고 평화를 얻는다. 능력도 없는 자가 배우려 하지 않고 오만의 늪에 빠지면 살아 나오기 어렵다. 겸손과 정직은 악과 선의 갈림길에서 인간의 손을 잡아서 끌어 올려준다.

순수이성 비판

나는 무엇인가라고 물으며 사는 것이 인생이다. 칸트의 대답은 이렇다.

"인간은 자기 이상의 것을 추구하며 영원한 불만의 덫에 걸려서 허덕이는
생명체다."

이룰 수 없는 이상을 손에 잡기 위해 현실과 씨름을 하다가 결국 포기
하고 마는 모순덩어리가 바로 인간이다. 그것을 보완하기 위해 남녀가
짝을 짓고 같이 이상을 찾아 나서지만 빈손이긴 마찬가지다. 그래서 포
기한 자는 보이지도 않는 신에 의지하지만, 더 기력이 남은 자는 끝까지
덤벼드는 것이다. 버티고 견디는 자는 현실에 충실한 반면, 현실과 소망
을 화해시키는 자를 우리는 순수이성 비판을 해독한 자로 인정한다.

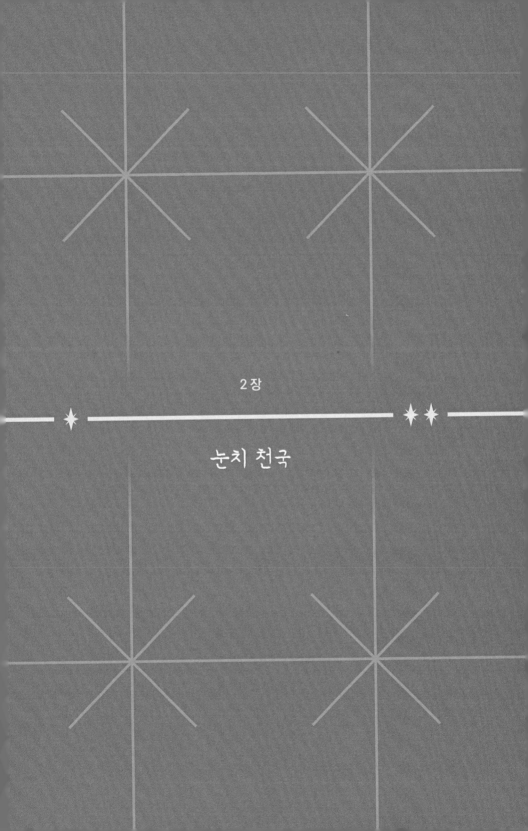

2장

눈치 천국

눈치 천국

애초에 잘못된 길로 들어서니 어언 600년이 흘렀다. 세종이 태평성대를 만들어 나라의 기강과 도덕이 제 궤도를 찾아 돌아갈 즈음 강도들이 들이닥쳐 다 깨부숴 버리니 이놈이 세조와 그 똘마니들이다. 그 후로는 모든 가치관이 무너지니 청렴한 자들은 뒤로 숨고 사기꾼에게 모든 권력이 돌아가니 그러기를 600년이 다 되어간다. 다행히 군자들이 틈틈이 악당들을 물리치고 무너진 나라를 바로 세워놓으면 강도들이 백성들을 선동하여 사기로 다시 정권을 빼앗아 또 한 번 분탕질로 나라를 결딴낸다. 그리되면 백성들은 전처럼 눈치로 생을 연명하는 눈치 천국 속에서 허덕이는 신세가 된다. 깨어 있는 시민의 조직된 힘밖에 다른 대안이 없다. 이런 노력과 희생이 없이 선진국 대열에 들기란 불가능할 수밖에 없다.

진령군

검사가 수사권을 가지고 보복하면 깡패지 검삽니까. 나 참 같잖아서. 나는 사람에게 충성하지 않습니다. 나는 자유민주주의자다. 이념이 최고의 가치다. 아니지, 민생 해결이 최고의 과제지.

어쩌고저쩌고 생각나는 대로 뱉어낸다. 백성들은 감쪽같이 속았다. 왕 자를 손바닥 안에 그려 넣었다. 여기가 마지노선이다. 아, 저건 아니라 하고 돌아서면 선진국 백성으로 등극했다. 그러나 그 선을 뛰어넘지 않고 윤석열을 대통령으로 뽑아버렸다. 기독교 지도자들이 용서하며 그를 밀어주었기 때문이다. 대형 교회로 불러서 5대 교회 목사들이 안수 축복하고 성경책을 선물하니 보기에 그럴듯했다. 왕자를 새긴 손으로 성경도 움켜쥐니 바로 꿩 먹고 알 먹고. 이것이 제2의 진령군 탄생 레퍼토리다. 고종과 민비는 진령군을 끝까지 의지하며 따랐지만 세 사람이 다 같이 비참하게 살해되었다. 역사는 반복된다. 예외가 없다.

좁은 문

틀린 것이 아니라 다르다는 생각으로 남을 이해하고 서로 화해하는 모습은 아름다운 일이다. 각자 다른 개성을 지니고 태어나고 자기만의 환경 속에서 자라난 인간들이 같은 생각을 품기가 얼마나 어려울지는 짐작하고도 남겠다. 서로 들어주고 격려하며 살아가는 태도는 필수적인 요소이다. 그런데 세상은 그렇게 단순한 곳이 아니어서 어디서나 언제든지 부정이 꿈틀거리고 전관예우가 성행하여 공정과 상식이 비참하게도 무너져 내렸다. 이보다 초기 단계의 법과 원칙은 그 기억이 아물아물할 정도다. 이런 경우는 다르기에 화해할 상황이 아니다. 그래서 세상살이가 어렵다는 것이다. 왜냐하면, 틀리기도 하고 다르기도 하여 도저히 눈감아줄 수가 없는 경우가 많이 일어나기 때문이다.

과유불급

지나침은 오히려 모자람만 못하다는 뜻이 과유불급이다. 무엇이든 심하면 탈이 난다. 제 환공은 춘추전국시대의 최고의 영웅이다. 더구나 불세출의 전략가인 관중을 총리로 두어 천하를 다스리어 중원 천지가 평탄하고 전쟁이 없는 평화를 누리고 있었다. 다 제 환공이라는 의인으로 인하여 펼쳐지게 된 2,700년 전의 고대사다. 그러나 그에게도 커다란 결점이 있었다. 다름이 아니라 여성 편력. 신하들도 용기를 내어 여러 번 그 부당함을 호소했지만, 왕은 꿈쩍도 아니 하고 오히려 앞으로는 절대로 그 점에 대하여 함구하도록 약속을 받아냈다. 그는 밤낮을 가리지 않고 주지육림 속에 쾌락을 멈추지 않았다. 그러나, 그러나이다. 그 대가는 처참했다. 그가 병들어 눕게 되면서 네 명의 아들이 왕좌를 차지하려고 대치하면서 사대문에 각자 진을 치고 무력 대결을 벌이니 제 환공의 병실은 고립되고 보급이 끊어지게 되어 결국에는 굶어 죽고 말았다. 죽은 뒤에도 아무도 접근하지 못하면서 6개월을 방치하니 부패되어 벌레들의 파티장이 되고 말았다. 그의 국가에 대한 어마어마한 공적에도 불구하고 그 생의 끝이 이처럼 비참하기 비길 데 없이 비참했으니 감히 누가 짐작이나 했으리오.

중국에서는 고대로부터 전해오는 속담이 있다.

"성에 집착해서 분별없이 즐기는 자는 결국 크나큰 후환을 면하지 못하고 공개적으로 수치를 당하게 된다."

우리가 아는 독재자 중에도 이에 해당하는 자가 생각나서 우리의 고개를 끄떡이게 한다.

암기왕

법대 들어가면 일단 허가받은 깡패소굴에 발을 담그게 된다. 허가받은 권력의 검은 손이 눈앞에 어른거린다. 자, 이제부터는 암기다. 암기할수록 돈이 된다. 그래서 시험에서 통과되면 특수 무기 소유자가 된다. 절대 권력은 절대 부패한다. 돈 되는 일에는 칼을 뽑고 때에 따라 눈감아주고 대가를 챙긴다. 그것도 혼자가 아니고 안전을 위해 동료들을 끌어들여 떼로 챙긴다. 그리고 몰려가서 구두에 폭탄주 부어서 꿀꺽한다.

그중에서도 양심가들이 가끔 나타나서 그 쾌락의 호수를 헤엄쳐 나와 바른길을 가는 경우가 있다. 청천 하늘의 별과 같은 영웅들이다. 그러나 악마들은 그들을 내버려두지 않는다. 왜 같이해 먹을 일이지 너희만 고상한 척하느냐고 시비를 걸며 뒤를 캐서 언론에 넘겨준다. 의인들이 고통을 당하는 동안 회심의 미소를 지으며 마음 놓고 검은돈을 챙긴다. 누구든지 그들의 울타리 안에 들어가면 만사 오케이다.

교육부터 고칠 일이다. 독일은 50%, 덴마크는 40%가 대학을 진학한다. 절반 이하다. 대졸과 고졸의 임금 차가 적어서 공존이 가능하다고 한다. 공부 잘한다고 칭찬하면 큰일이다. 손재주 좋고, 노래 잘하고, 춤추고 즐기는 일이나 말솜씨가 좋으면 다 칭찬하면 된다. 각자 자기 능력대로 즐기면서 살아가는 거다. 한참 뛰어놀며 자랄 아이들을 어찌 책상벌레나 영혼 없는 바보로 대량 생산할 수 있으리오. 사회봉사의 습관과 자기희생 정신이 장려되고 존경받는 사회가 곧 우리 후손들의 삶의 터전이 되는 날이 속히 오기를 소망해 마지않는다.

선택의 시간

사회자의 성경 공부 주제 말씀이 발표되었다.

> 정의와 신의를 좇아서 살면, 생명과 번영과 명예를 얻는다(잠언 21:21).

키다리 박 선생이 나서서 반박해 본다.

"아닌데요. 그러다가 제명에 못 죽은 사람이 더 많은 거 같은데요."

20여 명의 구역원이 빙긋이 웃음 지으며 사회자의 반응을 기다린다. 그때, 민주화의 열심 당원인 정 집사가 대신 나서며 조용히 여덟 글자를 토로한다.

"예수님의 길, 십자가."

이 말이 떨어지자 무거운 정적이 흐르고 인생의 근본적인 문제에 빠져들며 명상 무드로 침전되고 만다. 그러니 어찌할꼬. 정직하게 사는 것이 맞는가, 아니면 눈치껏 적당히 사는 것이 좋으냐의 두 가지 길이 우리 앞에 펼쳐진다.

대형 교회에서는 대부분 성경 해석이 간단명료하게 전개된다. 긍정적이다. 모든 것을 낙관적으로 믿고 행동하면 다 풀리고 확장될 것이라고 선포한다. 거기에는 속죄에 대한 감사나 이웃과 사회에 대한 희생과 봉

사가 형식적인 모습으로 나열된다. 지나친 욕심은 정의를 깔고 앉은 지 오래다. 그 대표적인 교회가 미국 남가주 수정교회다. 결국 문을 닫게 되고 긍정적인 자본주의의 선교 전략은 사양길을 걷게 된다. 한국에서의 대형들도 어쩔 수 없는 운명을 맞을 것은 분명하다. 그래야 선진국의 정신적인 토대를 쌓아놓게 되리라. 화려한 큰길로 갈 것인지 아니면 좁고 거칠어도 바른길을 선택할지는 오직 각자의 맑은 영혼이 결정할 일이다.

―――――――

오늘은 어린이날이다. 쉬운 말로 말씀을 상기하며 피차 위로를 전하고 또 몇 성인의 고백도 반추하면서 밝은 빛을 찾아보아야겠다.

"살기가 힘드냐? 알겠다. 내게로 오너라. 내가 네 짐을 덜어주마. 겁내지 말고 나와 친구 하자. 나는 온유하고 겸손하다. 네 살아갈 걱정은 내가 너 자신보다 더하고 있다. 너무 잘난 체 유별나게 행동하지 말고 겸손하게 나와 네 이웃을 사랑하여라. 그러면 기쁘게 살 수 있다"(막 11:28 참조).

"삭개오는 부자다. 그러면서도 겸손하고 자기의 기득권을 남용하지 않았다. 훌륭하다. 한국 검찰에 비하면 천사급이다"(눅 19:3-8 참조).

"의인이나 그 가족이 버림을 당하거나 그 자손이 처량한 꼴을 당하는 일을 내 평생 보지 못하였다"(시 37:25 참조).

"선을 행하되 지치지 않고 끝까지 믿음을 지키면 최후의 월계관을 받으리라"(롬 1:17; 딤후 4:6-8).

"나는 한평생 청소년들을 가르치며 방방곡곡을 돌아다녔지만 한 푼의 돈도 받지 않고 걸인처럼 지냈다. 그것이 나의 정직을 증명한다. 나는 나의 무죄를 확신하지만, 그 무죄보다 나의 이 힘든 가난이 더 자랑스럽다. 여러분은 나더러 지혜를 사랑하거나 진리를 추구하지 말라고 소리치고 있지만 나는 오늘 아침 집을 나설 때 신의 명령을 들었다. 이 한 몸 죽고 또 죽고 하더라도 나는 신의 명령을 따르련다."
_ 소크라테스

"내가 죽더라도 내 영혼은 다시 살아나서 레바논의 백향목처럼, 금강산의 낙락장송처럼 우뚝 서서 진리를 선포하리라." _ 성삼문

촛불혁명

2017년에 성공한 촛불혁명은 인류 역사상 최초의 이상적인 민주주의를 발현시킨 사건으로 수백만 명이 이루어 낸 직접 민주제도의 백미다. 「워싱턴 포스트」도 다음과 같이 보도했다. "한국은 민주주의를 어떻게 운행하는지 전 세계 앞에 직접 보여주고 있다." 그러나 5년이 지나자마자 또다시 옛날로 돌아갔다. 선진국이 하루아침에 후진국으로 밀려났다. 왜 이런 일이 일어났을까? 역시 완전 민주주의는 면역력이 떨어지게 마련이다. 숨어 있던 구악 덩어리, 검찰이 나서서 국민이 애써 차린 밥상을 가로채어 니나노 술판까지 벌이고 춤을 추고 있다. 그런데 국민은 이제 더 이상 바보가 아니다. 절반 이상이 지각을 씹어 먹으며 매일매일 깨어나고 있다. 선진국 간판을 다시 찾을 날은 절대로 멀지 않다. 역사의 과정에서 비싼 대가를 치르고 있을 뿐이다.

아리랑

고개 하나만 넘으면 낙원인데 역시 기권하고 돌아섰다. 다시 뒷걸음질이다. 이명박에 속고 유신 공주에 걸었던 희망마저 날리게 된 백성들은 하늘이 노래졌다. "이 정도로 해먹다니" 하며 분기탱천하여 촛불혁명으로 마무리했다. 인류 역사에 보기 드문 민간 혁명으로 세계를 놀라게 했다. 그 후 탄생한 문재인 정부의 인기와 기대는 하늘을 찌를 듯 높았지만, 현실은 마냥 미적거렸다. 모든 일 처리가 협의보다 합의 처리되니 시간이 필요한데 코로나까지 창궐하여 모두를 괴롭혔다. 오랜만에 경험한 자유와 민주는 기쁘기도 하지만 한편 고구마처럼 시간이 필요했다. 국민은 답답하다며 다른 방법을 찾는 중 나타난 왕자가 바로 윤석열이다. 기쁘고 듬직하고 서울 법대에 고시 합격 검사다. 더하여 어퍼컷으로 주먹을 휘두르는 데는 성질 급한 백성들의 스트레스를 확 날려버린다. 모든 학부모가 바라마지않던 백마 탄 왕자다. 그의 손바닥이 이를 증명하듯 임금 왕 자까지 펼쳐 보이지 않았는가 말이다. 여기에서 의의 발걸음은 멈추고 샛길로 빠지고 말았다. 아리랑고개를 넘기 직전에 미로로 빠져드니 또다시 한 세대를 기다리며 복구 작업을 해야 한다. 성공 여부도 막막하다. 공부 잘하는 자가 인격도 똑같이 훌륭하다는 신화는 이제부터 영원토록 아침 안개처럼 사라졌다. 그런데 언제쯤 아리랑고개를 넘어서 새 세상을 맞이할까 답답하고 원통하다.

법정

판사, 검사, 변호사 등 사 자로 끝나는 직업은 국가나 사회의 질서와 안정을 위해 없어서는 안 될 필수조건이 틀림없다. 그들이 법전과 인문학과 청렴한 생활 속에서 취득한 논리로 공적 봉사를 할 때 그 인격의 위상은 빛을 발하고 그 결과는 온 나라의 품위까지 끌어 올리게 된다. 미국 법정을 생중계하는 경우 담당 판사는 피고인이 참전용사이거나 혹은 다섯 아이를 홀로 키우는 중년 여성이 운전 과속 등으로 재판을 받을 때 엄격한 벌금형을 내리고 나서는 자기가 운영하는 재단의 돈으로 대신 내줄 테니 앞으로는 안전 운전에 유의하라고 끝을 맺는다. 이런 행위가 미국을 이만큼이라도 지탱하는 힘이 되고 있는 것이다. 한국도 경험과 논리와 애정으로 가득 찬 법정이 점점 더 늘어나서 법관의 권위가 더욱 빛나기를 바랄 뿐이다. 그 이유는 법정의 정의는 나라의 기반을 다지고 발전하는 바로미터가 되기 때문이다.

작살내다

"작살내야지!"

이재명의 입에서 나온 소리다. 간단히 말해서 "아작내야지"라는 말이다. 더 줄이면 덜컹 하고 단두대로 끝장을 봐야 한다는 소리 같다. 20여 일 단식하고 목에 칼 맞고 피 흘리고 같은 당 소속의 동료 의원들에게 버림받고 회복이 안 된 몸으로 일주일에 세 번씩 검찰에 출두하면서도 총선을 지휘하여 대승을 거둔 것은 바로 기적이라고 볼 수 있다. 이런 사람이 대권을 쥐게 되면 어떤 일이 벌어질까? 김대중처럼 다 용서하고 내버려둘까? 아니다. 그 이유는 그리해서 다 실패하여 나라 자체가 망할 직전까지 오게 된 사실이 현재 펼쳐지고 있다. 또 국민은 열에 일곱이 이 사실을 눈으로 보고 다시는 용서니 뭐니 하면서 실패하면 나라고 백성이고 끝이라는 사실을 몸으로 직접 체험했기 때문에 더는 적당히 넘기기가 불가능하게 되고 말았다. 이재명은 이 순간을 가로채면서 시의적절한 말로 역사의 죄인들의 말로를 예언했다. 이재명의 수첩에 적힌 도둑과 강도들은 모조리 작살의 표적을 피할 수가 없을 것이다. 영악한 죄인들이 이 사실을 모를 리 없다. 그래서 이재명의 목숨을 끝까지 노리고 있다. 그러나 이미 때를 놓쳐버리고 삼십육계 줄행랑으로 살길을 모색하는 것 같다.

강도 유비

문간방 월세로 살며 구걸하기 30년에 유비는 지칠 대로 지쳤다. 우직한 손권을 부추겨 적벽대전을 치르는 중에 슬그머니 중간 지대의 큰 성 9 개를 꿀꺽한다. 공명과 짜고 가짜 집 서류를 이용하여 피 한 방울 흘리지 않고 그 많은 영토를 먹어 치운다. 그런 식으로 서쪽의 방대한 땅까지 완전 사기로 초나라를 세운다.

성경에도 현실 인간 생활이 얼마나 어려운지 열거하고 있다. 한 청지기가 해고 통보를 받았다. 나이도 그렇고 앞으로 살길이 막막하다. 짐을 지자니 안 되고 땅을 파서 벌어먹자니 그도 아니다. 그래서 자기 주인에게 빚진 자들을 찾아가 그 빚을 절반 정도로 깎아주고 자기가 백수가 되면 은혜 갚도록 부탁하니 곧 배임죄가 성립된 셈이다. 그러나 성경은 그의 생활력을 칭찬하는 쪽으로 편을 든다. 살기 위해 몸부림치는 인생을 눈물로 쳐다보는 부모 같은 심정일 것이다. 현덕이나 청지기나 또 나까지도 죄 없이는 살아내기 힘든 세상인 것은 틀림없다.

끝장

사람이 사람다워야 사람이다. 완전한 도덕적 생활을 해야지 왜 위선자
가 되었단 말인가? 악한보다 위선자가 더 역겹다며 최고로 역겨워진 인
간들이 나타났다. 죄 없는 자가 먼저 돌로 치라고 주께서 말씀하니 군중
들이 하나둘 다 흩어져 가고 간음한 여자와 주만 남았더라. 이처럼 자기
를 돌아보고 부끄러워한 자들이 100명이라고 하면 조국 교수에게 돌질
을 한 사람이 50명이 넘었다. 대학생들이 앞장서서 데모까지 하며 아우
성을 치고 달려드니 속이 시커면 정치 검사들이 때를 만난 듯 칼춤으로
대응하며 조 교수의 가족 전체를 도륙했다. 나랏돈으로 대대손손 협잡
질을 해 먹겠다는 심보다. 때가 왔다. 하늘의 심판보다 먼저 정의의 도
끼가 눈앞에서 똑똑똑 노크 중이다.

"너거들, 쫄았제!"
"고마 치아쁘라마!"
"끝장을 볼끼다."

거북선의 입에서 심판의 시퍼런 불길이 다가와서 도둑들을 태우리
라. 왜 그렇게까지 해야 하나? 그 이유는 조국 교수는 이미 신사나 도덕
군자가 아니기 때문이다. 그럴 필요도 없다. 그는 그냥 사람이요, 받은
대로 돌려주어야 하는 시민의 한 사람일 뿐이다.

끝

2,000명 늘리려다 12,000명 사라졌다. 열중쉬어를 잊어버리고 멍하니 서 있는 윤석열 대통령이다. 수학은커녕 초등학교 산수가 불가능한 사람이다. 여기에 더하여 고집이 세다. 이 고집은 본성이 아니고 그의 정신세계를 통제하는 무서운 세력에서 나오는 것 같다. 그 세력은 초월적 영의 영역에서 활약하는 무속의 세력이다. 그 힘으로 대권까지 잡았으니 어찌 배반할 수가 있겠는가? 동고동락밖에 다른 길이 없다. 그 무속의 명한 바 그래서 2,000명의 의과대학 증원이 결정된 것 같은데 누구의 명령인데 변경할 수 있단 말인가? 이 말을 따르지 않고 거역하면 반드시 화가 닥친다는데 감히 대통령이 왕초 귀신을 배반하기가 불가능하게 되었다. 전공의들은 이참에 호주나 캐나다로 대량 이민 갈 모양이니 해결이 물 건너갔다. 명성황후가 무속에 의지하다가 왜놈 건달들의 노리갯감이 되고 뼈도 몇 개 못 추린 역사가 있는 민족이다. 귀신들의 장난은 그 끝이 비극이다. 고려 말의 요승 신돈과 러시아 제국 멸망의 주역 라스푸틴이 그들 자신과 나라까지 멸망시키고만 산 역사가 모든 것을 확실히 증명해준다. 나라의 운명이 풍전등화 같은데 막상 당사자 국민은 깊은 사색에 잠긴 듯하여 전 세계 의인들이 가슴이 타들어가는 형국이다.

일장춘몽

1595년 봄, 한산도에는 엄연히 하나의 나라가 세워졌다. 5,500명의 해군과 인근 여러 섬에 흩어져 살던 수만 명의 백성이 순신의 지휘 아래 완전한 하나의 국가를 형성했다. 군량이 수만 석 쌓이고 조선소, 조총 제작소, 군수, 수산업, 문화, 교육 등 2~3년 휴전기에 완전한 국가를 이루게 된다. 그 당시 조정에는 바보 선조 밑에 왜 그리 인물이 많았던지. 오성, 한음, 유성룡 또 이이, 이황의 제자들이 무너져가는 조국을 바라보며 가슴을 태우던 이때, 순신은 어찌 살아남아서 북진하여 선조를 죽이고 새 나라를 세우지 않았던가. 그 후에 일본을 접수하고 1세기 후쯤 만주 땅을 수복했다면 제2의 고구려 영광이 펼쳐지고 지금쯤 세계를 지배하고 있을 터인데. 역시 바보의 일장춘몽이려나?

가짜 연극

연극 자체가 창작이다. 실체가 아니다. 그러나 그 연극 안에 인생 실존의 희비를 내포하며 카타르시스를 공유케 한다. 대부분이 감동과 함께 거친 인성을 다듬어준다. 2019년 2월에 열린 하노이 조미 정상회담은 애들 소꿉놀이 정도의 사기성 연극으로 끝났다. 만일 그때 트럼프가 김정은의 제안에 동의하며 손을 잡고 평화 무드로 나갔으면 세계 역사는 극적으로 변하고 자기 대통령 재선도 승리했으리라 확신한다. 군산복합체의 압박에 굴복하고 말았다. 역시 장사꾼은 돈에 약한 모양이다. 한세기에 한 번 정도 있을까 싶은 인류 최고의 무대를 사기 연극으로 뒤집어놓은 통탄할 막장 드라마다. 제국주의의 행패가 아직 멈출 줄을 모르고 있다.

말 말 말 1

고통에는 중도가 없습니다. _ 프란치스코

가장 성공적인 통일의 수단은 '평화' 두 글자다.

나는 법대로 하되 정직을 생의 목표로 하는 보수다. 잘하면 상주고 못하면 벌준다. 나는 진보가 아니다. _ 이재명

'햇볕정책'만한 창조적이고 독창적인 네 글자를 인간 역사에서 찾아보기 어렵다. _ 청송

깨끗한 양심은 모든 신자의 필수조건이다. _ 베드로

우리 문화의 세계적 우수성을 나는 확신한다. 고로 일본과 문화 교류를 시작한다. _ 김대중

나의 통치 철학은 공정과 약한 자에 대한 배려다. _ 다윗

나는 곧 처형되리라. 오늘이 마지막인 것 같다. 주께서 손수 생명의 월계관 들고 나를 맞아주실 것을 확신한다. _ 바울

말 말 말 2

서양인들이 먹다 버린 음식 찌꺼기를 더 가지려고 남과 북이 다투고 있으니 정말 남 보기 창피하다. _ 함석헌

민주주의 최후의 보루는 깨어 있는 시민의 조직된 힘입니다.
_ 노무현

삶과 죽음이 모두 자연의 한 조각이 아니겠는가? _ 노무현

선하고 정의롭게 살려고 했으나 완벽하지 못했던 자와 이것저것 다 포기하고 마음대로 부정하게 산 자와는 하늘과 땅처럼 그 차이가 엄청나다. _ 유시민

재래식 변소에서 문을 닫고 있는 것이 솔직하지 못한 위선이라고 하는 식의 주장을 논리인 양 펼치는 자들이 있다. 다들 짐승처럼 솔직하게 살자는 모양이다. 예가 없는 자는 아예 상대를 말라는 공자의 말씀도 있다. 예는 위선과 같은 과가 아니다.

말 말 말 3

정몽주는 뼈와 살이 흙이 되는 것까지는 알겠는데 넋은 어찌 되는지 궁금해 했다. 그래서 "넋이라도 있고 없고"라는 시조를 남겼다. 잘은 모르겠지만 있는 것 같다는 생각이다. 그런 희미한 소망 하나를 가지고 목숨을 내놓고 저항했다니 놀라운 일이다. _청송

성삼문은 처형당하기 전 지는 해를 바라보며 시를 읊었다. "서산에 지는 해도 작별을 고하듯 머뭇머뭇 봉우리에 걸려 있도다. 황천 가는 길에는 주막도 없다는데 오늘 밤은 어디서 쉬어 갈꼬?" 종착역을 향해 가는 길에 어려움이 있을 것 같아 걱정이지만 진리의 본향을 굳게 믿었던 그의 의연함은 금강석같이 빛을 발하고 있다.

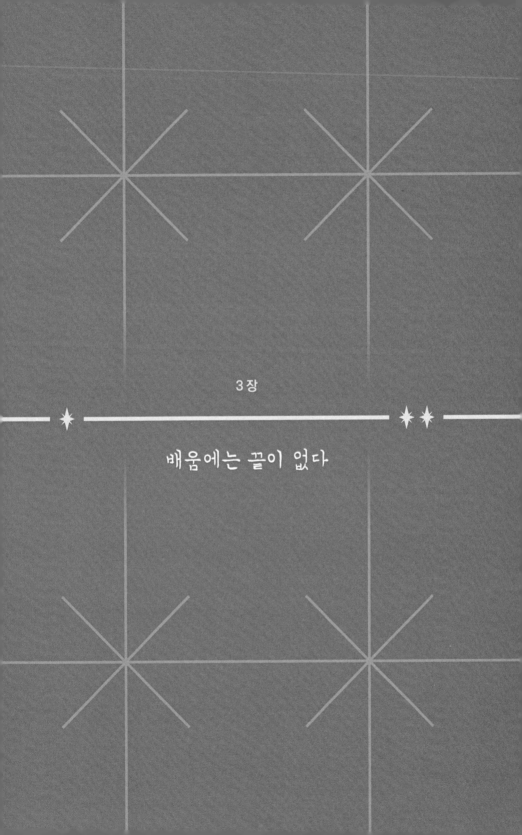

3장

배움에는 끝이 없다

학습 능력

서울대의 수재들이 상고 출신의 노무현 밑에서 즐거이 복종하며 최선을 다해 노력한 이유가 있다. 노 대통령이 지닌 지식과 내공도 상당 수준이지만 거기에 만족하지 않고 학습 능력이 뛰어나서 자기를 거역하거나 반대하는 사람을 가리지 않고 그들의 이야기를 듣고 자신의 생각을 고쳐 나간다는 것이다. 학습이란 겸손에서 싹트는 고귀한 인간의 습성이다. 그의 어록을 회상하며 감동하는 이유가 바로 그의 학습 능력으로 인해 발생하는 학습 효과가 엄청나기 때문이다.

공부

'공부'라는 뜻은 기술 배우는 사내다. 기술을 익혀서 벌어먹으라는 함의가 내재되어 있다. 무엇을 만들거나 인간관계를 조율하여 한쪽으로 기울어지지 않게 하거나 어느 것이든 공정과 도덕이 요구된다. 생산품이나 법이나 다 정직과 균등이 필요조건이다. 이 말은 공급과 수요가 모두 만족스러운 결과를 도출해야 한다는 뜻이다. 동물은 동등하게 살 수 없다. 약육강식의 원칙으로 생명을 유지한다. 인간은 전혀 다르다. 가능한 한 동등한 인격으로 기초생활 수급이 모두에게 요구된다. 생활도 그렇지만 인격도 마찬가지다. 누가 누구를 무시하면 크나큰 죄악이다. 공부를 잘한 자들이 특히 자신을 다스리는 고행이 요구되고 있다. 한두 자 더 안다고 해서 오만하고 잘났다고 가벼워지면 한순간 날아가 사라져 버릴 뿐이다.

성경 통독

성경을 통독한 교우가 자랑한다. 그를 유심히 관찰한다. 자신만만한 표정이다. 다 이해할 수가 없는 책이 성경이다. 그러나 10%의 내용만이라도 비스듬히 이해한 사람의 표정이 아니다. 우선 겸손의 태도에서 품어나는 성숙미가 아니 보이고 자신감이 넘치는 모습이다. 부작용과 후유증이 염려된다. 교회를 해치는 사람들의 특징은 바로 두 글자로 충분하다. 교만이다. 교만은 지금까지 쌓아놓은 모든 공로를 파괴한다. 그 피해는 본인과 그의 소속 모임까지 속속들이 미치면서 선의 창조를 파괴한다.

장원급제

율곡은 아홉 번 장원급제하였지만 그럴수록 더 겸손하고 또 가난하게 지냈다. 한번 시험 잘 치고 그 후 더 보충 지식을 갈구하기를 멈추고 권력 맛에 취하여 분탕질에 몰두하는 한심한 패거리 정치검찰들과는 전혀 다르다. 시험 한번 잘 본 것이 최상의 인간인 양 추켜세우는 민초들의 한심한 교육관도 마찬가지다. 그래서 공부만을 강조하다가 소원을 성취하여도 또 실패하여도 결과는 마찬가지다. 영악한 괴물이 되거나 아니면 자괴감과 열등감의 무리로 한세상 보내기 일쑤다. 이제부터는 암기력으로 출세할 길이 급속히 줄어들고 있다. AI가 다 해결해준다. 창조력이 힘을 쓸 때가 다가오고 있다. 창조력은 암기력과는 차원이 다르다. 공부와 운동과 친구 사귀기와 여행까지 모든 분야의 실패와 성공 등의 체험을 통해 창조의 싹이 튼다. 현실과의 협력도 필요하지만, 현실과의 투쟁도 똑같이 요구되는 교육 과정이 요구되는 21세기가 우리 앞에 펼쳐지고 있다.

갈색 발레리나

금년 6월 21일 아버지날, 와서 밥이나 먹자고 해서 산꼭대기까지 찾아가니 바람도 잔잔하고 화창한 남가주 날씨다. 뜰에 앉아 식전 잡담 중에 비둘기 한 마리가 후루룩 내려앉는다. 몸이 유난히 깨끗하고 날씬한 것이 귀한 집 규수 같다. 물 찬 제비 같다더니 통통 튀는 그 모습이 청순하고 경쾌하다. 아무래도 한참 성장기에 들어선 암컷이 틀림없어 보인다. 크지 않은 아담한 수영장 주변을 빙빙 돌며 춤을 춘다. 야외극장에서 볼 쇼이 발레단을 관람하는 듯하다. 가까운 거리에 인간들이 모여 있어도 오불관언 완전 무시다. 마치 한국의 민주당이 미래통합당 보듯 한다. 아, 나도 저런 불꽃 튀는 청춘이 있었던가. 아득한 그때가 아지랑이같이 눈앞에 아물거린다.

그때였다. 철썩하는 물소리. 그녀가 물 한가운데를 발로 차며 건너간다. 또다시 2차 시도를 하는 순간 이번에는 물오리처럼 몸을 반쯤 잠그고 두 다리를 힘껏 밑으로 뻗어보는 모양새다. 그러나 그 발이 어찌 그 바닥에 닿으리오. 그녀는 놀란 아이 경기하듯 날개를 퍼덕이며 공중으로 치솟는다. 그녀는 생각했다. "아니, 이렇게 맑은 물 밑에 꽃무늬 찬란한 모자이크라니. 나는 저기에 내려앉아 목욕함이 좋으리라. 매일 물가를 다녀봤지만 저런 궁전 같은 화려함은 처음이다. 그저 흙이나 돌조각들만 보다가 오늘은 새 세상을 만났다. 이 기쁨을 어찌 아니 즐기리오." 그녀는 계속 반복한다. 우리는 그녀의 인내심에 감복하며 그 결과를 기다린다. 열 번 정도 지났을 때 그녀는 멈추고 마지막 시도의 필요를 결심한 듯 몸을 다시 추스르며 생각에 잠겼다.

"이번이 마지막이다. 내 온 힘을 다하여 발을 뻗어보리라. 빤히 보이는 바닥에 어찌 내 발이 아니 닿으랴. 내 자존심이 나를 응원하는 이 마당에."

그녀의 도전은 처절했다. 공중에서 각도의 조정을 마친 후 머리와 꼬리를 수평으로 내려가는 형국이 마치 헬리콥터 착륙 작전과 흡사하다. 그 몸이 가라앉은 순간 꼴깍하며 몸이 완전히 수면에서 사라지고 말았다. 욕심이 과했구나 하는 순간, 물속에서 솟구쳐 오르는 저 로켓을 보라. 김정은의 잠수함 로켓만 한 장관이다. 그러나 그녀는 퍼덕이며 내려앉더니 파르르 물기를 털어낸다. 무서운 인생 경험이다. 아, 세상이 나를 속이는구나. 죽을 뻔했다. 물을 한 바가지나 먹다니. 그녀는 미련 없이 날아오른다. 남쪽 하늘 높이 높이 뒤도 돌아보지 않고 그 몸이 점으로 보일 때까지.

나는 산뜻한 오페라와 로켓 쇼까지 무료 관람하며 또한 도전 정신까지 몸에 새기는 축복의 오후를 선물 받았다.

참교육

영국에서는 명문 학교의 서열이 그 학교의 재학생과 졸업생들의 희생 정신에 비례하는 것 같다. 전쟁이 나면 자원하여 나가 싸워서 그 희생이 많은 학교를 최고의 서열에 세우는 것이다. 사망자 수가 몇천 명이 넘는 학교 출신들을 인정하는 영국민의 지적 수준이 같은 학교에서 20명 가까운 영국 총리를 선출해 주고 있다는 것이다. 반면 SKY 출신들은 어떠한가. 그들의 목표는 무엇일까. 어떻게 살까를 고민하기보다는 무엇이 될까를 먼저 생각하는 영혼 없는 책상벌레가 된다. 결국, 수많은 괴물이 나라의 주요 직책을 틀어쥐고 온 나라를 끝장내고 있다. 이제는 한국도 조국에 헌신하고 희생하는 학생들을 많이 배출한 학교를 앞세울 때가 된 것 같다. 희생과 깨끗한 양심을 최고의 가치로 여기는 학교가 제일 좋은 학교가 되어야 할 것 아닌가.

법대

어머니들의 소원은 자식들이 공부 일등 해서 법대 입학하고 검사가 되는 것이다. 그러면 권력과 부를 한 번에 거머쥐게 된다. 어느 누가 이 일을 사양하리오? 불문가지요 꿩 먹고 알 먹기다. 그런데 문제가 있다. 부와 권력을 둘 다 가지고 있는 사람이 자중하고 근신하는 경우가 거의 불가능한 일이다. 법대 나와 출세하고 월급만 받고 일하며 살아가다가 거기에 더해서 변호사로 약자들을 돕는 자들이 과연 몇이나 될지 아득한 일이다. 한평생을 억지와 부정으로 기득권 경쟁을 벌이다가 죽으면 남는 것이 무엇일지 궁금하다. 그 구정물을 헤치고 고개 들고 의를 외치는 몇몇 사람이 보인다. 어둠을 뚫고 나와 세상을 밝히는 횃불이다. 그러나 그 숫자가 1천 명에 하나 격이다. 다섯 손가락으로 꼽아보기도 어렵다. 그만큼 사회 전체가 썩고 있다. 어머니들의 자식을 위한 기도가 출세 대신 정의로 변할 수 있을지 기대해본다. 출세에 몰입하는 일은 인생 최하의 가치 중 하나다. 저주 중에 제일 무서운 저주가 사후에 받는 저주다.

세 대학

S대 나온 자들이 검찰 독재하는 와중에도 뉴라이트들이 파리떼 같이 모여서 요직을 차지하고 일본 또라이들의 비위 맞추기에 온몸과 마음을 쏟아 붓고 있다. K대 나온 자들 중 공 차던 선후배가 꽁꽁 뭉쳐서 대한축구협회를 틀어쥐고 지네끼리 주고받으며 히죽거리고 있다 한다. Y대는 좀 깨끗한 줄 알았는데 웬걸 조국 교수 아들 석사과정 학력을 두고 의논 중이란다. S여대도 용감하게 대항하고 버티는데 부끄럽지도 않은 모양이다. SKY인지 재래식 변소인지 모를 정도로 냄새가 천지에 진동하는구나. 진리의 상아탑이라면서 흉내라도 낼 법한데 참말로 한심하기 짝이 없다.

썩은 교육

출세하여 권력을 잡고 가능한 수단과 방법을 통해 부자 되어라. 이 목표는 서기 2000년에 이르도록 학교와 교회에서는 물론 각 가정의 교훈이 되었다. 사교육이 극성을 부리고 부모는 뒷바라지하기에 허리가 휘면서 자신들의 노후 계획을 포기했다. 그 흐름으로 드디어 검찰 공화국이 무리 없이 툭 튀어나왔다. 그런데 이와 같은 비정상적인 결과를 만들어내는 곳이 궁금하기 짝이 없다. 어느 학교, 어떤 스승들이 이렇게까지 굴곡된 아이들을 만들어내어 악한 기운을 온 땅에 뿌리고 있는지 의문이다. 경성제국대학에 남아서 일제에 협조하다가 해방과 더불어 인수받아 자기들 욕심을 채우던 동숭동 친일파들이 뿌린 것이 오늘의 한국 사상을 썩은 오물로 만들어버린 것 같다. 한마디로 친일파 청산 실패가 결국 나라꼴을 이 모양으로 만들어버렸다. 한 지도자의 타락이 두고두고 나라와 국민의 올가미가 되어 사사건건 급소를 찌르며 괴로움을 주고 있다. 교육은 첫째가 인성이요 그다음이 기술이지만 얕은꾀를 가르치는 얌생이들은 영원한 퇴출 대상이다.

들개 시리즈

들개 1

세상 구경 처음 하던 순간은 그나마 보통 가정의 성실한 부모를 만나 건강히 자라기 시작했다. 그러나 돌도 되기 전에 불행이 도둑처럼 밀려오니 아이는 그 운명이고 뭐고 할 것 없이 빈 들에 던져졌다. 무슨 저주인가, 무슨 업보였나. 홀 어멈은 청춘과부로 남았으나 다행히 친정이 백여 석 하는 중농이라 그곳을 드나들며 아이를 키웠다. 네 살 되던 나는 드디어 큰집에 발탁되어 그 집 외아들 동생으로 입적되어 어미와 헤어지고 말았다.

들개 2

야곱이 외삼촌 집에서 힘든 노동과 남다른 지혜로 재산도 모으고 혜택도 누렸지만 내 경우는 많이 다를 수밖에 없었다. 하늘이 점찍어놓고 보살펴준 모든 환경이 그를 주인공처럼 세워놓은 단막극이었다. 그는 선택되어 크게 쓰일 인물이었다. 그러나 나는 크고 작고 간에 아예 외면당한 버려진 자식이었다.

들개 3

내가 입양된 큰 집은 원산 시내에서 제일 큰 가구공장과 도매까지 운영하였다. 주로 사업가 기질이 왕성한 큰어머니가 맡아서 진두지휘했다. 큰아버지는 보조 역을 할 수밖에 없었지마는 여전히 일은 많고 바삐 돌아갔다. 거기다가 주택은 시내 한가운데 있으면서도 여러 채의 이웃집을 사서 조성한 앞뜰이 정구장 두어 개 될 만큼 넓은 곳에 갖은 꽃과 채소가 자라나니 그것을 돌보는 일이 그의 일도 되었지만 다른 일도 많은 나에게도 배당이 되었다.

학교도 제대로 다니기가 힘들어서 하루건너 결석하게 되었지만, 식구 중 아무도 나의 학업 형편에 관심을 두지 않았다. 일찍이 평안도 변두리에 태어나 아비를 잃고 홀어미 밑에서 네 살까지 살아보던 고통과 쓰라린 경험은 어느새 소년의 몸과 영혼에 깊숙이 스며들었다. 나의 운명이 만만치 않으리라는 예감은 나를 일찌감치 철이 들게 만들어서 언제나 말없이 자기 위치를 지키며 실수하여 눈 밖에 나지 않게 최선을 다할 수밖에 없었다.

둘개 4

어느새 초등학교 졸업반이 되었다. 다행히 턱걸이로 낙제는 면하며 최종학년이 되었지만 이런 성적으로는 중학교를 입학할 수가 없었다. 그날도 나는 큰아버지를 아버지라 부르며 넓은 꽃밭에 거름을 뿌리고 있었다. 그러면서 나는 그동안 정리해 둔 속마음을 그에게 솔직히 말하였다.

"선생님이 그러시는데 지금 내 성적으로는 중학교에 못 간다고 하는데요. 앞으로 1년은 학교를 빠지면 안 된다고 하는데요."

도대체 말없이 집안일과 가게 일을 충실히 돕던 조카 놈이 공부를 제대로 하고 싶다니 이런 면도 있었나 하고 약간 놀라는 기색이 역력했다. 큰아버지는 그 본성이 선하였다. 군자요 선비형이다. 독서와 꽃

가꾸기와 낚시를 즐기는 분이다. 나에게는 다행이 아닐 수가 없었다. 드디어 내 질문에 대한 그의 반응이 나왔다.

들개 5

"내가 첫째고 네 친 아비가 넷째 동생인데 그의 재주와 암기력이 온 마을에 이름나서 우리 집안의 자랑이었다. 그런데 네가 돌이 될 즈음에 장질부사 역병이 온 나라를 휩쓸어서 여동생과 네 애비를 잃고 말았다. 그 이듬해인 1939년에 치료 약이 들어와서 많은 사람이 생명을 구해내니 한발 늦어버렸다. 원통한 마음이야 말해 무엇 하겠니. 너도 지금 보니 어쩌면 네 애비를 닮아 공부에 소질이 있는 모양이구나. 내가 너무 무심했다. 알았으니 내가 힘껏 밀어주마."

나는 춤출 듯이 기뻤다.

들개 6

그 이후로 다른 식구들의 눈총이 부담스러웠지만 나는 속으로 마음을 다지며 무슨 일이 있어도 중학 진학을 포기하지 않기로 결심했다. 내가 진학하고 아니하고는 대부분 식구의 관심 밖의 일인 것처럼 보였다. 물론 나는 생일이 없는 아이였다. 나 자신도 잊고 지나기 마련이었지만 어느 누가 챙겨줄 리가 없는 일이었다. 그런 중에 갑자기 공부에 지나치게 집착하는 나를 마땅치 않게 여기는 식구가 생기기 시작하자 나는 홀연히 편지 한 장을 써놓고 가출해버렸다. 있을 때는 모르게 지나던 사람들이 나의 빈자리가 큰 것을 느꼈다. 온 식구가 총동원되고 나는 다시 잡혀 왔다. 그러나 당돌한 아이는 누구든 자기의 학교생활에는 간섭을 못하도록 약속을 받아내었다.

들개 7

조용만이라는 소년이 있었다. 전교 일 등. 그러나 더 멋이 있는 것은 열두 살밖에 안 되는 아이가 최고의 인품을 지닌 완전 인간 그 자체였다는 것이다. 그의 눈은 잔잔한 호수같이 흔들림이 없고 그의 중키는 부담을 주지 않아서 마치 다윗의 양치기 시절의 모습을 닮았다고나 할까. 나는 일생 동안 나에게 유익한 사람을 만나 도움을 받아볼 운명을 타고난 아이가 애초부터 아니었다. 그러나 12년 만에 나에게 나타난 그는 과연 나에게는 천사가 아닐 수가 없었다. 나는 조용히 그에게 다가가 면담을 요청했다. 그는 쾌히 허락했다. 우리는 원산제일인민학교 뒷동산에 있던 떨기나무 숲 아래 아늑한 그늘로 들어서 나란히 앉았다. 그리고 내가 지금 양자라는 사실과 앞으로는 학교생활이 충실해질 수 있는 형편이 된 경위를 털어놨다.

> "너도 알다시피 내 출석과 성적이 낙제 수준이다. 그러나 조금만 너의 도움이 있다면 일어날 수 있다고 자신한다. 그러니 너의 그동안 써놓은 공책을 좀 빌려다오. 내가 그것을 베껴 쓰고 나서 돌려줄게. 너의 학업에 지장은 거의 없도록 최선을 다하마. 도와주렴. 그리고 산수는 기초가 필요하니 가끔 가르쳐주기 바라. 미안해."

그는 동정 어린 눈으로 나를 물끄러미 쳐다보며 고개를 끄덕였다. 드디어 그의 허락을 받아낸 것이다.

들개 8

뒷동산 떨기나무 보금자리는 슈베르트의 성문 앞 우물 곁에 보리수 그늘처럼 아늑했다. 방과 후 한 시간을 그곳에서 열정을 쏟아 그의 도움을 받으면서 최선을 다해 밀린 공부를 하니 나도 나지만 가정교사 격인 용만이는 덩달아 신이 난 것 같았다. 그런 것이 진정한 친구 사랑이라고 할까. 빈털터리인 나는 그에게 물 한 모금 눈깔사탕 반쪽도 주지 못하는 신세였다. 아, 그대 조용만이여. 지금 어디에 있는가. 살아는 있는가. 두어 달이 지나면서 나는 그와 거의 동등한 수준의 최고 우등생이 되어 있었다. 어떤 때는 전교 일 등 자리를 나에게 양보할 때도 있었다. 아이들은 모두 기겁하며 놀랐다. 문가 저놈은 찌질이 중의 찌질이였는데 이게 웬일인가. 우리 두 아이는 갑자기 주목을 받기 시작했다. 그러나 용만이는 원래부터 겸손의 아이콘이라 인기가 최고였고 나는 원래 멜랑콜리 타입이라 그다음은 될 정도로 좋게 생각해 주는 것 같았다.

들개 9

나를 무시하던 아이들과 선생님들의 눈빛이 달라졌다. 조용만도 자기의 경쟁자가 생기기 전에는 군계일학의 면모로 모든 시선을 독차지하다가 가끔 차등으로 밀릴 때도 있어 억울함과 원망의 감정이 생길 수도 있으련만 그의 태도는 의연하여 변함이 없었다. 그대로 잔잔한 미소가 여전하다. 나는 여기서 또 하나의 고급스러운 윤리를 그로부터 배우기로 결심하게 된다. 저 친구처럼 남들의 협조자가 되도록 노력하겠다고 마음에 다짐했다. 또 준 것은 속히 잊고 받은 것은 오래 기억하기로 결정을 내렸다. 내세울 것도 없겠지만 겸손의 미덕처럼 근사한 것도 없다는 사실을 그로부터 온전히 터득하였다. 그는 오히려 자기가 키운 제자가 제자리를 찾아 발전하게 되니 재미있는 일인 양 싱글거리며 좋아했다. 여기서 나는 내가 장차 어떻게 살아야 할지를 결정하게 된 것 같다. 즉 바른 마음을 지닌 인격체로 자라보리라. 무엇이 되고는 관심 밖의 일이라고 생각했다. 성인이 되고 나서 실전에 투입된 후에 이게 아닌데 하고 후회도 많이 하게 되었지만, 그때는 알 리가 없었다. 한국전쟁의 한복판에서 B-29 미국 비행기의 무서운 폭격 속에 치러진 졸업 시험을 마친 우리 두 사람은 원산시 최고 명문 원산중학교, 일명 제3중학교를 무시험으로 합격하게 되었다. 곧 계속해서 시 전체 1,200명 졸업생 중에서 전 과목 만점의 우리 두 아이가 도지사의 표창장을 받게 되었다.

흡연자 구하기

302호실, 30명이 농성 중이다. 하필 문과대학을 택하여 이 야단이라는 말인가? 그 당시 일등 신문이던 ㄷ일보도 '교수농성'이라는 타이틀을 달고 사회면에 보도했다. 학생회 간부인 성 군이 소식을 전했다. 젊은 교수 한 분이 전한 말이다. "이봐, 성 군, 자네들 우리를 이렇게 내버려둘 건가? 벌써 한 달이 지났어. 우선, 리쿠샤쿠가 곪았어. 이걸 풀어주어야 하는데 홀아비 생활에 방법이 없단 말이야. 아마 마누라가 곧 도망갈지도 몰라. 저렇게 내버려두면 일 나지. 자네들 우리 사정을 너무 모른 채 하는 것 아니야?" 리쿠샤쿠는 작은 주머니란 뜻이다. 참 골치 아픈 일이다. 어찌하랴? 꽉 막힌 이 물길을 뚫어야 할 텐데. 며칠을 고민하던 나는 결단의 시간이 오게 되고 그다음 날 전교생의 소집 공고가 대자보로 나갔다.

노천광장을 꽉 채운 학생들은 이미 그동안의 울분을 토해내며 갑론을박 후 어느새 우르르 몰려가니 곧 총장서리로 있던 언더우드 3세의 화강암 이 층 양옥집이다. 결과는 예상한 그대로 완전히 파괴되고 누구의 짓인지는 모르게 불을 질러버려 나중에는 시커먼 돌덩이만 앙상하게 드러났다.

―――――――

오래도록 총장 하던 용재는 잠시 그 자리를 내려놓고 상·하원 합동 의장으로 당선되어 나라 민주화 건설에 여념이 없었다. 1960년 4·19 이후 탄생한 장면 정부는 한창 조국 재건과 민주화 완성에 온 힘을 쏟고 있었다. 그러나 온갖 장애물이 여기저기 터져 나왔다. 갑자기 쏟아진 자유를 주체하지 못하고 흥분 속에 들뜬 학생 데모가 끝없이 이어졌다. 또 자유당 정권에 눌려 지내던 각계각층의 요구 사항이 폭발하니 곧 아비규환, 결국 정치군인들에게 길만 닦아주는 꼴이 되고 말았다. 학원은 그들대로 새로운 혁신의 꿈을 향해 움직이기 시작했다. 내가 다니던 학교도 꿈틀대기 시작했다. 조선어학회 사건으로 고문당하던 교수 중심의 국내파와 미국 유학파 교수들의 대립에서 학교 당국은 국내파를 외면하고 유학파의 손을 드니 반발이 생기게 되고 결국 여러 명의 이직이 일어나니 80명의 국내파가 반발하며 일어난 것이 바로 국내 최초의 대규모 사학분쟁이다. 8명의 유학파와 80명의 국내파 대결이다.

마 교수는 그 당시 도서관장이었다. 학생들은 그를 무서워했다. 그의 눈초리는 첫 대면부터 상대를 압도한다. 거기에다 학점도 따기 어렵다. 그의 눈 밖에 나면 졸업하기가 힘들 정도다. 더하여 차세대 총장 후보로도 거론되고 있다. 험악하던 학원 분규도 수습되고 서대문형무소에서 험한 꼴을 당하며 갇혀 있던 150명의 학생도 무사히 풀려났다. 같은 편이었던 언더우드 총장서리와 옹고집으로 유명한 이사장 영감의 양옥집들을 절단 낸 놈들도 용서해 주었다. 괘씸한 녀석들. 이제는 내 세상이다. 아, 내 앞길에 이런 행운의 문이 열리다니, 하늘도 의인의 길을 평탄케 하는구나 하고 그는 쾌재를 불렀다.

도서관장실은 총장실보다 더 현대적으로 지어져서 널찍하고 시원하다. 들어와 앉은 지 5분이 지났을까, 어떤 녀석이 노크도 없이 문을 열고 들어선다. 낯선 얼굴에 인사도 아니 하고 무표정으로 뚜벅거리며 다가오는 것이 몹시 거슬린다. 별놈 다 보겠군 하며 대응하려는데 그가 먼저 입을 뗀다.

"선생님, 부탁이 있습니다", "그래? 너 누구야?"

"예, 저는 학생자치회 회장입니다. 내 후배 K 군이 도서관 복도에서 담배를 피우다가 선생님께 들켜서 곧 퇴학시킨다고 해서 왔습니다." 그는 슬슬 끓어오르는 분을 누르려고 빨간 양담배를 꺼내 입에 물었다. 불을 붙이고 한 모금 들이키며 너 참 잘 걸렸다는 표정으로 상대방을 노려본다.

"그래서?"

"저를 봐서 용서해 주십시오", "자네가 뭔데?"

"아까 말씀드린 것처럼 학생 자치회 대표올시다."

마 교수는 피식 웃으며 그를 경멸의 눈빛으로 쏘아보았다. 속으로 너 또한 내 암흑의 그물 속에 걸려든 퇴학 제2호가 될 놈이로고 하며 담배 연기를 길게 내뿜을 순간, 그놈이 당돌하게 내뱉는다.

"선생님도 지금 담배를 즐기시는데 그 학생도 그 기분 좀 느끼려고 담배질했는데 퇴학시킨다고 하시니 너무하지 않습니까? 용서하신 거로 알고 갑니다. 신성한 도서관이라면서 위나 아래나 다 담배질하긴 마찬가지군! 도긴개긴, 엉망이로다." 홱 하고 돌아서더니 다시 팔자로 뚜벅뚜벅 그리고는 쾅 하고 나가버린다. 그의 담배 쥔 손이 후들후들 떨리기 시작했다. 감히 나에게 대들다니, 이놈이 미쳤구나. 그는 어느새 학생처 번호를 누르고 있었다.

"아, 여기 세무 점퍼 입은 한 놈이, 목소리 굵게 내며 깡패처럼 무례한 놈이 나에게 대드는데 그놈이 누구요?" "음, 세무라, 그 친구, 문 누구 아닌가 몰라."

"문이라니, 퇴학당했다가 다시 복교한 놈 말이요?"

"맞습니다."

"아니, 자기는 자치회 회장 어쩌고 그러던데."

"문과대학 학생회장 그 애요."

"그럼 왜 자치회라……."

"그건 저도 모르지요."

D 일보와 H 일보에서 계속 1면으로 보도하던 그놈이다. 당분간은 아직 내가 아니고 그가 점령군이다. 80명 교수를 구하고 자신은 퇴학을 당했다. 대자보에 내 이름이 오르는 날이면 나는 끝이다. 그의 뒤에 동문과 언론이 버티고 있고 80명 교수도 눈을 부릅뜨고 있다.

다음 날, 등굣길에 도서관 앞을 지나는데 이상한 광경이 눈에 들어왔다. 도서관장과 직원들이 일렬로 서서 누구를 기다리는 모양이다. 어제 일도 있고 해서 나는 못 본 척하고 지나치는데 그들이 나를 둘러싸고 가는 길을 막는다. 도서관장이 앞으로 썩 나서며 허리를 굽히고 손을 내민다.

"아니, 본인 이름을 대지 왜 자치 뭐라고 했어요? 어제는 모르고 한 일이니 그저 헤헤." 그 옆의 부교수와 직원들도 같이 꾸벅이는 중이다.

모든 것이 서툴고 멍청한 나는 끝 정리 하나는 챔피언 감이다.

"선생님, 어제는 제가 실수했습니다. 제 잘못입니다. 어서 들어가십시오. 저는 벌써 다 잊어버렸습니다. 자, 그럼 용서하신 거로 알고 이만 가보겠습니다." 나는 목에 붙은 송충이 떼어내듯 그 자리를 바람처럼 떠났다. 홀가분하기가 날아갈 듯하다. 담배 피우다 걸린 후배도 구하고 도서관장도 자리를 지켰다. 허물이 있어도 밥은 먹어야 하니까.

황성 옛터

송악산은 누이요, 송도(개성)는 남동생이다. 송악산은 어린 남동생을 감싸는 형태라기보다 손잡고 그냥 앞으로 걷는 모습이다. 그래서인지 개성의 전체 구도가 안정되어 보이지 않는다. 어딘가에 숨어 있는 것이 나를 부르며 남은 이야기를 나누고 싶다고 속삭이는 듯한 풍경이다.

부여의 부소산 길 끝자락에 자리한 고란사도, 백마강 낙화암도 쓸쓸히 돌아서서 멀어져가는 내 님의 뒷모습처럼 우리를 슬픔으로 잠기게 한다. 사라진 왕궁의 고토는 언제나 나그네의 정서를 아프도록 그리고 촉촉하게 적셔놓는다.

나는 창가에 앉아 밖을 주시한다. 늘그막에 심신이 불편하다. 한가한 몸을 흔들의자에 앉아 넋 놓는 시간이 많아진다. 다행히 남가주 꽃나무가 오른편 유리창을 거의 덮으며 잔가지를 뻗고 있다. 손을 뻗으면 닿을 듯한데 그래도 두 팔 길이만큼 떨어져 있다. 그냥 멍하니 앉아 바라보기 딱 좋은 거리다.

지난봄이다. 다람쥐 한 마리가 그 꽃나무 위로 올라왔다. 남가주 다람쥐는 한국 다람쥐의 세 배만큼 크지만 역시 귀엽기는 다르지 않다. 그는 유심히 살피더니 집터를 정하고 불법으로 건축공사에 들어갔다. 보름 전 나성시 공무원들이 나타나서 가로수 정리 중 만들어진 최고의 집터를 재빨리 선점하여 집을 짓기 시작한 것이다. 죽죽 뻗은 잔가지 가운데 굵은 본가지(팔뚝만 한) 밑동을 잘라버리니 평평한 터가 생겨서 그 주위를 엄지손가락만한 잔가지들이 높은 울타리를 만들어

주는 것이 마치 청담동 요지가 틀림없다. 열심히 잔가지와 진흙을 나르며 한 달 공사 중에 소왕궁이 완성되었다.

집주인은 청명한 오후 선선한 바람을 즐기며 낮잠도 자고 나처럼 멍도 때린다. 가끔 몰래 숨겨놓은 별식을 편히 누운 채로 즐기는 모양이다. 그 팔자가 쥐 팔자가 아니라 부뚜막의 개 팔자다. 오르락내리락하며 생을 즐기니 나 또한 즐겁기 그지없다.

까마귀들이 옆 가지로 다가와 그의 궁전을 들여다보면서 공격을 시도하지만 어림없다. 자기의 큰 몸으로는 빼곡한 울타리를 넘어갈 수가 없다. 공중으로 날며 아래로 내려가는 방법도 시도하지만 빽빽하게 솟은 잔가지를 제치기가 불가능하다. 울산바위처럼 절벽 위의 산성 같은 난공불락의 요새다. 그러나 밥은 아무 데서나 먹더라도 잠은 한 곳에서 자라는 교육을 받았는지 그는 밤에는 절대로 이곳을 찾지 않는다. 여기는 별궁, 창덕궁이요 정궁은 경복궁인 것 같다. 희로애락을 인간의 고유 경험인 줄 알았는데 다람쥐의 그것도 만만치가 않다. 올 초반에 산타아나 바람이 불기 시작하더니 검은 구름까지 몰고 왔다. 2024년이 되면서 웬 비구름이 하늘을 덮는지 매년 물 부족에 허덕이던 남가주에 폭풍우가 쏟아졌다. 4~5년은 쓰고 남을 물이 넘친다고 한다.

무서운 비바람은 요새의 궁전마저 쓸어버렸다. 어쩜 잔가지를 하나 남기지 않고 잔인하게 정리해 버렸다. 며칠 뒤 다시 청명한 날 저녁 결에 반달이 나뭇가지에 걸리고 사방이 고요하다. 문득 집주인이 옛 빈터를 찾아 물끄러미 바라보며 명상에 잠긴다. 나의 별궁이고, 요새를 이처럼 빈 터로 만드니 앞으로는 어디로 가서 스트레스를 해소할꼬? 그의 눈가를 살피니 눈물이 아니 보인다. 가슴으로 우는 모양이다. 황성 옛터에 밤이 되니 월색만 고요해. 저나 나나 처량 학교 동창생이다.

절규

죽기 직전의 고통은 절규다. 그 절규 다음은 무엇인지 아는 사람은 매우 드물다. 나는 그 두 번째의 고통을 아는 자 중 하나다. 그것은 고체 눈물이다. 눈물은 액체. 그런데 구슬처럼 눈으로부터 툭툭 튀어나오는 것이 뺨을 적시지 않고 데굴데굴 굴러 내리는 광경을 나는 본 것이다. 네살 되는 이른 봄날 오후 나는 입양되어 어미와 헤어져 영원히 이별하는 순간이다. 그때 본 구슬 눈물과 귀에 남아도는 여섯 글자는 눈을 감은 뒤에도 영원토록 내 가슴을 울릴 것이다. "ㅊㅂ아, 잘 가라."

친구들

우리 집 식구는 다섯 명이다. 아들은 뉴욕에서 캘리포니아롤 같은 김밥 장사를 한다. 일본 사람에게 관리를 맡겨놓고 프랜차이즈를 늘려나가는 중에 「뉴욕타임스」에 크게 기사화된 일도 있다. 그건 그렇고 LA에 쭈그리고 말년을 하루하루 소진하고 있는 두 노인을 보러 1년에 두세 번 들러서 보고 가니 젊은 부부에게 또 손녀들에게도 고마울 따름이다. 다행히 두 딸은 같은 LA에 살면서 왕래하니 역시 감사한 일이다. 어제는 둘이서 어미 병문안 왔다가 아비한테 잡혀서 저의 사색 글들을 추려서 편집을 도우며 하루 종일 땀을 흘려서 많이 미안했다. 어떻게 키울지도 몰라 그냥 놔두고 이민 개척의 살벌한 투쟁 속에서도 제 부모가 개척한 유일한 좌회전 교회를 주일마다 무조건 끌고 다닌 것이 유일한 자식 교육이었으니 참말 한심했다. 정말 너무 미안하다. 그런 중에도 제 밥벌이하며 제 어미 용돈을 쥐여 주니 그럴 때마다 더 미안해진다. 이렇게 애들과 친구처럼 살고 있다. 소시민의 가정사를 괜스레 떠벌리고 보니 창피하기도 하다. 용서 바랍니다.

동반자

짝사랑하다 연애결혼까지 꼬박 70년을 함께 지내는데 드디어 아내가 척추가 부러져서 병원 신세를 지고 있다. 둘이 다 약간 모자란 데다가 이민 와서 세 아이 키우면서도 남들처럼 멋지게 싸움 한번 못 해보고 열심히 살다가 한숨 길게 쉬고 주위를 둘러보니 둘밖에 남은 것이 아무도 없다. 의지하며 살아가고 있는데 갑자기 하나가 아파 누우니 걱정 중에 애들까지 드나들며 백가쟁명으로 의견이 분분하니 봄날 벚꽃처럼 외양만 화려하다. 지나고 보니 나는 내가 아니다. 짐승들은 짐승으로 살다 그대로 가건만 인간은 인간으로 살다가 가면 별 탈이 없으련만 누구든지 인간 이상의 것을 잡아 보려다가 실패하고 끝을 맞이한다. 바로 헛고생이다. 그러나 다행히 간단한 시술로 다시 일어난 짝꿍이 내일 퇴원한단다. 죽으라는 법은 없다고 한숨을 내쉬며 가슴을 쓸어내린다. 또 당분간 주의하며 생을 연장해보아야 하리라. 아무런 선을 행해보지 못한 노부부가 이같이 자투리 생을 유지하는 것이 나 자신도 의문이다. 짐작건대 청년 시절 LA에서 진보 교회 창립하고 평신도로 반 세기가량 섬기다가 조용히 은퇴한 일이 조금 참작이 되지 않았을까 욕심을 부려본다. 평생 생활 목표가 평화 하나로 버티고 산 것은 확실히 말할 수 있다. 하긴 눈감고 길게 누워서 평화 속에 쉬어보는 것도 소크라테스의 소원만은 아니길 기대해 본다.

철학 1

철학을 부인하는 것이 참 철학이다. _파스칼

철학은 초등학문이다. 그 끝은 배설물이다. _바울

아는 것을 안다고, 모르는 것을 모른다고 할 때가 최고의 철학 그 자체다. _소크라테스

철학 2

철학은 삼국지의 조조가 처음으로 만들어 쓰기 시작한 말 '계륵'과 같다. 보기는 그럴듯한데 막상 먹을 것이 없는 닭갈비와 같다. 실체는 빈약한데 화장술로 위장한 가짜 미인이다. 자유를 찾아가는 길이 제각각이라 미로로 빠지기 쉽다. 순간순간 참고할 정도면 충분하다.

철학 3

철학은 뜬구름처럼 있는 듯하다 없다. 인간의 허기를 채워주는 주전부리다. 고독을 잠시 잊게 만드는 정신적 간식이다. 진리의 길가에 핀 산유화다.

학원 민주화 1

봉원사 가는 하얀 신작로 길은 평화의 길이다. 한가롭게 조는 듯한 길에는 한두 명의 행인이 서쪽 언덕 숲에서 울려오는 뻐꾸기 소리 속에 스며들듯 사라져가는 산골 마을 같았다. 나는 그곳 산언덕의 두어 채 있던 집에서 하숙 생활을 하며 영문학을 공부하고 있었다. 그때 가끔 옆길로 퇴근하던 40대 초반 철학자의 뒷모습을 보게 되었다. 같은 문과대학에서도 마주칠 일이 몇 번 있었다. 철학개론 시간에 신청하여 생경한 철학을 공부하였지만, 은근히 기대하던 김형석 교수님은 아니고 다른 분이라 아쉬워했던 기억이 난다. 그렇게도 잔잔하고 평화가 깃들던 학원이 갑자기 들이닥친 폭풍의 회오리로 초토화될 줄은 누구도 예측하지 못했다. 1947년 남하하여 10여 명 대가족의 가장으로 박봉의 교수직에 충실하시던 김형석 교수님의 자리가 위험해지기 시작했다.

학원 민주화 2

김형석 교수님은 80 교수님들과 함께 소위 말해서 밥줄이 끊어질 위기에 처했다. 80 대 8의 대결이다. 한쪽은 비미국 유학파요 다른 8명은 미국 유학파다. 언더우드 3세 총장서리와 미국인 이사장 등 푸른 눈의 소유자들이 백낙준 전 총장과 손을 잡고 서구 유학파 8명과 함께 연세대 현대화를 급하게 추진하면서 일이 커졌다. 교수회의에서 이에 항의하는 교수마다 해고되면서 80명 교수의 불평이 시작되었다. 한국과 일본에서 받은 석박사 학위를 무시하는 듯한 학교 당국에 항의하면서 드디어 교수 농성이 시작되니 온 언론이 이를 다루기 시작했다. 농성 교수들 중에는 일제 식민지 시대에서 조선어학회사건으로 인해 고문을 당하며 얻은 후유증으로 아직 고통당하는 분들도 여럿 있었다. 그런 사실을 외국인 이사들이 알 리가 없었다. 그때가 1960년 장면 민주 정부 시작할 즈음이다. 지금처럼 라면도 택배도 있을 리가 없었다.

학원 민주화 3

농성 교수들의 장기간 투쟁으로도 퇴로가 완전히 막히니 포기하자는 사람이 점점 늘어나기 시작했다. 반면 총장 측도 답답하기는 마찬가지로 여러 방법을 논의하건만 다수가 바라는 방법은 절대 허락할 수 없다는 소식만 들려왔다. 그러다가 생각한 것이 정상 강의를 실시하여 불참하는 학생들에게 F 학점을 주어 불이익을 주는 것이었다. 8명의 교수가 수업을 시작했다. 수강생은 평균 3명, 그 광경이 기괴하고 코믹했다. 복도에는 당황한 학생들로 꽉 차서 우왕좌왕하며 길 잃은 양 모양으로 웅성거리고 있다가 학생회 회원들이 나타나자 마치 빚쟁이를 본 듯이 둘러싸고 해결책을 요구하며 죄인 다루듯 덤벼들었다. 나는 그들을 밀어젖히며 강의실로 뚜벅뚜벅 들어가 교수에게 거침없이 항의하기 시작했다. 그는 영문학과 주임교수다. 이 학교의 문과대학에서도 기린아로 명성을 날리고 있는 유명인이다. 식민지 시대의 경성제국대학 문과에서 천재로 인정받고 그 후 각 대학에서 초청 대상 1호로 각인된 인물이다. 용재 백낙준 전 총장이 공들여 모셔서 감히 백 총장 앞에서 담배를 피우는 유일한 학자가 그였다. 전국의 수재들이 학교보다도 영문학 최모 교수의 명성을 듣고 모여들었다. K 고등학교에서 1, 2등 하던 두 학생이 그를 찾아 수제자로 연마하다가 너무 벅차고 힘이 들어 병에 걸려 한쪽 폐를 절단한 사건은 지금까지 전설처럼 전해진다.

학원 민주화 4

그러나 최 교수의 수제자인 조교수 두 사람도 스승과 대립하는 처지가 되었다. 두 젊은이도 건강한 몸이 아님에도 농성에 참여하니 그렇게 학문 연구에 몰두하여서 한 몸처럼 움직이던 사이도 벌어지고 말았다. 갑자기 나타난 나를 내려다보던 최 교수는 차분히 입을 열었다. "자네 지금 하는 짓이 엄연한 수업 방해라는 사실을 아는가?", "네, 그렇습니다." 이 말이 떨어지자마자 문 입구에서 쳐다보던 학생들이 항의하며 소리를 지르기 시작했다. "걷어치워. 이게 뭔 짓이오. 창피한 줄 아시오." 나는 황급히 돌아서며 그들에게 소리쳤다. "너희, 그 문턱 넘으면 수업 방해로 처벌받을지도 모른다. 이 일은 나 혼자면 충분하니까 한 발자국도 문턱을 넘지 마. 절대." 그 말에 그들은 움찔하며 동작을 멈추면서도 더 큰 소리를 내며 항의했다. 나는 다시 말을 이어 갔다. "선생님은 이 대학의 상징이십니다. 이 교실에 꽉 차서 선생님의 강의를 경청하던 학생들이 지금 항의하는 소리가 들리지 않습니까? 지금 세 명의 학생을 앞에 두고 이러시면 저기 밖의 아이들은 어찌합니까? 다 선생님을 따르는 제자들입니다. 제발 그만하십시오. 바로 이 교실 위층에 선생님의 동료와 제자들이 농성하고 있는데 이런 모습은 도저히 이해할 수가 없습니다." 이 말이 끝나기도 전에 그는 말없이 교단을 내려와 뚜벅뚜벅 교수실로 향했다. 건너편 교실에서도 부교수 등이 같은 형태의 수업을 진행하고 있었지만, 나의 부릅 뜬 눈에 기가 죽어서 곧 내려오고 말았다. 이 사건이 곧 '수업 방해 사건'이라는 제목으로 〈연세춘추〉에 기사 1면에 나가고 나는 곧 총장실로 호출되었다. 연세춘추는 이사장 편으로 기울어져서 대활약 중이었다. 그 편집장은 추후 대표적 진보 교회의 목회자가 되었다. 기라성 같은 전임 목회자의 뒤를 이어서 주목을 받았지만 오래 가지 못하여 사임했다는 소리가 들리면서 다른 곳을 전전하다가 스르르 사라져갔다.

학원 민주화 5

소위 '수업 방해 사건'으로 인하여 나는 총장실로 호출되었다. 총장과 이사, 대표 교수 등 7-8명이 나를 맞았다. 내가 자리를 잡으니 총장인 언더우드가 크고 푸른 눈으로 쳐다보며 말했다. "일부 학생들이 농성 교수 편을 들어서 수업이 오랫동안 휴강이 되어 여기 교수님들이 정상 수업을 시작했는데 자네가 신성한 교실에 허락도 없이 들어가 방해했다니 사실인가요?", "네, 사실입니다", "도대체 왜?", "저희 학생들에게는 농성 교수님들도 다 같은 스승이십니다. 그들을 제치고 여덟 교수님이 극소수의 학생을 데리고 강의를 시작하시면 나머지 학생들은 다 희생되고 말 텐데 어찌 우리가 구경만 할 수 있습니까? 총장님은 우리를 이해해 주시기 바랍니다." 총장이 답하기 전에 교수 대표이신 최 모 교수가 나에게 물어왔다. "그건 그렇다 치고 나의 질문에 대답해 보게. 자네도 들어서 알겠지만 며칠 전에 80여 명의 영문과 학생이 모여서 나를 찬성한다고 만장일치로 투표한 사실을 어떻게 생각하나? 자네들 몇 명이 나를 반대하다니 이게 정당하다고 보는가? 대답해 보게." 나도 그 일의 전후 사정을 모를 리가 없었다. 그런 배경을 바탕으로 인하여 의연한 태도로 버티시고 있는 교수님이 오히려 측은해 보이는 것은 나의 오만일지도 모른다고 생각하면서도 나는 이렇게 알려드릴 수밖에 없었다.

학원 민주화 6

"졸업반 형님들이 교수님의 학점 없이는 졸업할 수가 없다며 나를 윽박지르며 덤벼드니 저도 어찌할 방법이 없었습니다. 더하여 빨리 졸업해서 먹고 살아야 하니 좀 가만히 있어 달라고 하며 1학년 신입생과 자기들 졸업반을 총동원하여 선생님을 위해 찬성표를 찍은 것입니다. 2~3학년은 한 명도 참석하지 않았습니다. 그냥 모른 척해달라는 형님들의 사정으로 인하여 신입생에게 지금의 학교 사정을 설명할 수가 없었습니다. 그냥 모른 척했고 그 이상도 그 이하도 아닙니다."

자세한 내용을 아직 알지 못한 듯 최 교수의 안색이 변해갔다. 이왕 이렇게 되면 다시 물러설 이유가 있을 리 없었다. 나는 드디어 그의 아킬레스건에 칼을 댄 것이다.

"저는 선생님의 강의를 동경하여 이 학교로 왔습니다. 선생님의 강의는 기대 이상의 충격적인 세계 최고의 학문으로 우리를 압도했습니다. 재능보다 인성을 강조하셨죠. 박애 정신philanthropy과 존 폴스타프의 형편없는 술주정 중에 나타나는 인간성을 설명하실 때의 희열에 찬 선생님의 표정을 평생 잊지 못할 것 같습니다. 그러시던 선생님께서 저기 농성 교수님 등 80명의 밥줄이 위험한데 왜 이리 외면만 하시고 심하게 나오십니까? 선생님의 애제자 두 분 다 한쪽 폐로 고생하지 않습니까? 제발 부탁드립니다. 감사합니다."

그 유명한 영문학자는 그날 저녁에 사표를 내고 모 대학 대학원 원장으로 옮겨갔다.

학원 민주화 7

기둥같이 의지하며 의논하고 하나하나 실행에 옮기던 최 교수가 떠난 자리는 원일한 총장에게 너무나 큰 타격을 안겨주었다. 크고 작은 일마다 척척 처리하던 전 총장 용재 백낙준은 지금 국회 상·하원 합동회의 의장으로 너무 바빠서 의논하고 어쩌고가 불가능했다. 그는 외로이 고민하다가 결단을 내렸다. 수업 방해와 총장실에서의 불성실한 태도로 대표 교수를 떠나게 한 죄를 씌워서 문과대학 학생회장과 간부 등 세 명을 퇴학 처분했다. 속으로만 누르며 참고 있던 학생들은 3천여 명이 노천강당에 모여들었다. 한 시간의 토론을 거친 뒤 야구부 주장 차 모 군의 "가자" 하는 구령에 따라 모두 달려가니 곧 원 총장과 사우워 이사장 집이다. 두 집은 완전히 파괴되고 앙상한 화강암은 불길에 검은 굴뚝이 되고 말았다. 이것을 그냥 넘길 미국이 아니다. 그때만 해도 미국의 영향력은 옛날의 로마를 능가했다. 어느 나라가 감히 미국을 건드릴 수 있었으리오. 「뉴욕타임스」는 퇴학생 세 명의 배후에는 북쪽 공산당의 조종이 있으리라는 추측 기사를 실었다. 그러나 한국전쟁 후 처음으로 미국에 반발하는 여론이 일어나고 학생들이 "양키 고 홈"을 서슴없이 내뱉기 시작했다. 한 성명서에서 학생들은 이렇게 주장했다.

> "외국인에 의하여 한국 대학의 참다운 민족 교육이 성취될 수 없고 이 나라와 학원의 민주화는 달러로 보증해 주지 않는다."

이와 같은 소식이 뉴스를 통해 세계로 퍼져나갔다. 특히 동아시아 대학생들은 겁 없이 미국의 미숙한 외교력에 대항하는 한국 대학생들을 경외의 눈으로 바라보며 응원한다는 외신이 보도되기 시작했다. 미국의 개도국 외교가 우월주의를 벗어나야 한다는 커다란 파도에 당황할 수밖에 없는 지경에 이르렀다.

학원 민주화 8

한편 농성 교수들의 사표 뭉치가 학생들의 제보로 알려진 것이 학생 세명이 퇴학당하기 이틀 전의 일이다. 나는 큰 봉투를 들고 농성 교실로 들어가 하늘 같은 어른들 앞에서 무슨 말이든지 떠벌리지 않을 수 없게 되었다. 석두 교수라는 별명을 가진 세 분이 뒷줄에서 의문의 눈길을 보내고 있었다. 정석해, 김윤경, 심인곤 이 세 분은 각 분야의 거두여서 모두에게 존경받는 참 스승님들이었다. 맨 앞줄에 40대 초반의 단정하신 철학과 김형석 교수님이 보였다. 나는 사퇴 봉투를 높이 들고 외쳤다.

"존경하는 선생님, 저는 문과대학 학생회장인 문 누구입니다. 지금 선생님들의 사퇴서를 도중에 가로채어서 이 자리에 오게 되었습니다. 얼마나힘이 들었으면 이렇게까지 하셨을까 생각하니 우리 가슴이 미어집니다. 저희가 잘못했습니다. 용기가 없었다고 자백합니다. 학생들도 더 이상참을 수가 없다고 야단입니다. 저는 결심했습니다. 오늘이나 내일 중에총장과 담판을 내기로 말입니다."

학원 민주화 9

이번엔 꼭 남겨두고 싶은 슬픈 이야기가 있다. 가마니 사건이다. 두 개의 화강암 양옥집을 박살 낸 데모 학생들이 향한 마지막 코스가 부총장 집이다. 유명한 애국자로 추앙받던 국문학자 최현배 교수 집이다. 아직도 고문 후유증으로 고생하지만 깡마른 체격에 눈빛이 형형하시다. 또한 회색 양복을 항상 싱글로 단정히 차려입고 다니시어 그 이유가 뭘까 하고 모두 고개를 갸웃하던 중에 사건이 터진 것이다. 학생들의 표적이 원래 세 집이 되어 있는 것이다. 둘은 완전히 부셨으니 남은 곳이 최현배 부총장 집이다. 선발대가 아현동으로 향했다. 문패를 확인하고 대문도 없는 뜰로 들어서니 장독대 위에 깨진 두어 개의 독을 합쳐 대여섯 개가 을씨년스럽게 보인다. 고개를 들어보니 창문을 가린 낡은 가마니가 맥없이 달려 미풍에 흔들린다. 지붕의 기와도 깨어진 채 먼지가 뽀얗게 내려앉았다. 기세 좋게 달려와 씩씩거리던 젊은이들은 동작을 멈추고 입을 쩍 벌리고 동작 그만 태세로 멍하는 중에 눈가가 촉촉하더니 곧 통곡 직전으로 변한다. 그 많은 젊은이의 얼굴은 완전히 눈물바다가 되고 만다. 이 소식이 박스 기사로 나가면서 우선 나라의 경제부터 일으켜야 하겠다는 다짐이 온 나라에 퍼져나가게 되었다. 이 나라에 아직 고고한 청빈 사상이 굳건히 전해진다는 자부심과 함께 나라 경제를 어떻게든 일으키지 않을 수 없다는 결의가 돌아서는 발자국마다 깊이 새겨지고 있었다. 그들의 값진 소망과 결심은 곧 현실이 되어 우리 모두에게 다가올 줄 아무도 알 수가 없었다. 나는 교수님들의 사퇴서 뭉치를 높이

들어 올리면서 열변을 토했다.

"선생님들이 없는 이 학교는 이미 학교라고 인정할 수가 없습니다. 결코 물러서지 않겠습니다. 한 발자국도 물러서지 않을 것입니다. 존경하는 선생님, 2~3일이면 길이 열릴 겁니다. 이 봉투는 제 캐비닛 속에 당분간 깊이 보관하겠습니다. 감사합니다."

교수님들의 눈동자가 실낱같은 희망을 꿈꾸는 듯 순한 양처럼 아련했다. 정말 슬픈 현장이 아닐 수 없었다. 나는 질문조차 없는 정적 속의 기도 소리를 듣는 착각에 빠져든 채로 스르르 물러났다. 마음이 무거우면서도 굳은 결심이 서서히 나의 중심에 자리 잡고 들어앉았다.

학원 민주화 10

그 당시 언론 등에 남겨진 기록을 간략하게 살펴보고자 한다. 1960년, 4·19 혁명 직후 5월에서 그해 12월에 끝난 최단 기간의 학원 민주화 운동이다.

"자유당 독재 아래 잡초처럼 자라난 학원의 비리는 깊고 깊었다. 온 나라의 대학과 고등학교까지 들고 일어나니, 마치 학원 비리에 대항하는 동학운 동을 연상케 했다. 그중에도 가장 치열하게 학원 민주화 운동이 전개된 곳은 연세대학교였다. 학생들은 5월 초 학생회를 통해 중앙 집권적 행정 체제를 지향하고 여기에 항의하던 세 교수의 해임을 취소하라고 결의했다. 그러나 이사회는 7~8월 여름 방학을 이용하여 교수회의의 요청을 무시하고 다시 구체제로 돌아섰다. 설립자의 손자인 원일한Horace G. Underwood 와 이사진의 독단적 행동에 교수들은 문과대학에서 장기 농성에 돌입했다. 학생들은 '학원민주화투쟁위원회'를 구성하고 이사진 개편과 권력과 금력에 아부하는 교수들의 사퇴를 요구하며 철야 농성에 들어갔다. 주동 학생 3명이 퇴학당하였다."

학원 민주화 11

미국인 총장과 이사장 집을 부숴버린 대가는 무섭게 우리를 덮쳐왔다. 61명이 연행되고 51명이 구속됐다. 11월 초다. 온갖 잡범들이 우글거리는 서대문 형무소에 미결수로 배치되니 어린 학생들이 신고식을 올리면서 생지옥에서 고통을 감수하고 거기에다 차디찬 한겨울에 얼어오는 몸을 떨어야 했다. 1960년 12월에는 큰 눈까지 내려 형무소 밖에도 하얗게 덮여 있었다. 그 위로 엎어지고 뒹굴며 통곡 소리 울려 퍼지니 곧 잡혀 들어간 학생들의 어머니들과 가족들이다. 그러나 한쪽에서는 분주히 움직이고 있었다. 언론과 사회 원로들이 나서고 구명운동을 벌이면서 동문회가 앞장서서 손을 쓰기 시작했다. 모금과 위로의 물품이 쇄도하면서 형무소의 고생도 많이 호전되어 견딜 만하다는 반응에 점차 희망이 싹트고 해결의 기미가 보이기 시작했다. 여론과 분위기를 살피던 재판부는 당국자들과 학생회 회원들과 회동하면서 고민 중에 그해 크리스마스 전야에 모두 기소유예로 석방되었다. 그와 동시에 정의의 들판에서 불어오는 평화의 봄바람이 멀리서나마 첫걸음을 떼는 듯했다. 학원의 민주화처럼 필요한 과제가 어디 있으리오. 나라의 근본이요, 초석이 아닐 수 없는 명제였다.

학원 민주화 12

퇴학생 세 명의 복귀가 제일 과제로 대두되었다. 원일한 총장은 문과대학 학생회장과 부회장 등의 직책을 포기하는 조건으로만 복교가 가능하다는 조건을 통지해 왔다. 이 학생이 또 무슨 사달을 일으킬지 모르는 상태로 순순히 받아들일 수는 없었다. 그러나 나는 원 총장과 그 할아버지의 헌신과 공로를 저평가할 아무런 근거가 없었다. 단지 학원의 행정을 충분한 경험도 없이 이어받은 외국인들의 현실 인식 부족 때문에 생긴 탈선사고로 보았다. 그래서 나는 총장실을 찾게 되고 그에게 내 의견을 담담히 전했다.

"문과대학 학생회장은 얼마 전 직접선거로 선출되어서 제가 포기하고 내려와도 자연스럽게 보이기보다 혹 부작용이 있을까 우려됩니다. 이제 모든 매듭이 풀리고 다 제자리를 찾아 안정될 것인데 제가 무슨 욕심으로 사랑하는 학교와 존경하는 설립자들의 후손들을 괴롭히겠습니까? 저도 졸업반이 될 터인데 공부도 열심히 하겠습니다. 저의 3학년 성적도 보시면 알겠지만, 모범 학생에 가깝습니다. 단 곧 있게 될 총학생회장 선거를 포기하고 조용하게 지내다가 졸업할 계획입니다. 선생님, 제발 믿어주십시오."

처음에는 긴장으로 굳어 있던 그의 얼굴이 풀리며 오른손을 내밀었다. 그러나 그는 자기의 생각을 별로 나타내 보이지를 않았다. 자기의 손으로 잘라버린 청년들의 하나가 이렇게 이론이 순화되고 정연할 줄 몰랐던 사실에 혼란스러워하는 듯했다. 그 후 학원은 완전히 안정을 찾아서 교수들도 전원 자리를 잡게 되었다. 그때 40대 초의 김형석 교수님은 미국 유학의 기회까지 거치시며 연구와 교육에 매진하시어 큰 업적을 이루고 있다. 지금 연세 100을 넘기신 지 오래되고도 여전히 정정하시니 이국 만 리에서 화면으로나마 뵐 때마다 감회가 새롭다. 나도 이미 80 중반을 넘기고 있으니 어찌 남기고 싶은 말이 없다 하리오.

학원 민주화 13

검은 구름이 물러가고 밝은 태양이 솟아올랐다. 가을이 저물어 초겨울이 닥칠 때까지도 도저히 풀지 못할 실타래가 한 개의 마스터키로 스르르 풀어졌다. 그 마술 같은 열쇠가 곧 각자의 잘못을 인정하고 피차 깨달아 양보하는 것이다. 자신의 사익이나 감정이 제거되고 공익과 정의가 살아 움직이며 서로의 잘못을 용서한 결과는 매우 컸다. 기대 이상의 완벽한 성과를 거두게 되었다. 모두가 기대하여 마지않던 학원 민주화가 현실로 다가왔다. 기독교 신앙의 본류인 진리를 푯대로 세우고 좁은 문과 거친 길을 외면하지 않고 나가되 끝까지 겸손히 이웃을 사랑하는 것, 이 두 가지의 가치가 이루어낸 결과였다. 믿음과 이웃 사랑이 이 대학의 강령으로 재정립되었다. 이 나라가 온통 개인 축복과 이기적인 교회 중심에 빠져 그 진리의 길을 잃어버린 지금까지도 그 유혹의 손짓을 외면하고 자신의 길만 고집하고 있다. 다시 말하면 정통 기독교 교육의 메카로 우뚝 서서 민족의 정신적 지표를 높이 들고 앞장서서 나가고 있다는 것이다. 학원 민주화는 그 후 각 분야에서 실질적 성과를 거두었다. 교수 회의가 행정 대부분을 결정하고 총장 선출을 최초로 실행하였다. 교수들의 신분도 보장받아 각자 자기 계발에 더 정진할 수 있게 되었다. 학생들의 자치권은 물론 자유 토론의 기회가 열리니 그 후 조국의 민주화 운동의 주역으로 나서서 나라의 선진화를 위해 헌신하게 되었다. 그러나 아직 살아남아서 준동하는 악의 세력 속에 이한열 열사의 희생을 겪는 고통도 겪었다. 앞으로도 살아 숨 쉬는 참교육으로 공익에 앞장서서 겸손과 봉사를 등에 지고 나라와 민족에 헌신하는 후배들을 상상하며 장황하면서도 거친 글을 마감코자 한다.

6부

세상만사

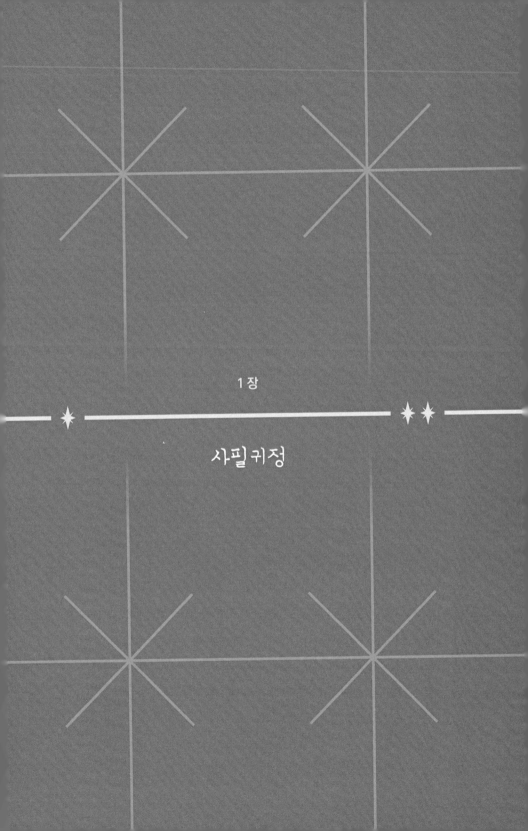

1장

사필귀정

한 육백 년

"둥둥둥 내 목숨 재촉하는 북소리. 고개 돌려 서산 보니 지는 해가 희미한데.
황천길엔 주막도 없다고 하니. 오늘 밤에는 어디쯤에서 쉬어갈꼬."

성삼문의 처형당하기 직전에 남긴 시다. 더러운 술책으로 왕권을 거
머쥔 세조와 그의 졸개들인 한명회, 정인지, 신숙주는 대대로 떵떵거리
며 부귀를 누렸다. 도덕의 기준은 무너지고 단종을 돕던 김종서와 사육
신과 생육신 등은 어리석은 집단으로 퇴락해 갔다. 그 후로는 정의를 따
르면 망하는 길이요 손 비비며 눈치껏 살면 대대로 평안했다. 복지 동안
이 출셋길이 되었다. 눈동자를 잘 굴리는 자들의 천국이 600년을 이어
왔다. 그러다 웬일인가. 이건 아니지 하는 무리가 일어나니 이것이 '깨
어 있는 시민의 조직된 힘'이라는 이상한 영혼들의 결정체다. 2020년
4월 15일 총선과 2020년 6월 29일 국회 시동의 날이 왔다. 600년의 수
치를 벗어버리고 인간다운 삶이 선포되는 순간이다. 이 순간이 가능하
게 된 이유는 무엇일까.

누구의 힘인가. 어떻게 바닥의 인간성이 지고지순의 인격체로 변
했을까. 자기를 버리고 정의를 외치고 일어난 소수의 선지자가 있었기
때문이다. 생명을 건 투쟁 속에 뿌린 피와 땀이다. 피와 땀 속에 내린
뿌리는 자유의 나무를 키운다. 값진 희생을 먹고 자란 나무는 그 뿌리
가 깊다. 평화의교회 창립 목사 백리언은 1973년 광복절이었던가. LA
의 100년 된 교회 강단에서 외쳤다. "한국이 이 정도의 국가 형태가

유지되는 것은 정몽주, 성삼문, 안중근, 윤봉길 등의 피가 아직도 조국의 동맥에 흐르기 때문이다"라고. 정의의 신이시여. 이번에도 도루묵이 되면 끝장이외다. 제발 도우소서.

명진

그를 좋아합니다. 우선 그 이름이 청풍명월처럼 시원한데 또한 그의 저항 정신이 보통이 아니지요. 동가숙서가식東家食西家宿하는 그의 호탕한 기백이 나 같은 소인배의 기를 죽이고 맙니다. 예수쟁이가 중을 사모하는 일은 정상이 아니지만 나는 일찍이 목회자들의 통 큰 사회 접촉을 보고 배워서 다른 동네 종교를 흘겨보면 못쓴다고 배워둔 바가 있습니다. 누구든지 옳은 길을 추구하고 행동하면 다 친구라고 볼 수 있습니다. 주님도 제자들이 고자질하는 것을 말렸지요. "주님, 누구누구가 주님 이름 팔고 다니니 우리가 가서 혼내줍시다" 하고 흥분하는 제자들에게 그러는 것이 아니라고 말리셨지요. "나를 반대하지 않으면 크게 보아 같은 편 아니냐"라며 제자들을 추슬렀지요.

그런데 어느 주일날 명진께서 교회에 나타난 것입니다. 제정신 든 영감이 이 교회에 하나 있는데 만나보고 수인사나 해봄이 어떻겠냐는 예방 주사를 맞은 것 같았습니다. 오래된 지인을 만난 듯 처음부터 다정하게 다가왔습니다. 나는 이럴 때 쓰는 인사말, "우레 같은 존함을 들어온 지 오래되었습니다"라고 할 것을 너무 당황해서 "아이구 어쩌구 이런 일이" 하면서 더듬은 것 같습니다. 세련되지 못하게스리.

식사하고 사진 찍고 그의 주일설교도 들었습니다. 처음 서보는 교회 제단에서 많이 긴장한 모습이었지만 그래도 할 말은 다 하더군요. "자유는 인간의 최고 가치이다. 부처를 돼지 잡듯이 죽여서 법당 뜰에 그 살과 뼈를 흩으려 뿌리더라도 네가 하는 일이 자유 속에서 바른 행동이라는 신념이 있는 한 네 마음 가는 대로 하는 것이 옳은 길이다.”

그는 과연 명진이라는 이름만큼 담대하게 진리의 길을 찾아 헤매는 거인이었습니다. 교회의 뜰을 손잡고 거닐며 그는 물었습니다. “저, 장로님, 뭐 하나 물어봅시다”, ”네, 무슨…”, “제가 기독교로 개종할까요?” 순간 나는 번갯불에 맞은 듯 멈칫하며 그를 쳐다보았습니다. 그의 맑은 두 눈동자가 내 영혼을 깊이 파고드는 것 같았습니다. 내공 없는 내 모습에서 혹시 ‘또라이’ 근성을 발견한 것은 아닐까 걱정도 되는 순간이었습니다. 그러나 그의 표정은 심각했습니다. 자기 앞에 우주 전체를 가운데로 밀며 올인하는 태도로 보였습니다. 전 재산을 포기 못 한 청년이 어찌해야 내가 주님의 참 제자가 될지를 고민하는 찰나나 다름없는 장면입니다.

아! 이분만큼 생이 무엇인가, 왜 사는가를 고민하고 굶주린 순례자가 얼마나 되는지 궁금했습니다. 그 순간 저는 그에게 대답할 말이 내 입을 통해 술술 나오는 것을 보고 나도 놀랐습니다. “스님 제정신입니까? 그 많은 거짓 선지자의 늪에 빠지면 어쩌시려고, 옳은 길로 가시는 한 이대로 쭉 가시죠” 내가 주제에 심했나? 내가 뭘 안다고 대 예언자 앞에서 감 놔라 배 놔라 했단 말인가? 아직도 부끄럽습니다.

잘 가시게

차라리 나 예수를 욕해라. 단 성령을 욕하지 마라. 신앙이 없는 상태에서 나를 비방하는 일은 간혹 있게 마련이다. 누구에게서도 경험하게 될 통과의례로 볼 수도 있다. 흥, 하고 나 예수를 코웃음 치는 자들이 한둘인가. 그렇다. 나 예수가 아니라 성령을 거역하는 자들이 문제다. 자신의 양심에서 나오는 작은 소리를 놓치고 만다. 아니, 눌러버린다. 아니, 깊이깊이 파묻어버린다. 우리는 이런 자들을 버림받은 자들이라고 말한다. 왜? 소위 "영원히 용서받지 못하리라"(마 12:32)라는 단호하게 밝힌 주님의 직접 설교가 있기 때문이다.

미국이나 한국의 신자 중에 이런 자들이 의외로 많다. 갑질하는 기득권자들이 무리하게 의인들을 가혹하게 다루는 이유를 그대는 아는가? 자기 죄를 덮기 위해 의인을 죽이려고 일을 꾸미는 것이다. 인류 역사는 그 내용이 이런 일로 도배되고 있다. 악한 자들이 끝에 가서 내뱉는 말은 정해진 레퍼토리 그대로다. "또 그 말이야? 세월호, 지긋지긋해. 광주 5·18? 지겹구먼. 조국과 그 가족이 깨끗하다고? 흥, 표창장 위조범 아닌가? 오리발까지. 문재인은 감옥 보내야 해. 왜? 그걸 몰라? 죄인이야, 독재자야, 무능해." 계속 욕하고 저주하지만 왜 그런지 그 이유는 대지 못한다. 그러면 그런 줄 알라고 돼지 멱따는 소리로 꽥꽥 소리지른다. 바로 이런 짓이 성령을 거스르는 모습이다. 왜? 의인을 핍박하는 자가 곧 신을 핍박하는 자다. 영원히 구제 불능의 불지옥에 떨어질 수밖에 다른 방법은 성경 어디에도 없다. 잘 가시게, 멀리 안 나가네.

일등 국민

인성을 갈고닦기 위해 학교 교육을 받으며 청춘의 귀한 시절을 보낸다. 인성과 같이 그다음으로 배우는 것이 전공이라는 특수 기술이다. 그러나 살기가 팍팍하고 거칠어져서 인성은 뒤로 밀리고 돈벌이 수단만 남게 되고 그 전공을 책대로 행하지 않고 허실로 바꿔치기하고 더 똑똑한 놈은 허허실실 뒤집어서 어떻게든 돈이 되는 쪽으로 몰고 간다. 거기에 더해 학연, 지연 등 동아리를 만들어 상부상조하며 같이 해먹으니 의지도 되고 지하실의 양주 맛은 꿀맛이다. 배운 놈들이 이 모양으로 타락하니 그 사회의 사정이 어떠하리오. 일찍이 아우구스티누스는 말했다. 정의가 없는 국가는 강도떼와 같다고. 어찌 국가뿐이리오. 정의가 없는 교회는 악의 편이 되기 쉽다. 다시 말해서 정의가 없는 믿음은 젖먹이의 옹알이에 불과하여 자라면서 의를 위한 면역성이 결핍될 수밖에 없다. 배운 쪽은 점점 교만해지고 반면 흙수저의 노동 계층일수록 더 열악한 환경에서 일하다가 죽어간다. 교육의 최종 목표는 공공을 위한 헌신이요 이웃을 돌보는 배려와 동참이다. 나만큼 너도 생각해 주는 역지사지 정신이다. 자기희생과 박애를 펴는 것 이상의 자기애가 어디에서 찾아보리오. 자연히 다가올 상금은 세계 일등 국가의 일등 국민이라는 보람된 상장이다.

애민

진린은 1만 명의 포로를 죽여서 그 머리를 소금에 절여 황제에게 보내면 자기에게 큰 도시 하나둘 하사하실 것이라고 자랑했다. 순신이 알아보니 이 되놈이 말하는 포로들이 왜놈과 협상하면서 넘겨받은 마산 쪽의 조선 백성들이었다. 당장 달려가서 진린과 따지며 어서 풀어줄 것을 요청했다. 돼지 같은 진린이 펄쩍 뛰며 내 소관이라고 당신은 당신 일이나 잘하라고 소리 지르고 물러서려 할 때 순신은 긴 칼을 빼 든다. 이것은 너와 내가 상담할 일이 아니다. 내 백성의 목숨은 곧 내 목숨이다. 너와 내가 이 자리에서 같이 죽더라도 이번은 물러설 수가 없다. 단 앞으로 전투에서 모든 전공과 포로 등은 다 장군의 것으로 하겠다. 머지않아 그 머릿수 채워줄 자신이 있다는 것을 장군도 알 것 아닌가. 결국 순신은 죄 없는 백성 1만여 명을 구해냈다. 이처럼 그의 애민 사상은 특별하다. 적을 피해 전라도까지 도망 온 경상도 피난민들의 호소를 물리치지 못하고 한산도로 데리고 들어가니 이 또한 간단한 일인가. 일일이 보고를 올리고 허락받고 쓸데없는 일이 한둘인가. 못난 왕은 달갑지 않았다. 마지못해 허락했을 뿐 그 일로 때를 봐서 손볼 생각을 품었다. 그 정도 모를 순신이 아니지만 그저 자기의 운명이려니 여긴다. 심술 대장 진린도 순신의 배에 오르며 세 번이나 갑판에 뒹굴며 소리 지르고 통곡하니 그들의 길고 긴 역사에서도 찾아볼 수 없는 참 스승을 잃은 듯 가슴을 치며 아파했다.

변증법 1

실력, 실천, 실적은 이재명과 항상 함께 있을 것인데 그중에 제일은 실적이니라. 왜? 실적은 이미 만들어놓은 결과이므로 누구에게나 증명이되니까. 그러나 실력이나 실천은 당장 보여줄 수 없다. 독일인들은 후보를 보고 고르는 데 별로 고민하지 않는다고 한다. 그의 외모나 도덕성, 통솔력, 말솜씨 등은 오직 참고 사항이고, 그가 우리 자신과 사회를 위해 무엇을 이루어 놓았고 성취했는지를 보고 찬반을 결정한다고 한다. 그의 발자취가 그가 받는 점수라는 것이다. 과연 헤겔의 변증법적 사고다. 그렇게만 하면 투표처럼 쉬운 일도 없어 보인다. 이재명은 실력을 키워서 실천하여 실적을 쌓아놓은 정치가다. 소년공이 어떻고 검정고시가 어떻고 하는 그들은 그냥 그러려니 하고 그의 실적만 보고 투표하면 나와 나라까지 구할 수 있는 귀한 순간이다.

식당

요사이, 이재명의 음식점 총량 허가제가 큰 화제로 떠오르고 있다. 강아지나 송아지나 다 할 수 있는 것이 식당이다. 그런데 어찌하여 몇 달을 못 버티고 망해나가는지 참 이상하다. 엄마 아빠 아들딸 누구나 부엌에서 요리해 본 경험이 있고 경험이 없어도 한두 번 연습하면 그럴듯한 무엇을 만들게 되니 근거 없는 자신감을 갖게 된다. 그런데 울 엄마의 음식 솜씨가 세계 최고인데 그런 분이 식당을 열면 왜 열 명 중 8~9명이 6개월을 못 견디고 문을 닫을까. 여기에 간단히 그 이유를 적어본다. 요리 솜씨+경영 능력+원가 계산+위생과 보건+서비스 정신+건강+인내력 등등 여러 준비 요소가 요구된다. 사회와 인간관계를 맺는 기초 학식과 경력이 반드시 필요하다. 그래서 백종원 요리사도 실패의 연속으로 바닥까지 떨어졌다가 죽기 전에 기사회생한 경험을 설파한다. 그는 기본적으로 정직을 강조하면서 초심을 잃지 않도록 부탁하지만, 누구나 기본이 안 된 인성의 소유자가 요식업에 뛰어드는 것은 무리 중의 무리다. 그래서 식당업은 모든 기업의 전반적인 기초가 된다. 좋은 인품 외에도 말썽꾸러기나 취객도 다룰 줄 알아야 한다. 판단력과 스피드 감각 그리고 새로운 메뉴를 창조하는 역동적인 능력은 항상 긴장 속에 동행해야 한다. 그래서 동업자끼리 모임이 있을 때 얼큰해지면 나오는 한탄의 소리가 있다.

"제기랄, 저주받은 X들의 직업이 식당쟁이야. 아이고, 내 팔자야!"

그러므로

네가 살려달라고 해서 내가 건져주었다. 네가 나를 찬양하므로 네 지위를 높여주었다. 네가 회개하므로 너를 영화롭게 만들었다. 이제는 '그러므로'의 시간이다. 그러므로 이제부터는 내가 너에게 부탁할 차례다. 그러나 너에게는 오징어 게임처럼 공정한 기회를 제공한다. 내 부탁을 거절하는 자들은 자유다. 네 갈 길을 가거라. 아직 내 앞에 남아 있는 자들은 잘 들어라. 땅에서나 하늘에서나 외상은 있어도 공짜는 없다. 네가 나에게 은혜를 받았다고 밝혔으니 그러므로 갚아라. 부탁한다. "네 이웃을 네 몸 같이 사랑하라."

또 한 가지가 있다. "하늘에 계신 너의 아버지를 공경하여라."

시간을 내어서 성경을 읽고 명상하여라. 어려우면 그냥 지나쳐도 되고 생선 먹듯이 해도 된다. 말씀을 사랑하면 복음으로 복음의 뜻을 풀게 된다고 하는 말씀은 사실이다. 그리고 잊지 말고 잘 들어라. 7일에 하루를 나에게 바쳐라. 요새는 힘들다 이 말이냐? 그러면 2~3시간만이라도 나의 제단에 나와서 나를 만나야 한다. 사람들끼리도 웃어른에게 문안하지 않느냐?

위의 두 가지 부탁은 너희가 나에게 빚진 것을 도로 갚아주는 거룩한 삶이다. 그러므로 너는 이미 구원의 길로 들어섰다. 이 말은 네가 영원히 죽지 않는다는 말과 동의어다. 철학의 끝은 신학이요, 신학의 끝은 진리요, 진리는 구원의 영원한 동반자다.

변증법 2

정반합 없는 민주주의는 가시밭길이다. 자진해서 자기의 기득권을 내놓고 바른길을 택하는 일은 아직은 인류 역사에 나타난 적이 없다. 그러면 어떻게 일반 백성의 자유가 그나마 쟁취되었을까? 그 답은 단연 단두대다. 만일 한국도 5·16 군사 쿠데타 주동자 중 열 명만 단두대로 처리했으면 그 후의 나라 사정이 지금처럼 난장판이 되지는 않았으리라. 지금까지 가짜들의 형편없는 무대를 보며 속을 태우고 있으려니 아까운 세월만 흘러가고 있다. 다시 한번 말하지만, 단두대가 설치되어 목이 잘려 나갈 때 비로소 기득권 포기 현상이 시작된다. 영국과 프랑스의 단두대는 근대 민주주의 정착에 결정적 역할을 했다. 또 아우슈비츠 학살과 그 역작용으로 나타난 나치의 몰락은 현 독일의 양심 회복과 모범적 사회 민주주의 성공의 기초가 되었다.

한국의 정반합이 정과 반만 계속되고 합에 도달하지 못하는 이유는 어디에 있을까? 반민특위의 실패가 그 시작이요 악의 청산 없이 즉 단두대 없이 덮어버린 불의의 손길이 70년을 허송하게 만들고 있다. 그러면 그대들이 그렇게 선호하는 평화적 촛불혁명은 가능한가? 적폐 청산 없이 사회 발전을 이룰 수가 있을까? 그 대답은 지금 한국에서 펼쳐질 미래에 있다. 최초의 시도다. 단두대 없는 사회 정의가 펼쳐지는 새 역사가 성공할지 아닐지는 오직 앞으로의 한반도 정세에 온전히 달려 있다.

히딩크 효과

A는 서울의 모 대학 야구 감독이다. 춘계 대학 야구에서 준우승했다. 그의 집 전화가 끊임없이 울렸다. 대학 재단 이사의 조카, 교무처장의 차남, 동문회 부회장의 쌍둥이 아들을 야구부에 넣지 않을 수가 없었다. 잡동사니들이 들어오자 그나마 열심을 내어 운동하던 선수들의 규율이 풀리기 시작하니 그다음 시합에서 팀의 성적은 바닥에 떨어지고 A는 사표를 던지고 물러났다.

히딩크는 감독으로 취임하자마자 이런 폐단을 감지했다. 또 형님이니 선배님이니 긴 단어들이 양반 어투로 불리는 모양을 간파하고 그 이유를 찾아냈다. 1초를 빛의 속도처럼 써야 하는 찰나의 동작에서 형님이 오른쪽, 동생이 등 뒤를 계산하는 그 순간 이미 공은 상대 쪽으로 옮겨져 우리 편 골문 앞으로 날아가고 있으니 이를 어찌할꼬? 고로 축구는 스피드요, 스피드가 곧 기술인 동시에 결정력이며 이것들이 합하여 꼴을 만드는 것이다. 형은 팔짱 끼고 판단하고 신참은 땀 흘려 연습하면 안 되는 것이 운동 중에도 축구다. 그래서 손정웅 감독도 주장했다. "모든 것은 기본에서 시작한다."

히딩크를 도와서 근본적 변혁을 이룬 한국 코치진의 공로도 뛰어났다. 그중 한 사람이 '쌀딩크'라는 박항서 베트남 감독이다. 또 다른 한 분도 이웃 나라 감독으로 맹활약 중이다.

체력, 공격력, 지구력 그리고 또 한 가지, 겁 없이 덤벼들기로 선발하여 아무도 몰랐던 박지성, 이을용, 최진철, 김남일 등을 뽑아냈다. 잘생기고 인기도 많은 안정환은 무시하는 듯하다가 가서 등을 툭 두드리기를 반복하며 길들이기를 그치지 않았다. 히딩크는 한국 역사의 물줄기를 바꿔버린 혁명가다. 남의 눈치 보는 악습을 가장 짧은 시간에 완전히 거둬낸 입지적 인물이다. 실력대로 자리를 차지하도록 하는 실학을 회생시킨 제2의 정약용이다. 법과 원칙을 그야말로 법과 원칙적으로 실천한 인격자다. 5천 년의 가식과 체면 문화 그리고 불공정 관습의 장막을 위에서부터 찢어발긴 용단으로 한국의 선진국 진입을 앞당겨준 은인이다. 히딩크 효과가 이렇게까지 엄청나다는 사실은 세월이 흐를수록 두드러지리라.

법과 원칙

모든 학문 중에 그 꼬리에 해당하는 학문이 법이다. 법은 욕심쟁이 인류를 규제하는 마지막 방어책이다. 그러면 어떤 방법으로 도둑과 강도 같은 인간의 욕심을 단속할 것인가? 첫 번째가 양심에 호소하는 길이다. 즉 도덕이다. 자기완성을 위한 규범을 도덕이라고 이름 붙여서 권장하며 선도한다. 그다음 윤리가 추가된다. 인간관계를 맺고 사는 동안 합당한 행동이 요구되는 규율이다. 즉 도덕은 양심에 호소하는 방법이고 윤리는 인간관계 학문이다. 이 두 가지를 간악한 인간에게 주입하기 위해 여러 가지 방법을 창조한 주체가 또한 인간들이다. 그러면 어떻게 해야 도덕과 윤리를 인간의 마음속에 심어준단 말인가? 예술이다. 미술과 조각을 이용하여 인간의 양심에 호소하고 솟아나는 욕심을 중화하는 것이다. 또 문학이 동원된다. 소설, 시, 연극 등이 나타나 인간을 다독인다. 음악도 그 역할이 크다. 오페라, 고전음악, 경음악과 랩까지 다 동원되어서 어서 사람다운 사람이 되라고 부추긴다. 철학과 신학까지 참여한다. 이 모든 것이 도덕의 울타리를 치고 인간을 관리하지만, 여전히 역부족이다. 그래서 법이 마지막 마지노선을 긋고 나선 것이다.

———

법은 그 가치나 몸값이 참으로 창피스러운 학문이다. 이것 없이도 살 수 있을 때야 나는 인간다운 삶을 산다고 자부할 만한 것이다. 그러나 어디 그게 가능한가? 그러니 법은 필요악으로 남아서 인간의 자유를 억압하는 비극이 계속되고 있다. 선한 사람끼리 더불어 오손도손 살면 아무런 필요가 없는 학문이 법이다. 배려, 양보, 공정, 사랑, 동정 등 모든 선함이 탈선할 때 불쑥 나타나는 불청객이 법이다. 그래서 우리 속담에 '법 없이도 살 사람'이라는 말이 있다. 법과 원칙을 밥 먹듯 뇌는 윤석열은 대학의 존재 이유를 기술자 양성소쯤으로 격하하며 나머지 정치나 경제는 우리 검사들이 알아서 할 것이라고 한다. 법이면 되지 문과니 예술이니 무슨 소용이냐는 투다. 너희는 실리콘 칩 기술자만 졸업시키면 된다는 논리다. 인류 문명 자체를 부정하는 무식과 무능, 무지의 끝판이다. 부부가 팝콘 씹으며 영화 관람했다는데 그곳에서 건진 것이 오직 오락과 쾌락뿐이란 말인가?

모든 학문과 예술 행동은 마치 목자들이 양을 돌보고 모든 위험에서 지켜주는 데 목적이 있다. 그러나 법은 울타리 밖으로 머리를 내미는 양을 막대기와 채찍질로 다스린다. 법전에서 그 죄에 맞는 구절을 찾아내어 벌을 주는 것이 주 임무다. 창조적 선이 결핍된 기초적인 세계다. 다만 암기력을 필요로 하는 방대한 내용이라 고시 합격을 과대평가하는 데서 온갖 사회 부조리가 춤을 추게 만들어버렸다. 순수 학문 위주의 인문 대학을 대학 중의 대학이라 하고 학문의 중심으로 대우하는 이유를 출세에 목표를 두고 청춘을 책상에서 보낸 자들이 이해하기 불가능하리라. 거기에다 법대로 하기는커녕 법 기술을 이용하여 전관예우라는 사기성 사자성어를 목에 걸고 도둑질에 인생을 맡기는 자들은 이미 인간 되기를 포기한 퇴물들이다. 법가의 천재 한비자에게 법을 배워서 천하를 통일한 진시황은 2대를 못 채우고 망했지만, 그가 만든 법을 대부분 없애버리고 덕으로 나라의 기초를 닦은 한 고조 유방은 3천 년 중국 역사 중 최고의 통치자로 추앙받고 있다.

자유인

명동성당에서 여승이 불교 찬가를 부른다. 미 연합장로교회 소속(PC USA) LA 한인 교회에서 명진 스님이 설교한다. 그것도 주일 대예배에서 열변을 토한다. "심령이 가난한 자는 복이 있나니 천국이 저희 것이임요"

방송으로는 법륜 스님이 성경과 불경을 넘나들며, "요사이는 이교도에도 구원이 있다"라고 주장한다. 뜻깊은 멘토다. 그는 계속한다. "진리가 너희를 자유케 하리라." 요한복음 8장 32절이다. 진수 중의 진수되는 말씀이다. 성당을 가든, 교회를 가든, 절을 가든 우리가 진리에 서서 의를 행하고자 최선을 다해 노력하느냐가 중요하다는 말이다. 의인이 진리의 길을 가는 한 그는 영원한 자유인이다.

진리

진리는 움직임을 통해 나타난다. 그 운동 속에는 선, 공정, 박애, 양심의 소리들이 서로 교통한다. 우뚝 솟은 바위라고 진리가 될 수 없다. 그것은 사실일 뿐이다. 과학도 마찬가지다. 물론 진리가 아니다. 상호 작용과 운동들이 있겠지만 그 안에 정신이나 영이 없다. 고로 과학은 사실의 증거일 뿐이다. 그 이상이 될 수 없다.

빌라도가 묻는다. 진리가 도대체 무엇이냐? 대답이 없다. 침묵이다. 왜 그럴까? 예수가 진리다. 진리 앞에서 진리를 찾는 자에게 "내가 진리다"라고 말하는 것은 허공에 대고 소리 지르기보다 더 허망한 일이다. 침묵이 최선이다.

플라톤은 불변의 이데아론으로 400년 후에 진리가 발현할 것을 예측한다. 데카르트는 "나는 생각한다. 고로 존재한다"라는 말로 진리 추구의 인간 고뇌를 표현했다. 진리는 생각으로 시작하되 그 생각이 선의 손을 잡고 동행하는 꿈의 여정이다. 선한 양심의 행위가 진리다.

그리스도는 행동으로 진리를 보였다. 우리의 죄로 인하여 못 박혀 죽으시고 새 생명을 주려고 부활하셨다. 말씀만 선포하고 자연사했다면 랍비의 한 사람으로 남았으리라. 자기희생을 몸소 실현한 진리 그 자체요 전능하신 하나님이다.

예언자

재벌은 의를 거론하지 못한다. 말 한마디에 거액의 재산을 날리는 수가 있다. 그래서 집권당에 미소를 보내면 만사 오케이다. 의를 알더라도 입을 꾹 다무는 연습을 어려서부터 무섭게 연습한다. 그들 재벌의 마스코트는 아무래도 본인보다 번쩍이는 재물일 수밖에 없다. 다음 차지가 가난하면서도 의의 길로 가는 무리다. 핍박과 가난의 고통을 양어깨에 메고 가는 인생들이다. 그러나 이 사람들은 과거에는 일등 의인이라 인정했지만, 현대에 와서는 의견이 다르다. 이들은 밀려났다. 그 이유는 다음과 같다. 즉 중산층이 의를 행할 때가 가장 빛이 난다고 본다. 잘못하면 있는 재산도 잃을 수도 있건만 용감하게도 의를 외친다. 가난한 자보다 더 많은 용기가 필요함은 물론이다. 지각을 가지고 옳은 판단으로 정의를 외치는 중류층이 두터울수록 그 사회와 국가는 튼튼해질 것이다. 여기에 덧붙일 특수 부류가 있다. 소크라테스처럼 무료 강연자들이 있다. 자기는 종교인이라고 하는데 그 내용은 대철학자도 못 따를 예언자다. 돈도 아니 받고 진리를 선포하고 다니니 동가숙서가식이 틀림없다. 큰 교회나 큰 사찰의 주인공들은 이 예언자들의 본을 따르며 도울 일이다.

갈림길

1919년 3 · 1운동 때까지도 아르헨티나는 세계 5위의 경제 대국이었다. 유럽의 여인들이 나폴리 항을 떠나 남미로 이민 갈 때 젊은이들이 손 흔들며 눈물의 이별가로 부른 아리아가 〈산타루치아〉라고 한다. 유럽인들의 이상향이던 아르헨티나는 그 후 100년 동안 안정된 정치체제를 유지하지 못하고 나락의 길로 들어섰다. 민주주의의 가치를 가볍게 여기며 각자 자신의 욕심대로 투표하고 의의 삶을 포기한 백성들은 도탄에 빠지고 말았다. 빈부격차 속에 기득권이 자리를 틀고 독재와 손을 잡고 배를 채우니 국민의 의식 이상의 지도자가 나타날 리가 없다. 지금은 1인당 국민 소득이 1만 3천 달러로 멕시코와 비슷한 수준이다. 중진국이라고 하지만 희망이 보이지 않아서 언제 IMF 위기가 올지 아슬아슬하다. 한국도 이 나라를 타산지석으로 삼아 고귀한 민주주의의 가치를 믿고 깨어 있는 시민들의 단합된 힘을 키울 때다. 발 앞에 갈림길에서 바른길로 썩 나서야 한다. 좁은 문과 거친 길을 가는 자가 소망과 생명을 거머쥔다. 지상천국은 덤이다.

계륵

마초가 백마 위에 높이 앉아 소리 지른다. "현덕아, 이 촌놈아. 고향 내려가 짚신이나 삶아라. 네까짓 게 초나라 왕이라고라? 웃기지 마라. 나야말로 왕족 중의 왕족이다. 네 자리는 오늘부터 내 거다. 내가 왕이다." 유비는 이 층에서 그 꼴을 내려다보며 생각 중이다. 저 친구를 어떻게든 생포해서 내 사람을 만들고 싶은데 만만치 않다. 조자룡을 내보내면 상대가 되겠지만 둘이 다 실력이 비슷하니 두 사람 중에 하나가 상할 게 틀림없다. 답답하여 옆에 있는 승상을 쳐다보니 그는 이미 계획한 바가 있는지 빙그레 웃으며 나만 믿으라는 표정이다.

마초는 귀족 출신에 서쪽 오랑캐 피가 섞여 얼굴이 백옥같이 희다. 큰 키에 허리는 가늘고 온 몸뚱이가 근육질이다. 행동이 유연하면서도 번개 같아 당할 자 없는 영웅이다. 여포가 죽은 뒤 셋을 최고의 영웅이라고 회자되니 곧 조자룡과 관운장 그리고 마초다. 누가 일등인지는 아무도 모르는 일이다. 유비는 두 사람을 이미 얻었다. 마초 한 사람만 얻으면 제갈 승상과 함께 천하통일을 꿈꿀 수가 있다. 바로 그때 제갈량이 속삭이듯 자기의 의견을 말한다. "마초를 상대하려면 아무래도 장비가 제격입니다. 조자룡은 피차 용호상박이라 둘 중에 하나가 상합니다." 현덕이 놀라며 대답한다. "혹 장비가 잘못되면 나도 죽습니다. 승상도 너무 하십니다", "아닙니다. 장비가 마초를 이길 수는 없지만 지지 않을 정도는 됩니다. 최선을 다하여 막아낼 실력은 충분하지요. 둘이 다 진이 빠졌을 때 제가 꾀를 내어 유인하면 성공할 수 있습니다."

마초와 장비의 서초 대전이 시작됐다. 해 뜨고 시작해서 저녁까지 싸우는데 아직도 무승부다. 어두워지니 병사들이 횃불을 들고 응원하며 세기의 결투를 바라본다. 장비도 과연 무서운 장수가 틀림없다. 마초도 이런 놈을 처음 본다. 속으로 감탄하여 마지않는다. 이럴 즈음 공명이 너털웃음을 지으며 나타나고 마초를 좋은 말로 달랜다. 마침 마땅한 주인을 못 찾아 떠돌던 마초의 머리를 숙이게 하고 대우를 극진히 하여 한 식구로 받아들인다. 그 후 조조가 크게 쳐들어왔다가 마초한테 곤욕을 당하며 내빼면서 투덜댄 말이 곧 '계륵 계륵'이다. 크게 먹을 것도 없이 마초 놈한테 창피만 당하다니 어이구 부끄럽구나 하고 중얼대며 자기 집으로 도망갔다.

부활

예수는 하나님의 이름을 참칭했다고 잡혀가 죽었다. 조국혁신당 대표는 표창장이 의심스럽다고 자신과 아내와 자식들과 부모는 물론 사촌 형제까지 끌려가 도륙을 당했다. 간악한 바리새인들도 그리고 사기꾼 대제사장도 예수의 부모나 형제들을 건드리지 않았다. 강도보다 악한 검사들과 구더기보다 더 냄새나는 기자들이 합심하여 토끼몰이하듯 잡아 족치니 이름난 신사 중의 신사는 맥없이 당하고 말았다. 세상이 그를 완전히 버렸지만, 그는 침묵으로 일관하며 참아냈다. 돌을 던지던 백성들은 결국 가짜 언론에 속은 사실을 알고 몸을 돌려 이번에는 검사들에게 공격하며 쳐들어가고 있다. 조 대표는 열두 제자를 대동하고 당당히 국회로 입성 중이다. 마치 예수의 부활과 같은 승리의 행진이다. 정의와 공평의 제자들이 진리의 성으로 들어가는 것이다.

통일

통일처럼 쉬운 일은 없다. 어떻게? 간단하다. 공정사회를 만들면 된다. 그게 무슨 소린가? "네 이웃을 네 몸과 같이 사랑하라"라고 쓰여 있다고 하더라도 실천하기 거의 불가능한 일이다. 그러면 어찌할꼬? 사랑은 못 하더라도 해치지는 말아야 한다. 즉 남을 욕심쟁이라고 욕하기에 앞서 나 자신을 돌아보며 과연 내 비판이 공정한지 비교할 줄 알아야 한다는 말이다. 이 공정성이 보장되는 사회가 선진국이 되는 첩경이요, 의와 평화가 깃들 수 있는 자격이 주어질 것이다. 자연히 땅과 하늘이 응답하여 통일의 길이 열릴 수밖에 없다. 사랑이 힘들면 공정이라도 해야 할 것이다. 온유한 자가 땅을 차지한다는 말이 통일을 의미하는 것 같아 희망을 남겨본다.

가난한 자

"심령이 가난한 자는 복이 있다." 사람이 가난하면 우선 배가 고프다. 그래서 먹을 것을 구하러 동분서주하며 땀 흘려 일하게 된다. 정신이 가난하면 어떨까? 마찬가지로 음식을 구하게 된다. 어떤 음식이 우리의 마음과 정신을 배부르게 할까? 바로 말씀이라는 음식이다. 그러면 어떻게 구할 수 있을까? 바로 말씀 냉장고다. 다시 말해서 성경이라는 냉장고에는 66가지 싱싱한 음식이 꽉 차 있다. 그리고 전부 무료다. 그리고 또 먹어도 먹어도 다시 공급된다. 몸이 배고프면 정말 슬프다. 그러나 심령이 배고프면 생의 가치 전체를 잃어버린다. 나침판 없이 떠다니는 항해의 연속은 너무나도 불안하다.

바보

1998년 서울 종로에서 국회의원으로 당선된 노무현은 2년 뒤에 닥친 재선거에서 또 승리하리라고 모두 예상했다. 그러나 그는 부산으로 내려가 출마했다. 지역주의 타파를 외치며 도전했지만, 손을 내밀고 악수를 청해도 모두 모른 척 지나쳤다. 철천지원수 대하듯 했다. 2000년 4월 어느 날 명지시장 공터에서 연설하는데 꽉꽉 채워져 빈자리를 볼 수가 없었다. 사람은커녕 개미 한 마리 없는 공간에 찬바람이 불어와 채워진 것이다. 이름난 바보는 공중에 대고 소리 지르기 시작한다. "공터에서 말하려니까 말이 막혀 잘 안 나옵니다. 그러나 한번 해보렵니다." 이런 일이 소문으로 퍼지며 온 국민이 감동하기 시작하더니 2년 뒤에 16대 대통령이 되었다. 공터에서 그가 홀로 연설하는데 한 사람의 청중도 안 보였지만 아마도 보이지 않는 전국의 모든 국민이 참석한 것과 똑같은 효과가 2년 뒤에 나타날 줄 어느 누가 알았으리요. 최선을 다해 옳은 일을 하고 뒷일은 하늘에 맡긴 결과를 그의 온몸으로 증명했다. 영원히 기억될 자랑스러운 한편의 역사다.

불사조

인동초라는 별명을 가진 김대중을 현해탄 바다에서 극적으로 살려내어 완전히 무너진 한국을 구하시더니 이번에는 이재명이라는 불사조를 보내시어 칼과 압수수색으로 불처럼 단련하고 계시는 것 같습니다. 흐느껴 울부짖는 한반도의 절규를 들으시고 커다란 변화를 축복 속에서 창조하시고 있는 것이 확실해 보입니다. 허리는 부러져 금이 가고 살 만하다가는 다시 악마의 시련으로 넘어지니, 마치 화살 맞고 쓰러져 신음하는 큰 짐승의 거친 신음 소리가 들리는 듯합니다. 캄캄한 지옥에서 구원을 위해 하늘로 뻗은 소망의 손길을 잡아 건져주시기 바랍니다. 악한 죄가 곳곳에서 들끓는 것을 어찌 아니라고 변명하리오마는 열 명의 의인을 찾으시던 그 옛날보다는 하늘의 자녀들이 훨씬 더 많아 보입니다. 한반도를 이 무서운 질곡에서 건져내소서. 거짓의 예복을 입은 가짜 선지자들을 가려내어 제거해주시고 정의가 강같이 흐르고 평화가 들불처럼 퍼지게 하시옵소서. 아멘.

성경

성경은 확실히 막연하고 답답하다. 몸과 마음의 욕구가 해결되는 마법의 상자가 아니다. 성질 급한 젊은이들이 외면하는 이유다. 그러나 사실이 아니다. 성경은 급할 때나 인내가 필요한 경우, 모두 특효약이다. 다만 이 세상에 누구도 자기를 돌보아주는 손길을 도저히 알아채지 못한다. 인간은 그런 특별한 은사를 경험하는 순간 1초도 안 걸려서 오만의 늪에 빠지기 때문이다. 그래서인가? 해결되고 나서는 언제나 청구서가 배달된다. 그 이유도 오만가지 방지를 위한 처방이다. 왜 이토록 잘난 사람이 많을까? 이제는 제정신 차려도 될 만한데 역시나다.

선지자

세조는 성삼문을, 선조는 충무공을, 이승만은 김구를, 박정희는 김대중을, 이명박은 노무현을, 윤석열은 이재명을 살해하려고 사탄의 칼을 휘두르며 광란의 춤을 춘다. 성공도 하고 실패도 하며 한국의 역사를 난도질하고 있다. 그러나 피해자들은 한낮의 햇살처럼 날이 갈수록 빛을 발한다. 가해자들은 이미 버려진 배설물 속의 해충에 불과하다. 끝없이 의의 지게를 등에 지고 땀을 흘리는 선지자들이 이 척박한 땅에 때마다 나타나고 있다. 하늘이 무심치 않으니 한반도에 소망의 빛을 볼 날이 머지않아 보인다.

안심

장대높이뛰기 선수들은 2024년 파리 올림픽 세계 최고 기록인 6m 25cm를 넘기 위해 계속 훈련을 쌓아나가게 되었다. 모든 경기 중에도 하늘에 제일 가까이 도달하는 경기다. 왜 그 경기 이름을 바벨탑으로 하지 않았는지 궁금하다. 또다시 노아의 대홍수로 인간 싹쓸이를 당할 수 없다고 주장하며 쌓기 시작한 바벨탑이다. 구름을 뚫고 올라가며 위세를 떨치던 인간들은 도중에 강제로 해산을 당해서 꿈을 포기하고 만다. 그래서인지 장대로나마 그 소망을 이루어보자는 심보로 하늘 높이 치솟는다. 여하튼 시원하고도 멋지다. 특이한 장면이 있으니 장대를 살짝 넘어 성공한 경우 선수들은 환희의 미소가 얼굴에 꽃처럼 퍼진다. 떨어지는 시간은 2초도 아니 되지만 그야말로 최고의 순간이다. 선수가 편안한 마음이 되는 또 한 가지의 이유가 있다. 땅으로 떨어지는 바닥에 푹신한 받침대가 그의 몸을 안아주기 때문이다. 그는 믿어 의심치 않는다. 믿음은 평안 그 자체다. 서로 믿고 살면 낙원인데 실천이 그렇게 힘들다.

최고의 가치

진리와 사랑이 경쟁한다면 누가 이길까? 모세가 하나님께 이름이 무엇인지 물었다. 그 대답이 돌아왔다. "나는 나다"(I am who I am). 이외에 더하거나 뺄 것이 없다는 것이다. 곧 최고의 가치로 시작이요 끝이다. 진리 그 자체면서도 인간처럼 성정 있는 살아 계신 분이다.

예수께서도 직접 자신의 아이덴티티를 밝혔다. "내가 곧 길이요, 진리요, 생명이니"라고 하면서 간단히 말해 '살아 있는 진리'라고 말했다. 그러면 성령은 누구일까? 예수가 아버지께 요청한 또 하나의 보혜사가 성령이요 그 이름도 '진리의 영'이라고 선언한다. 진리에는 예외가 없다. 고로 잘못하면 책임을 져야 한다. 대홍수로 노아 가족만 살아난 이유가 여기 있다.

물이 빠지고 인간과 동식물의 잔해를 내려다본 창조주는 끓어오르는 슬픔 속에 다음과 같은 약속으로 스스로 달랜다. "다시는 물로 너희를 심판하지 않겠고 그 징표로 무지개를 하늘에 펼치리라." 그때부터 진리를 기준으로 하여 내리던 심판이 용서와 사랑이라는 두 가치가 간섭하며 뛰어드니 곧 심판의 시간이 지연될 수밖에 없다. 인간의 회개를 기대하며 참고 있을 성삼위께 볼 낯이 없다. 진리도 사랑도 모두 필요한 우리지만 진리가 먼저인데 겁 없이 용서와 사랑에만 의지하고 있다가는 큰 화를 당할지 누가 알리요? 모두가 회개의 시간이요, 옷매무새를 살펴볼 시간이다.

성경 한 줄

성경 66권을 한 줄로 줄여서 정의해놓은 주의 말씀을 소개한다.

"네 마음을 다하고 목숨을 다하고 뜻을 다하여 주 너의 하나님을 사랑하라
하셨으니 이것이 크고 첫째 되는 계명이요 둘째는 그와 같으니 네 이웃을
네 몸과 같이 사랑하라 하셨으니 이 두 계명이 온 율법과 선지자의 강령이
니라"(마 22:37-40).

이 한 줄 말씀이 신구약 전체의 뜻을 설명해주는 복음 중의 복음이다.

돌 제사

아비와 형을 속여 장자의 축복권을 빼앗은 야곱이 결국 얍복강 모래톱에서 하나님과 씨름 한 판 승부로 이겨내고 이스라엘이라는 새 이름을 얻으면서 12지파의 아버지로 등극했다. 비록 씨름 끝말에 복숭아뼈를 다쳐서 일생 다리를 절었지만, 할아버지 아브라함 이후 방랑 생활 끝에 신앙의 기초를 드디어 이루어냈다. 후세 사람들은 그의 부정적인 생활 태도에도 불구하고 어찌하여 축복을 받았는지 궁금해한다. 그러나 성경은 우리에게 일러준다. "나에게 영과 진리로 예배하는 행위보다 더 가치 있는 일은 어느 때, 어느 곳에도 없다"라고. 야곱은 도망가는 들판에서 돌을 베고 자다가 일어나 돌 제단을 쌓고 제사하며 하나님을 찬양했다. 최선을 다해 예배를 드렸다. 그러나 다 성취한 그는 곧 교만에 빠질 때마다 부러진 다리를 절며 다시 정신을 차리고 제자리로 돌아왔다. 하늘의 인간에 대한 근심과 걱정은 축복받은 자가 돌변하여 엉뚱한 짓을 하며 오만해지는 것이다.

찰나 행운

말 한마디로 천 냥 빚을 갚는다는 속담처럼 몇 마디 말로 천국에 들어간 죄수도 있다. 다 알다시피 주님 곁에서 십자가형을 받고 죽어가던 죄수의 정직한 회개의 말 한마디로 그는 영원한 나라로 들어갈 수 있었다. 잘 믿다가도 한순간에 무너진 사람들이 얼마나 많은가? 그런데 여기 또 한 사람의 행운아가 있다. 1912년 타이태닉호가 물속으로 완전히 사라질 때까지 8명의 실내악 단원과 함께 찬송가를 연주한 영국 청년의 신앙과 헌신은 구원의 완전 수사가 아닐 수가 없다. 반나절 만에 거둔 구원의 역사다. 왜냐하면 그는 하나님을 찬양하면서 생의 마지막 순간을 맞아 떨고 있는 승객들에게 끝까지 소망의 메시지를 전했기 때문이다. 마지막 순간까지 믿음을 지킨 자가 결국 면류관을 쓴다.

정치

한국은 모든 영역이 선진국이 되기에 충분한데 오직 한 가지 정치가들이 나쁘다고 말한다. 그러나 정치는 정치가의 책임만큼 일반 국민도 책임이 있다. 그래서 제일 정치에 해가 되는 말이었다. 그것은 정치가들을 다 함께 몰아서 욕하는 것이다. 다 나쁜 사람이라고 하면 나 홀로 고고하다는 뜻이 된다. 양비론처럼 비굴한 말은 삼가야 한다. 기준 없는 비판은 아무런 효력이 없다. 인간이 지녀야 할 최소한의 양심과 역지사지의 태도가 없는 자들과 나라의 미래를 바라보며 후손들의 복리를 위해 수고를 아끼지 않는 사람을 구분하지 못하면서 목소리만 높이면 세상이 엉망이 될 수밖에 없다. 능력과 지각이 없는 데에 더하여 남보다 나만을 위해 사는 자들이 많은 사회나 국가의 미래는 없다. 양심 찾아 삼만 리를 달리는 민족이 우등 민족이다. 양심은 신뢰를 신뢰는 평화를 평화는 우리에게 존귀한 면류관을 안겨줄 것이다.

천재들

세종대왕의 창작력과 충무공 이순신의 해상 전투 전략은 세계 역사에서 찾아보기 불가능한 일이다. 두 말이 필요 없는 반신반인의 경지로 보면 틀림없다. 미국 워싱턴 DC와 뉴욕을 연결하는 기차를 20년 만에 두 번째 탑승했다. 옛날 그대로다. 몸이 동서남북으로 계속 흔들린다. 변비 환자는 약 대신 이 기차를 이용하면 대부분 해결될 것 같다. 몇 년 전 경부선 KTX를 탑승했다. 조용하기가 우주 공간 같았다. 사람 소리도 기차 바퀴 소리도 없었다. 레일과 레일 사이를 없애 버리고 396km를 2시간 반 만에 달리는데 옛날의 1초마다 덜커덩거리던 추억의 바퀴 소리도 완전히 사라졌다. 떠들며 살아온 4·19세대는 갑자기 나타난 고요에 고독을 삼키며 단잠을 청할 수밖에 없었다. 공항이나 식당 그리고 쇼핑몰 어디를 가도 선진국의 맨 앞자리에 서 있다. 과연 세종과 충무공의 후예들이 틀림없다. 이제는 일부 가짜 기득권자들의 횡포만 깨끗이 없애면 만사 오케이다. 코딱지같이 말라붙은 적폐 제거만 남았다. 몇 걸음만 더 손을 뻗으면 해결될 일이다. '홧팅'이다.

대충돌

신약 쌍둥이 마차의 두 주자는 베드로와 바울이다. 그런데 둘이 충돌했다. 안디옥에서 베드로가 이방인들과 식사하는데 유대인들이 갑자기 나타난 것이다. 구약에서는 타민족과 같이 식사하는 것을 금한다. 그래서 변명하고 왈가왈부하기 귀찮아서 슬쩍 자리를 떠나 바깥으로 나와 버렸다. 이 모양을 까다로운 바울이 놓칠 리 없었다. "영감, 어찌 사람이 그 모양이오? 주님이 왜 유대인들의 소유로 끝날 수 있단 말이오? 이미 전 세계의 구세주로 인식된 마당에 유대인들의 눈치를 보고 있으면 너무 혼란스러워질 것이 분명하지 않겠소? 남 보기가 부끄럽구려." 이 심한 꾸중에 베드로가 별 대응을 하지 않고 넘어간 것 같다. 과연 그릇이 크고 어른답다. 그리고 또 다른 이유도 있을 법하다. 베드로는 자기의 아내를 동행한 것 같다. 장가도 못 가고 땀 흘려 애쓰는 바울의 모습이 안 돼 보인 것은 아닌가 싶다. 여하튼 바울은 신부들의 선조가 되고 시몬은 목사들의 선조가 된 것이 아닌가 궁금하다. 양쪽이 다 일장일단이 있기에 모두 진리 탐구에 정진하여 나가면서 완주하면 그만이라고 생각한다.

훈련

사냥개도 훈련이 필요하지만, 인간도 별수 없이 훈련이 필요하다. 아브라함은 타향살이 십여 년에 지쳐서 허덕이는 중에 또 다른 시련을 겪는다. 그가 신세 지고 사는 나라 왕의 앞에서 자기 아내를 누이동생이라고 말했다가 왕에게 빼앗겨비렸다. 그 수치심과 고통을 겪고 나서 손도 못 쓰고 맴돌다가 여러 날 뒤에야 도로 찾아왔다. 에휴 이게 무슨 꼴이람. 그러나 아브라함은 그 수모를 견뎌냈다. 하늘 아버지가 주는 시련을 피할 도리가 없었다. 그 후에 좀 살 만하게 자리를 잡아가는데 이번에는 자식을 죽여서 제물로 바치란다. 따를 수밖에. 극적으로 외아들인 이삭이 죽임을 면해 살아나게 되지만 부작용도 컸다. 도끼를 들고 덤비는 아비의 모습이 자꾸 꿈에 나타나 견딜 수가 없었다. 이삭은 할 수 없이 이스마엘한테로 달아나서 지냈다. 배다른 형이 친아비보다 안전했기 때문이다. 아브라함은 자기 자식에게까지 신임을 잃고 말았다. 자괴감이 들어서 반발의 화산이 터질 것 같았지만 순종했다. 그래서인가? 네 후손이 하늘의 별처럼 왕성하다는 피드백의 축복을 받는다. 믿음의 아버지라는 칭송을 받지만 그렇게까지 되기까지는 한 많은 인생역정이 아닐 수가 없었다. 인생 자체가 나그넷길인데 거기다가 타향살이 설움을 다 어깨에 짊어지고 걸어간 서러운 의인의 일생이지만 제대로 된 인간 하나 만들기까지 이렇게 공을 들여야 하는지 놀라운 일이다.

격노

민주당 당원들과 태극기 부대가 우연히 마주쳤다. 한 아줌마가 이재명 대표에게 항의하며 대든다. "왜 또 세월호를 앞에 내놓고 떠들고 다니는 겁니까? 아휴, 지겨워!" 이재명이 대답했다. "입장을 바꿔서 댁의 자식들이 그런 일을 당해도 그렇게 말을 할 수 있습니까?" 당황한 여인이 기가 죽어 낮은 톤으로 항의한다. "그런 일은 없지요.", "아닙니다. 내 자식이 귀한 만큼 똑같이 남의 자식도 귀한 법입니다. 그렇게 함부로 말하는 게 아닙니다." 예수도 자기를 위해 우는 여인들에게 예언으로 던져준 말은 그대로 이루어졌다. "나를 위해 울지 말고 너와 네 자식들을 위해 울어라." 그때의 여인들은 그나마 울기라도 했지만 지금 여인들은 울기는커녕 비웃으며 대들기까지 한다. 이재명은 한다면 한다. 쌓일 대로 쌓인 악과 부조리를 깨끗하게 청산하고 말 사람이다. 혁명적인 대청소는 물론 뇌물의 국고 환수도 이루어내서 나라의 기강을 바로 세워놓을 또 하나의 큰 손, 옹기장이의 창조물이다.

거짓말

돈을 기준으로 두고 누가 최고의 대통령일까를 묻는다면 무조건 박정희가 된다. 그러나 의를 기준으로 삼을 때는 김대중이다. 돈을 기준으로 두고 어느 교회가 최고의 좋은 교회일까를 묻는다면 단연 한국의 대형교회가 틀림없다. 부자 되고 건강하게 장수하다가 천국까지 간다는데 어찌 그런 교회를 마다할 수가 있으리오. 그런데 여기서 문제가 생긴다. 그럼 어찌하여 바울과 소크라테스는 가난을 겉옷처럼 입고 다니다가 사형당했을까? 생각하는 사람은 지각을 얻을 것이요 또한 연단을 받아서 자유가 어떻게 영과 동행하는지 터득할 것이다. 선지자들의 희생과 고통을 주요 내용으로 기록된 말씀을 자기들 마음대로 이것저것 골라내어 자기 욕심을 채우는 자들은 회개해야 한다. 이야기를 꾸며서 자기 배를 채우는 자들도 그 입을 다물라. 순진한 백성들을 더 이상 속여먹지 말라. 이젠 백성들도 정신을 차려야 한다. 속는 것도 죄다. 자신의 책임이다. 피할 길이 없다.

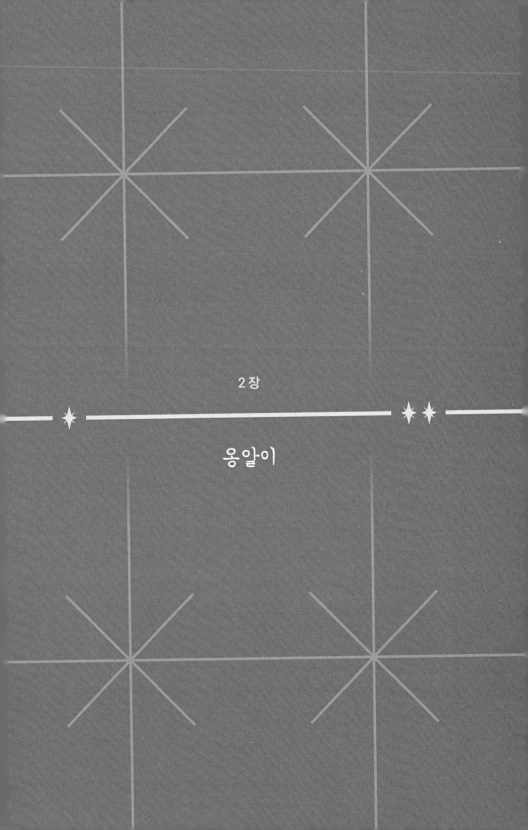

2장

옹알이

복마전

50세 넘어서 새장가를 가게 됐다. 강동 땅의 손권이 누이를 주겠다고 하니, 손권과 손잡고 같이 조조를 상대하면 그것 또한 신난다. 현덕은 조자룡을 데리고 바보처럼 호랑이굴로 들어간다. 젊어서는 짚신을 만들어 팔아 봉지 쌀 사 들고 와 어머니를 봉양하고 그 후 어찌어찌 촌아이 두어 명하고 산골의 군수 자리 맡았지만 굶주린 백성 속에서 고생만 하다가 손권의 형주 땅을 가로챈 것이 엊그제였다. 강동 땅에 들어선 현덕은 이를 갈고 있는 손권으로부터 생명의 위협을 받게 되고 새 신부와 장모의 호통과 보호로 목숨을 구한다. 손권은 지금까지의 플랜A를 포기하고 플랜B로 돌린다. 자기 매부를 위해 새 궁전을 짓고 기화요초로 꾸민 후 수천의 강동 미인으로 밤마다 춤추며 위로하니 사방이 산해진미요 주지육림이다. 현덕은 그 혼이 뒤집히고 혼미하여 반병신이 되고 만다. 아! 반백 년 내 인생 고달팠다. 이런 새 세상이 있다니 이를 즐김이 또한 나쁘지 않도다.

이때까지 마음을 졸이던 조자룡은 떠나올 때 공명이 건네던 비단 주머니에서 기묘한 지혜를 따라 현덕을 구해 무사히 형주로 돌아온다는 이야기다. 그래서 어떻다는 말인가. 인생살이 너무 고생하고 바닥에서 정직하고 고지식하게 살다 보면 60쯤에는 지치게 마련이다. 박원순은 정의를 찾고 정직과 헌신의 생애에 남은 것은 빈곤과 빚이었다. 이때 번쩍 나타난 순간의 그 무엇에 무너지고 말았다. 혹시나 불륜을 뛰어넘는 아름답기까지 한 로맨스를 꿈꾼 것은 아닐까. 근래, 민주당에서만 여러 명의 성추행 사례가 폭로되고 있다. 여당은 그런 친구들만 모인 복마전인가. 반대로 야당은 어찌 그리 조용하고 깨끗한가. 여기서 우리는 지각을 사용하는 고등 시민이 되어야 한다. 선악 분별의 지혜가 요구된다. 프로는 그 방법을 알고 풍부한 자금과 기지로 미리 손을 써서 덮어버린다. 반면 아마추어는 돈도 그렇고 축적된 기술이 없다. 그 주제에 문학에서 얻었던 멋진 장면을 함부로 연출한 것이다. 시쳇말로 정의를 해 먹기가 어디 쉬운 일인가? 죽음보다 어려울지도 모르겠다.

민속종교

부자가 자기 돈을 지키고 더욱 커지기를 바라는 것은 자연스러운 현상이다. 부정하게 얻은 정보를 이용하여 부동산과 주식 등에 투자하여 손가락 하나 움직이지 않고 어마어마한 돈을 끌어모으는 것이 문제이다. 한국의 기득권 대부분의 부가 정직한 노력의 결과로 인한 것이 아닌 건 다 아는 사실이다. 재산이 늘어날수록 걱정도 많다. 을들의 시기 어린 눈초리가 불편하고 사회 정의를 떠벌리는 단체들도 성가시다. 검찰과 법원까지 거머쥔 지 오래건만 아무래도 불안한 것은 사실이다. 그러나 그들은 주장한다. "부자는 아무나 되는 줄 아나? 부자가 곧 축복이고 가난은 죄의 대가라는 것이 현대 한국교회 신학이라는 사실을 아직도 인지하지 못하고 있다니, 이러니 경제가 이 모양 아닌가!" 이번에 또 정권을 바꾸지 않으면 재산 증식은 물 건너가리라. 국회도 손을 보고 다듬어 놓으리라. 순진한 백성들도 뒤를 받쳐서 보살펴 줄 때가 되었다. 적은 부스러기에 만족해하는 선발대도 많이 있지만, 돈을 흔들어 냄새만 풍겨도 침을 꿀꺽하며 같이 춤을 풀어주는 구경꾼들이 부지기수다. 머리 좋은 사람이 심성도 착한 법이요, 부자가 언제나 옳다는 속담은 우리의 아름다운 전래동화요 자랑스럽기까지 한 민속종교로 자리 잡은 모양이다.

빨치산

방문을 총구로 열어젖히며 들어서니 반쯤 열린 창문으로 들어오는 달빛에 방 안이 훤하다. 휙 눈알을 돌리며 살피니 경찰모가 벽에 걸린 아래에 제복도 보인다. 아, 제대로 걸렸구나. 경찰이면 식량도 넉넉하게 준비되어 있을 것이다. 다시 아랫목을 보니 이불 속에 미세한 움직임이 보이는 순간 빨치산 이태는 소리 지르며 이불을 들춰내니 아, 달빛 속에 드러나는 완전 나체의 젊은 아낙이 머리를 무릎에 파묻고 벌벌 떨고 있다. 이태는 갑자기 숨이 막혀오고 정신마저 혼미한 가운데 자기도 모르게 소리를 지르며 뒷걸음질 쳤다.

"빨리 옷 입고, 곡식, 알지?" 소리 지르며 마루로 뛰어나왔다. 그는 아직도 쿵쾅쿵쾅 멈출 줄을 모르고 뛰는 가슴을 쓸어내리며 심호흡을 하고 나서 고개를 들어 밤하늘을 보니 별들이 쏟아질 듯이 총총하다. 그의 마음속에서 양심의 별들이 반짝이는 듯, 알 수 없는 평안과 기쁨의 만족감으로 채워졌다. 잠시 후 곡식 자루를 받아 쥐고 나오며 "고맙소" 하고 물러날 때 그녀는 고마운 심정을 숨기지 않고 몇 마디 작별 인사를 건넸다. 그녀는 오늘이 결혼 첫날이고 남편은 경찰이지만 아까 처음 소동 때 눈치채고 혼자 창문으로 내뺐다는 것이다. 이태는 산으로 복귀하면서도 매우 만족했다. 자기의 오늘 임무는 혁명 완수를 위한 식량 보급 작전이요, 그 외의 잡다한 일은 완전 포기가 맞다고 생각하며 이마의 땀을 해어진 소매로 가볍게 스윽 문질렀다.

선진국

둘 중 한 명은 이재명을 찍었다. 길가는 무리의 절반이 독을 품고 이를 가는 형국이다. 나머지 절반은 그 표정이 묘하다. 구두 족발을 택하고 소년공 출신의 눈물은 외면했다. 있어 보이는 소수는 땅을 보며 씨익 하고 회심의 미소를 짓고 있지만, 나머지 대부분은 찜찜하다. 당장 봉투와 부수입이 그리워서 이번에 찍었지만 그리 떳떳하지는 않다. 또 화풀이로 그랬지만 좀 더 생각할 것을 하고 구두 끝에 초점을 맞춘다.

사실 '깨시민' 중에도 전두환 노태우 김영삼 이명박근혜 찍었던 사람들이 태반이었지만 많은 시련을 통해 제정신을 찾은 것은 고마운 일이다. 이 절반이 절치부심하며 자기 몫을 하면 어찌 그 열매가 없으리오. 열 명의 의인을 찾으시던 정의의 신이 1,600만 명의 부르짖는 외침을 모르겠다 할 리가 없다. 짧은 시간 안에 임시가 아닌 정식으로 부여하는 선진국 자격증을 받아보리라.

무속의 결과

나쁜 일을 당하면 그것이 나의 죄에 대한 벌인지 아니면 전화위복이라는 말대로 좋은 일이 생기려고 그런지 또는 우연인지 궁금하게 된다. 첫 번째와 두 번째는 하늘의 개입으로 보고 세 번째는 그냥 우연 지사로 본다. 그건 그렇다 치고 접어두어야 할 것 같다. 왜냐하면 구분하여 선 긋기가 애매하기 때문이다. 그런데 경전과 잠언이나 속담에 나오는 충고를 참고하는 일은 우리 일상에 많이 유익하다. 앞으로 나열하는 세 가지 주의할 점을 통해 교훈을 얻는 것도 재미있을 것이다.

첫째, 권력자의 성적 문란은 그 결과가 괴상하고 비참하게 끝난다 (고대 중국 제나라의 속담).

둘째, 다 용서하시는 주님도 성령과 주 제단을 거역하는 자는 영원히 용서받지 못한다(마 12:32).

셋째, 무속 놀이에 빠져 극심한 탈선 행위를 하는 지도자는 그 끝이 비참하다. 그 대표 예가 명성황후와 박근혜다.

공적 장소에서 손바닥에 임금 왕 자 쓰고 꺼떡거리는 자는 심판을 피할 길이 없다.

환난

석려리는 특정된 환경을 만나서 자란 행운아다. 넉넉한 가정에서 신장과 외모가 훤칠하여 척 문밖에 나서면 그럴듯한 사나이 풍모가 될 수 있는 분위기다. 더구나 최고 학부의 엘리트라는 훈장이 철도 들기 전에 앞가슴에 붙었다. 공부도 하고 놀기도 하며 젊음을 호기롭게 보내다가 9수 만에 고시에 합격하니 두 번째 훈장이 추가된다. 금빛 문장이 둘이나 번쩍이고 어느덧 나이도 지긋하여 사방이 그를 둘러싸니 그때부터 꺼떡걸음이 지축을 흔들기 시작하고 쩍벌의 각도도 자유롭다. 우쭐하는 본성에 잔꾀와 눈치까지 발달했다. 학생 때는 가상 재판을 열고 전두환을 사형 선고하는 촌극까지 벌이며 인기를 한 몸에 받더니 노무현 서거 때는 "다시는 그대 같은 사람 볼 수 없을 겁니다"라나 뭐라나 소리쳐 부르면서 의인 흉내를 내더니 명바기와 손을 잡고 스텝을 맞추어 나갔다. 간과 쓸개를 드나들면서 양수겸장의 인생관을 답습하면서 결국 주인의 등을 비수로 찌르며 배반하고 정상의 자리까지 기어올랐다. 배반의 극치다.

지저분한 소식은 빛의 속도처럼 퍼져서 나토 정상회의까지 속속 쑤시고 들어가니 여기서도 수군, 저기서도 키득, 창피가 말이 아니다. 주위에서 침을 흘리며 호시탐탐 기회를 노리는 4대국과 미국과의 외교 문제도 완전히 헝클어진 담쟁이덩굴이다. 정신 차리고 다시 시작할 화상이 못 된다. 겨우 일어서서 정상적인 나라에서 사람답게 살아보려던 국민이 당황하기 시작했다. 작은 반도의 반쪽 밑에서 자랄 듯하던 민주주의는 과연 재생이 가능할까? 뿌린 대로 거두어야 한다면 불가능하리라. 그러나 이번에도 또 살려주셔야 합니다. 이 환난을 넘어설 방법은 용서받고 회개하는 것뿐이다. 누가 회개한다는 말인가? 물론 전체 국민이다. 기득권은 회개나 용서받을 자격을 상실한 지 오래다.

교만

7월 한 달 동안 주일 예배를 온라인으로 드린다고 하니 사실 늙은이는 호불호가 반반이다. 균형 없는 몸에 맞는 옷도 점점 줄어들고 건강도 그렇고 하여 집에서 멍때리고 있는 것이 편하기도 하다. 그러나 일도 하지 않으면서 7일에 하루, 그것도 반나절 동안 제사와 찬양 그리고 순수한 성도와의 진리 대담에다 진수성찬까지 1석 4조의 기쁨을 건너뛰면 왜 숨을 쉬고 생을 연장해야 하는지 모르겠다는 생각이 든다. 그건 그렇고 주말까지 맥 놓고 있으려니 하는 수 없이 시간 보내는 일이 TV 시청이요, 그중에서도 스포츠다. 오늘도 야구다. 나는 상대 팀 투수의 거만스러운 비웃음을 비춰주는 영상을 순간적으로 가로채면서 나 자신도 똑같은 미소로 우리 팀 다저스의 승리를 확신하게 되었다. 내가 천공 스님까지는 쫓아가지 못할지라도 쥴리 정도는 가능할 만큼 오래 살고 있다. 비록 지금 6회 말까지 1 대 3으로 밀리고 있지만, 승리를 확신할 정도로 노인의 머리는 교활하다.

시카고 투수가 건방 떠는 이유는 물론 충분하다. 세계가 인정하는 초강 팀 다저스다. 그런데 6회까지 안타가 겨우 두 개다. 나의 무서운 속구와 변화구에 속수무책으로 당하는 다저스가 강팀이라고라. 웃겨. 아, 멋진 나의 노력과 재능이 적을 압도하는 도다. 이 순간을 놓치지 않고 그의 교만을 잡아낸 촬영 기사는 도대체 어떻게 생겨 먹은 수재란 말인가. 멋진 전문가들의 경쟁은 자유라는 숲에서 춤추는 고고한 한 마리 학과 같

다. 사력을 다하던 그 선수의 팔에는 이미 가스가 소진되고 남은 것은 꾀와 오만뿐이다. 제가 무슨 수로 견디리오. 결국 두들겨 맞더니 강판이다.

———————

승리 투수라는 훈장도 물거품이 되고 말았다. 경기도 3 대 4로 연장전에서 무릎을 꿇었다. 내가 쥴리 정도는 되는 모양이다. 한 시간 전에 결과를 예측했으니까. 교만의 왕은 윤통이다. 기자들이 물어도, 야당이 지적해도 완전 무시다. 너네 한번 수색하면 죄가 없어도 골로 가는 것을 모르는가? 지금 내 주위에는 산전수전의 민완 검사들로 완전 무장이 되었다. 나를 건드리는 자들은 예외 없이 부셔버린다. 감도 안 되는 것들이! 한 번도 실패를 해보지 않은 인생이다. 눈물 젖은 빵을 들어보지 못한 반쪽 인간이다. 자기 잘못을 한 번도 인정 못 하고 다 저 사람 때문에, 먼저 정권 때문이라고 서슴없이 떠미는 철부지 버릇은 그의 불치병이다. 욕심보다 무서운 병이 교만이요 그 병은 인생 자체를, 몸과 마음을 녹여버리는 괴물인 것은 인류사에서도 끝없이 증명되고 있는 사실임이 분명하다.

하는 거 봐서

고민을 구속할 건가?

조민을 구속할 건가?

검사의 대답이 지금 한국 검사스럽다. "하는 거 봐서." 과연 엿장수
마음대로이다. 독재 시대에도 그러지는 않았다. "법과 원칙대로 해야
지요." 이 정도는 돼야 낙제는 면할 터인데 과연 막가파다. 한국 검사
들의 끝이 다가오고 있다.

인탠저블

미 상원의원 한 사람이 주한 미 사령관에게 질문을 던진다. "우리가 왜 대한민국을 이토록 지켜주어야 하는가?" 대장이 주저 없이 대답한다. "실질적인 가치도 크지만 보이거나 체험으로 느낄 수 없는(Intangible) 더 큰 가치가 있다고 생각합니다." 미국의 철학은 빈약하다. 그런 중에도 군인의 입에서 저와 같은 놀라운 말이 나오리라고 어느 누가 짐작이나 할 수 있으리오. 아시아 제국 중에 오랜 세월이 지나도록 은혜를 잊지 않고 한마음으로 정을 품은 채 배반하지 않는 국민이 귀하다는 사실을 하나의 군인이 터득하고 있다는 것이 놀랍다. 그러나 이러한 인물이 유럽과는 달리 미국에서는 찾기가 어렵다. 결국 내 운명은 두 눈 똑바로 뜨고 내가 개척해 가야 한다. 내 살림과 우정을 뒤섞을 일은 절대 아니라는 내 생각은 변함이 없다는 이야기다.

암기의 비극

윤석열의 휘황찬란한 통치로 인하여 커다란 학습효과가 있게 되었다.
곧 판검사의 허상이 온 세상에 드러나고 말았다는 것이다. 달달 암기하
여 사법시험에 합격하고 보니 하루아침에 새 하늘과 새 땅이 눈앞에 펼
쳐진 것이다. 그럴수록 더 수양하고 자숙하여야 하지만 그런 사람은 백
에 하나나 될까? 아니다. 천에 하나 격이다. 무가치, 무철학으로 이권에
달려들어 천박한 인생의 나락 길로 쑥 빠지고 만다. 고로 젊은이들은 암
기도 조금은 필요하겠지만 진정한 자유의지에서 피어나는 창의력이
결국 역사를 이끈다는 사실을 명심해야 한다.

변 씨

변 씨는 독서량이 많은 산 지식인이시다. 다독보다는 실용적인 고전을
정독하신 분 같다. 아들과 토론이 펼쳐지기 시작하면 가치 있는 결론에
도달할 때까지 계속하다가 밤을 새우기도 했다고 이순신은 일기장에
자랑했다. 도대체 어떤 토양이 얼마나 기름지기에 이와 같은 거목이, 레
바논의 백향목이 자랄 수가 있었을까 놀라지 않을 수가 없다. 모친의 깊
은 지식과 지혜와 함께 선악의 정확한 분별력 속에 자라난 아들은 세계
인류 역사상 전무후무한 명장이 되어 조국과 민족을 구하고 인간의 도
덕과 윤리를 재정립해 놓았다.

꿈뻑

바이든이 일본 총리를 미국 캠프 데이비드로 불렀다. 2023년 8월이다. 네 옆집 뚱땡이도 데려오라고 했다. 그다음 임무를 맡긴다. 네가 이제부터 그쪽 오야붕 해라. 저 뚱땡이를 붙여줄 게 둘이서 중국을 맡아라. 대신 두 가지 선물을 하사한다. 오염수 방류와 동해를 일본해로 말뚝 박아주겠다. 알았지? 하며 꿈뻑하니 기시다가 의문을 제기한다. 그리되면 저 뚱땡이가 투덜투덜할 텐데요. 바이든이 엷은 미소를 지으며 속삭인다. 저 친구 모지리^{Loon}라는 것 온 세상이 다 아는 사실 아닌가? 저런 친구가 당신 옆에서 꼬리를 내리고 있으니 지금이 찬스란 말이야. 알았지? 꿈뻑하니 이쪽도 꿈뻑, 헤헤.

캠프 데이비드

아들 부시가 명박이를 불러다가 골프를 쳤다. 푸들 머리 쓰다듬듯 데리고 놀다가 소고기 팔아먹고 돌려보냈다. 어느덧 15년이 지나고 2023년 여름 바이든이 뚱땡이를 캠프로 불러서 엿을 먹였다. 일본 기시다도 중간으로 스리슬쩍 끼어 들어선다. 삼국지 도원결의처럼 모여서 그럴듯한 그림을 완성한다. 그러나 바이든은 기시다만 끼고 돌며 지시를 내린다. 저 'Loon'은 자네가 주무르고 처리해야 한다. 나까지 나설 필요가 없다 이 말이야. 대신 일본해와 오염수 건은 내가 처리해 줄 테니까. 하하. 이러면서 큰형은 손을 털고 입가에 승리의 미소를 띄운다. 경험 많은 미국 관계자들이 고개를 갸웃하며 중얼댄다. 한국의 보수 사람들은 고분고분한데 진보라는 사람들은 우리 전문가들보다 앞서 나가기도 하지만 꼭 한 수 위란 말이야. 이해가 안 돼. 그 작은 나라 안에 바보와 천재가 섞여 산다는 사실이. 나 참.

한미동맹

바이든 대통령은 한국을 쉽게 보는 것 같다. 윤석열을 여러 번 만나다 보니 유치원 아이 수준이라고 판단한 것까지는 그렇다 치고 그를 뽑아준 국민도 도긴개긴이라고 여기는 모양이라 걱정이다. 그러나 사람이 실수할 수도 있고 미처 살피지 못할 수도 있다. 한국은 그렇게 막대할 나라가 절대 아니다. 그토록 단단하던 한미 결속이 어찌 될지 모른다. 300년 역사가 5000년 역사를 가볍게 대하다가 큰코다칠지 모른다. 산들이 가파르고 평야는 좁아 먹거리가 사계절 내내 부족한 데다 계절도 춥고 무더운 날씨에서 이를 악물고 생명을 이어온 강인한 민족이다. 코 큰 키다리가 함부로 대할 대상이 절대로 아니다. 그런 태도는 일본을 다룰 때나 가능하지 않을까 싶다.

유체이탈

참고로 비슷한 말을 생각나는 대로 열거해 보자. 빨갱이가 아직 특효약이다. 의견이 다르면 또는 자기의 비리와 비밀이 밝혀질 때 가장 필요한 특효약이 빨갱이다. 한 방에 보내버린다. 70년 백전불패의 몽둥이다.

인지 부조화라는 말이 있다. 인간 내부가 뒤집힌다는 뜻이다. 그러나 선하게 바뀌는 것이 아니라 악하게 변한다. 자기의 잘못을 인정하고 싶지 않아 변명하되 자신이 직접 만든 인생철학으로 포장하고 있다. 사람은 하나인데 마음은 두 개를 가지고 사는 인생이다.

사돈 남 말 한다. 자기 눈에 기둥은 모르면서 남의 눈에 티를 지적한다. 너희가 떳떳하면 저 간음한 여인을 돌로 쳐라.

네온 페스팅거: 인간은 합리적인 존재가 아니라 자신을 합리화하는 존재다.

인간은 이성적인 존재가 아니라 자신의 위선과 허물을 정당화하기 위해 최선을 다하는 존재다.

친일 매국노들은 '빨갱이'라는 세 글자 도깨비 몽둥이로 애국자들을 죽이고 벼슬과 재산을 몽땅 차지했다.

수술

한 시간을 기다려 결국 내 이름을 부르기 5분 전이다. 피부과는 왜 이렇게 번잡한지 모르겠다. 그런데 문제가 생겼다. 안주머니에 소중히 넣어두었던 가정의의 허가서가 없다. 그것이 있어야 전문의를 만날 수 있다. 5분이 지나도 다행히 부르지 않아서 계속 찾는데 옆의 아내가 걱정 섞인 목소리로 안달하기 시작하니 이마에 땀방울이 돋을락 하는 때에 엉뚱한 소리가 들린다. 고개를 돌리니 아담한 중년 여성이 마치 천사처럼 우리를 바라보며 말을 건넨다.

"저, 지금 아저씨 코 옆에 혹 때문에 여기 오신 것 같은데 이곳은 일반 피부과로 혹 수술은 대학병원을 가셔야 할 것 같습니다. 제 아이도 얼마 전에 그곳에서 수술해서 깨끗해졌어요. UCLA 병원 토마스 XX라는 닥터가 세계적인 권위를 가진 분입니다. 제가 여기 그분 명함을 드릴게요." 그 여인에게 고개 숙여 감사 인사를 드리고 곧 귀가하여 대학병원에 예약을 마쳤다. 웃통을 벗으며 옷장에 넣으려는 순간 그렇게 찾았던 피부과 허가 쪽지가 뚝 떨어진다. 하하 네 놈이 나타나지 않기 천만다행이구나 하고 안도의 한숨을 쉬었다.

한 주가 지나고 수술 날이다. 토마스는 제자 한 명과 같이 나를 부분 마취 후에 칼을 댄다. 코 옆에서 사각사각 소리를 내며 둘이서 의견을 나누는데 그 소리가 저음 이중창 같기도 하고 잔잔한 냇물 소리 같아 잠이 스르르 몰려온다. 그때 토마스가 나를 깨운다. "너 음악 틀어줄까?" 내가 대답했다. "당신들 둘이 소곤대는 소리가 음악인데

요." 나는 진심으로 한 말인데 그들은 농으로 알았는지 하하하며 크게 웃어 젖힌다. 지금까지 후유증 없이 깨끗하다.

종과 주인

백성은 검사의 노리개가 아니다. 혹 잘못이 발견되면 법률에 의해 기소하면 된다. 자기의 기분이나 감정으로 일을 처리하면 권력 남용이다. 조민을 또다시 기소하여 괴롭힐 것인가 하고 묻는 기자 질문에 다음과 같이 대답한다. "하는 거 봐서."

무례하기 짝이 없다. 국민은 주인이다. 그들의 세금으로 활동도 하고 생활도 꾸려가는 처지에 너무 불량한 태도다. 조국의 미래를 담당할 건강한 청춘을 오염된 공무원이 장난하면 그 책임이 크다.

옹알이

자유민주주의, 바이든이 날리면, 카르텔이 문제, 법과 원칙, 이념이 먼저, 아니 민생이 중요. 인큐베이터를 막 벗어난 아기가 어느새 해죽 하며 옹알이하는 것 같다. 압수수색 본부에서 자기 마음대로 살다가 세상에 밀려 나오니 햇볕이 쨍하다. 눈이 부시다. 어지러운 중에 내뱉으니 옹알이가 심하다. 아기는 귀엽기라도 하건만.

자유 영혼

테스 형을 노래하며 철학의 문을 탕탕탕 두드리는 가수 나훈아, 그는 멋 있다. 정부에서 주겠다는 무슨 훈장을 사양했다고 한다.

"술도 한잔 걸치고 씰 데 없는 소리로 주정도 해보고 어쩌다 주책도 부리고 사는 인생이 바로 나인데 마 훈장 딱 받아쁘면 내는 어찌 될랑가 몰라. 뒷목은 굳어지고 어깨는 올라가고 걸음은 더 느릿느릿 점잖아질 것이다. 창작의 자유는 멀리 가서 위선의 껍데기 속에서 차근차근 쌓아가는 스트레 스는 어디에 풀어본단 말인가? 나는 자유가 제일 소중한 재산으로 그곳에 서 샘솟는 창조적 아리아의 열매를 먹고 살고 싶습니다."

과연 보이지 않는 훈장이 더 귀하고 멋지다는 교훈을 그는 직접 실천 과 행동으로 보여주고 있다. 겸손한 예술가요 조국을 빛내는 애국자로 기억되리라 믿어 의심치 않는다.

좋은 글

파스칼은 『팡세』라는 명상집에서 다음과 같이 주장했다.

"남이 볼 때 나도 이 정도는 쓸 수 있다고 생각할 만큼 쉽게 쓰는 게 가장 명문이다."

나는 덧붙인다. 쉽고 짧게가 더 좋지 않을까요? 내 형편이 그렇게밖에 안 되니까 말이죠. 미안.

유언

21세기 초 한국 최고 지도자의 부친이 임종하며 남긴 유언이 화제다. "잘 자라 주어서 고맙다." 대학 교수였던 분의 마지막 남긴 말이라 모두 그 의미가 무엇일까 하고 의견이 분분했다. 그 이유는 그 지도자를 향한 국민의 호불호가 완연한 차이를 보이고 있기 때문이다. 계속되는 여론 조사에서는 그의 지지도가 30% 중반을 오르락내리락하고 있었다. 그 유언의 의미인즉 자기 아들이 최고의 자리에 앉아 부와 권력을 거머쥐어서 내가 편하게 눈을 감고 떠나게 되어 고맙다는 말인 것 같다. 글쎄, 멋져 보이는 광경이 연상되지만 약간 아쉽다. 이랬으면 어떨까 싶다. "네가 그 자리에 올랐으니 더욱 겸손히 국민을 주인으로 섬기며 최선을 다해라. 바른길을 찾아 개척해나가되 너무 나서지 말고 반 발자국만 먼저 내디딜 것이요 그러면서도 주인에게 그 이유를 분석해서 보고드려야 한다. 정직하되 최선을 다해 봉사하여 그 이름을 후세까지 남기도록 하여라." 인간이 한세상을 마치고 떠나면서 누구 그 결산서 제출을 피할 길이 없다는 사실은 우리를 위축시키고도 남는다.

의인

요구르트 배달로 생활을 꾸려 나가는데 오라버니가 성남시장에 재선되었다. 살기가 너무 힘들어서 성남시 어디 청소 자리 하나 없냐고 물었더니 물끄러미 바라보는 눈에 이슬이 맺힌다. 그 후 나는 그런 부탁을 다시는 하지 않고 하던 일에 매달렸다. 그러기를 몇 달이 지나서 안양시청에 청소직을 얻게 되었다. 혹 오빠에게 누가 될까 봐 최선을 다해 일했다. 그러다 나는 갑자기 쓰러졌다. 내 영은 내 육체를 떠나 훨훨 날아가서 천사들의 영접을 받았다. 그러나 나는 후회한다. 오빠가 힘들다며 철없는 아이처럼 막 울 때 위로해 주지 못했다. 성남의료원인가 하는 민생병원을 만들어 보려다가 성남시 의회의 반대로 실패했을 때 소리쳐 울던 오빠를 어찌 잊으리오. 자기 이익은 하나도 없는데, 오직 불쌍한 시민을 위한 일인데 그리 울고불고한단 말인가. 그러나 나는 그때도 내 욕심을 숨긴 채 모질게 몰아붙였다. "오빠! 그렇다고 초심을 잃으면 안 돼요. 변호사라고 정치적 유혹에 넘어가지 마세요. 오빠만 믿습니다." 이재명도 후에 회상하며 중얼거렸다. "그 여동생은 내가 빈민 운동에 지쳐서 주저앉을 때마다 격려하여서 나에게는 큰 위로가 되곤 했다."

무식

나 자신을 평가해 본다. 무식하다. 그러나 그보다 더한 단점이 있다. 비록 내가 무식하지만 의인에 속한다고 착각할 때가 많다. 큰일이다. 한마디로 말해서 아무것도 모르고 의를 행한 적도 없다. 그런데 하루 한 번씩은 내 죄를 고백한다. 기도 중에 그런다. 그래서 의인들 속에 슬쩍 발을 들여놓는다.

한국을 바라보는 신은 항상 기쁘고 즐겁다. 선과 악이 뚜렷이 갈려 있어 심판의 어려움이 거의 없다. 모든 백성이 자진하여 자기의 갈 곳으로 씩씩하게 행진 중이다. 개미나 일벌보다 더 진지하다. 그러니 하늘의 판단이나 고민에 소요될 시간이 거의 없다. 24시간이 모자랄 정도로 바쁜 신의 손을 도와준다. 귀하디귀한 자원봉사자들이다.

2024년 1월 말 조민이 그 부모의 피눈물 속에 또 재판받았다. 무슨무슨 죄로 집행유예라는 꼬리를 붙여 죄인을 만들었다. "까불면 죽어. 입 다물고 죽치고 있어. 더 손보기 전에." 이 결과를 만든 판·검사들과 손뼉 치며 응원하는 가짜 인생들의 종착점은 불구덩이다.

나는 무식하지만, 이것만은 확실하다. 잘들 가거라. 너희 덕에 나 같은 쭉정이도 살길을 찾을 수가 있다니, 크나큰 행운이로다. 압수수색과 언론 놀이와 수사, 기소의 칼로 춤을 추는 바보들과 들러리들아. 십계명 돌판을 쳐다보며 갈라진 땅속으로 떨어져 간 너희 선배들이 너희를 부르고 있다. 어서 달려가 해후의 기쁨 속에 잠들지어다.

자신감

20세기 말, 세기의 대결은 뭐니 뭐니 해도 나성의 매직 존슨과 보스턴의 래리 버드다. 매직은 동서남북에 갑자기 농구공을 패스하여 동료들에게 슛 찬스를 제공하지만, 앞만 보고 가면서 고개를 돌리지 않고 사방팔방으로 던져버리니 눈이 네 개가 있는 것처럼 보인다. 이것은 농구 경기를 하는 것이 아니라 그냥 쇼다. 매직쇼다. 관중들은 미친 듯이 날뛰며 소리소리 지르고 몸을 뒤틀며 춤추니 10년 묵은 스트레스를 날려버린다. 그 반면 래리는 어떤가? 매직처럼은 못했지만, 그는 보스턴의 대부답게 최고의 실력으로 경기를 압도했다. 한 점 차로 뒤지고 남은 시간은 3초다. 다급한 감독은 타임아웃을 요청하고 마지막 3초의 공격을 의논 중에 래리 버드가 한 마디 내뱉는다. "깁미 더 볼" 즉, "뭔 말이 많소? 그냥 내게 공을 주시죠." 이 말이다. 그러면 백발백중이다. 승리다. 한편 매직도 명언을 남겼다. 그가 죽을병으로 곧 사망할지도 모른다는 말에 즉시 뱉은 말이 주위를 놀라게 했다. "20여 년의 내 생애는 세계 최고의 행복을 누린 시간이었다. 당장 죽어도 한 톨의 원망이 있을 리가 없다."

다윗 상

다윗 상을 직접 보니 별로다. 생각보다 자그마한 모나리자 그림이 더 생동감을 준다. 그 이유는 무엇일까? 후자는 실존 인물인 것 같다. 그러나 전자는 다윗이 자화상을 남기지 않았으니 상상으로 된 조각품이라서 그런가 보다. 다윗은 구약의 중심인물로 볼 수 있다. 그 업적이 어마어마하다. 믿음이 변함없고 잘못을 즉시 인정하고 회개함으로써 새 영혼을 소생 받았다. 행정의 깊이와 공정성은 감탄을 금하기 어렵다. 또 그가 남긴 시문학은 날이 갈수록 더욱 빛을 발한다. 한국 어느 병아리 청년 정치인이 조중동의 찬사를 한 몸에 받으며 그의 날씬한 몸매까지 추켜 올려주니 본인도 까치발까지 들며 자랑질이 심하다. 그러고 보니 내 눈에도 다윗 상이 떠오르며 그 키나 몸매가 비슷해 보인다. 그러나 그러면 무슨 소용이 있을까? 속을 좀 닮을 일이지 포장은 그냥 포장일 뿐이다. 속이 텅 비어 있는 것이 나오는 말마다 법법자니 법카니 돼지고기 등에 개도 있고 쓰레기도 있고 그렇다. 아침 안개처럼 스르르 사라질 모양이다. 한물간 패션으로 깨어 있는 시민을 속일 수는 없다.

지상천국

공부해라! 대신 공부 그만하고 도배 기술을 더욱 연구하고 습득해라. 이런 세상이 다가온다. 판사, 검사, 의사의 시대가 저물어 간다. 90%의 암기 종목의 학문을 AI가 대신 수행하고 있다. 수억 개의 재료가 준비된 컴퓨터와의 경쟁은 불가능한 짓이다. 손 놓고 휴식과 복지에 전념하면 만사 오케이다. 일주일에 10시간만 일하면 된다. 미장이, 요리사, 간호사, 농민, 목수, 용접 기술자, 포크레인 운전자, 청소부의 갑질 시대가 도래하고 있다. 대학은 공부밖에 할 줄 모르는 병약자나 바보들의 보금자리로 바뀌고 교수들은 갈 곳을 잃어버리고 말 것이다. 잘 하면 악한 인간의 본성은 줄어들고 봉사와 양보의 지상천국이 펼쳐질지도 모를 일이다.

최고

한국에는 최고라고 불리는 세 집단이 있다. 서울대, 검찰 그다음이 해병대다. 그 셋 중의 하나가 이탈했다. 해병대다. 채상병 사망 때문에 그 책임 소재를 가지고 장난질 치고 있는 대통령실에 정면으로 맞서는 용기가 새롭다. 왜 그런가 하니 전에는 해병대의 주장이 최고의 전투력과 그에 따르는 자부심을 앞세웠으나 지금은 그 구호가 변해가고 있다. 명예보다 더 값진 정의다. 다른 두 단체도 명예나 출세보다 정의를 내세울 때만이 최고의 자리를 유지할 수 있을 것이다.

"쫄았제."

조국 혁신당 당수는 키가 후리후리하고 미남에다 지성미가 온몸에 흘러 내려가 발끝까지 이른다. 기린아가 맞다. 정치 경험이 거의 없는 사람이 만든 선거 구호를 보면 그의 재능과 인품을 알 수 있다.

"3년은 너무 길다."

"너거들 쫄았제?"

"이제 고마 치아라 마."

그는 이 세 가지 구호에 대해서 제작 과정을 설명해 주었다. "어떻게든 짧고 쉽게 해야지 하며 고민했다." 아무리 다시 생각해 보아도 지상 최고의 구호요 창작이다.

여인들

역사적으로 큰 결단이 필요할 때, 한국 여인들은 용감했다. 이화영 전 경기도 부지사의 부인되는 백정화 여사가 소리친 "정신 차려, 이화영!" 은 바로 전 국민을 향한 하늘의 경고다. 이 외침은 안중근의 모친께서 여순 감옥에서 사형을 기다리는 아들에게 보낸 이별의 편지를 연상시킨다. 이순신의 모친 되는 변 씨의 아들 사랑은 그를 최고의 난민 사랑으로 부활했다. 이재명의 모친은 극한의 빈곤 속에서도 아들을 위로하며 바른길을 고수하게 이끌었다. 정몽주 모친의 이별가는 영원한 민족의 좌표가 되었다. 유관순의 조국애와 전 총리 한명숙의 희생도 유별나다. 임은정과 박은정의 일관된 정의 실천은 썩어 문드러진 남자 검사들을 고양이 앞에서 벌벌 떠는 생쥐 신세로 만들고 있다. 결국, 위기 때마다 나라를 구한 위인들의 앞과 뒤에는 의를 위하여 헌신하는 여인들의 희생과 참사랑이 넘쳐흐르고 있다. 아들딸들을 돈벌레로 키우지 말고 의에 배고파하는 맑은 양심의 소유자로 재창조함이 마땅하다.

소년공

열세 살 먹은 아들 손을 잡고 납땜 공장으로 데려다주던 길이 곧 좁은 문이요, 가시밭길이다. 자신보다 더 사랑하는 꼬마 아들을 공장 속에 넣어주고 돌아서는 어미는 억장이 무너지는 고통을 부여안고 당신의 일터인 공중화장실로 향한다. 매일 아침 반복되는 이 길은 곧 인생의 길이요, 실존의 길이요, 정직한 길이요, 양심의 길이요, 떳떳한 길이요, 생명의 길이요, 진리의 길이다. 영혼 없는 책상 벌레가 시험 통과하여 감투 쓰고 가난한 자를 향해 게으른 사람은 별수 없다고 거드럭거리는 모습은 세상에서 가장 추잡한 구경거리다.

아메바

22대 국회 법사위원장과 여당 의원이 한판 붙었다. 억지 부리는 여당 의원에게 주의를 주면서 한마디 던진다. "공부 좀 하세요." 그런데 그 대답이 의외다. "공부는 내가 더 잘했는데." 어미 젖 뗀 아이보다 더 유치한 멘트다. 내 팔뚝이 더 큰 데라는 생각에서 나온 말 그대로다. 사람의 두뇌 발전은 사람마다 다르다. 십 대에 뛰어난 아이도 있고 이십 대나 그 후에 지각이 트이는 늦깎이도 많다. 아이 때 시험 한번 잘 봤다고 일생을 우려먹으면 오히려 교만해지기 쉽다. 늦깎이가 인성에 훨씬 좋은 영향을 미칠 것은 명약관화하다. 순간의 실수로 인한 해프닝으로 돌리기에는 그 속이 너무 보여서 토할 것 같다. 아메바 같은 단세포의 인간이 정치 지도자가 되는 일처럼 봐주기 힘든 일도 드물 것이다.

미국 교육

하버드, 좋지. 그게 다다. 서울대? 야, 정말? 이렇게 놀라지 않는다. 왜?
남보다 우수하면 그렇지 않은 사람을 돌볼 줄 아는 의무가 있기 때문이
다. 왜? 성경의 두 가지 명령 중 하나가 "이웃을 네 몸과 같이 사랑하라"
이기 때문이다. 크리스천이든 아니든 그들의 문화가 모두 놀랍게도 성
경에서 시작되고 있다. 자신도 모르게 말씀을 따르고 실천하는 것이다.
입학을 축하해. "구으웃 잡!" 그러고는 자기 일에 집중한다. 하버드 대
학 학생이라고 자기 위주로 살며 우쭐대도 아무도 관심을 주지도 않고
더더욱 부러워하지도 않는다. 남보다 팔뚝이 굵으면 좋다. 그 이상도 이
하도 아니다.

할렐루야

돈 많이 생기는 것, 아이들이 명문 학교 입학하는 것, 직장에서 승진하는 것은 기쁘고 즐거운 일이 아닐 수 없다. 그러나 다 살고 보니 100년 안팎에 일어나고 또 사라지는 일이다. 그러나 그 후에 이어질 일이 있다. 사는 동안 의를 행하거나 이웃 사랑을 실천하면 하늘나라 전체를 소유한다고 마태복음 5장에서 주님이 직접 일러주고 있다. 내 친구 K는 세월호 참사 추모 리본을 양복에 달고 한 모임에 나갔다가 온갖 모욕을 흠뻑 당하고 말았다. LA는 그런 사람들이 많이 있다. 갖은 욕바가지를 먹으면서도 K는 여유만만하게 미소 지으며 '우연'일 뿐이라고 변명했지만 그들 모두는 화를 참지 못하고 침을 뱉겼다. 그때 K는 깜짝 놀라며 귀를 기울이는 행동을 하며 고개를 들었다. 하늘로부터 천사들의 합창 소리가 들렸기 때문이다. "할렐루야, 할렐루야" 헨델의 하나님 찬양 노래는 그의 심령을 하늘 높이 훨훨 춤추며 날아다니게 한 것이다. 그는 이미 알고 있었다. 욕과 비난과 박해를 받으면 받을수록 자신이 받을 상이 하늘에 차곡차곡 쌓인다는 사실을!

짧게 1

민주당 권리당원들의 모임에서 사회를 맡아보는 이재명은 과연 이재명스러웠다. 자주 반복하는 부탁의 말은 '짧게'다. 질문은 30초 내로, 대답은 1분 안에 마치도록 유도해나갔다. 그 결과 한 시간 동안 20여 명의 질문과 답변이 오가며 만족스러운 효과를 도출해냈다. AI 시대에 보여준 회의 진행 프로토콜이다.

짧게 2

4 · 19세대인 나의 동료들은 거의 다 태극기 부대요, 뉴라이트다. 여기도 저기도 김대중과 노무현, 또 문재인을 국제 사기꾼이요, 거짓말쟁이요, 부정 축재자들이란다. 노벨 평화상은 노르웨이 당국의 유일한 실수임이 틀림없다며 침을 튀긴다. 도대체 이들은 어떤 교육을 받았기에 이토록 단세포적 돌연변이가 되었을지 궁금하기 짝이 없다. 하긴 한국전쟁 직후의 교육계가 대학까지도 친일파로 대부분 채워진 사실이 그 원인이라는 설도 있다. 이들 대부분이 이론과 논리가 아닌 감정 위주의 주장으로 같은 언어를 반복하며 중언부언하는 노인층이다. 식민시대의 슬픈 유물이다.

짧게 3

LA 어느 한인 교회 40주년 창립 예배에 교회 대표로 참석했다. 나는 목사가 아닌 평신도 대표였다. 초청된 두 명의 목사가 설교와 축사를 마쳤는데 평신도 대표인 내가 강단에 섰을 때는 이미 예정 시간을 한 시간이나 넘겼다. 교인들의 고통은 극에 달한 상태였고 차려놓은 음식도 다 식어갔다. 미국인 목사들도 시간관념 없기는 마찬가지였다. 나는 이 상황을 수습할 의무를 느꼈다. 준비한 10분가량의 축사를 제쳐놓고 말했다. "여러 교우님, 40주년 창립을 진심으로 축하드립니다. 이상입니다."

짧게 4

국회 법사위원장 정청래의 발언은 촌철살인 같다. 즉 날카로운 말로 상대방의 급소를 찌르니 어느 누가 당해낼지 두고 볼 일이다. 예를 들면 다음과 같다.

"나는 조선일보와는 대담을 안 합니다. 언론사만 상대합니다."

"증인들의 대답이 짧을수록 진실에 가깝습니다. 길어질수록 위증 가능성이 높습니다."

짧게 5

완벽하지 않은 선은 위선이기 때문에 이렇게 어정쩡한 자세로 살 바에야 시원하게 해 먹는 것이 더 멋있는 사람이라고 주장하며 살아오기를 600년이다. 세조와 그 똘마니들, 특히 한명회 같은 천재 사기꾼들의 독무대가 최고의 인생으로 인정되어 온 세월이다. 그 피가 흘러 흘러 노론으로, 친일파로, 자유당 독재로, 군부 독재로, 검사들의 유치한 막장 드라마로 연연히 이어져 오고 있다. "3년은 너무 길다." 이 일곱 글자의 소망이 이루어지는 날을 어느 누가 마다하리오.

속옷

벌거벗은 임금님은 속옷이라도 입었지만, 한국의 검사 출신 대통령은 그냥 막무가내로 나선다. 날리면도, 부산 엑스포도 그렇다. 새만금 세계 잼버리에다 영일만 유전까지 다 엉망이다. 이태원 참사도 마찬가지인데 채상병 사건도 예상대로다. 국민의힘 당대표 출마자 네 명이 전부 영부인 메모를 두고 국어 해석에 매달려 서로 공부 잘한다고 뽐낸다. 거기에 더해서 '읽씹'이 문제다 아니다로 야단법석 침을 튀긴다. 너나 나나 부자를 더 부자 시키려 총력을 기울이고 있다. 마지막 회 막장 드라마가 끝나가는 중이다. 아무리 그래도 속옷은 입고 놀든가 해야지 다 벗어젖히고 날뛰면 나라 꼴이 어찌 될는지 아찔한 순간이다.

개

사람과 사귀기는 시간과 돈이 든다. 개도 마찬가지다. 그러나 후자가 훨씬 경제적이요 효과도 빠르고 실패도 적다. 애완견을 키우는 사람은 정서적 안정감을 얻고 고독의 아픔도 줄일 수 있다. 그러나 부작용도 만만치 않다. 이웃 사랑을 넘어 애완견을 더 위하면 자기기만에 빠지기 쉽다. 나 잘난 맛이 최고의 기쁨이라고 한다. 인간 속에서 잃은 신뢰와 기쁨을 개에게 다시 얻어 보려는 노력이 성공하기는 어렵다. 나를 속여먹을 두뇌까지는 가지지 못한 개는 인형보다 귀엽다. 더하여 일편단심이니 안심이다. 그다음 손을 잡을 생명체는 어쩔 수 없는 인간이다. 도전이다. 그러나 나를 고통 속에서 키워주는 채찍이다.

융프라우

톱니바퀴로 무장한 산악열차에 올라 쇳소리 듣기 한 시간이 되자 험한 설산 융프라우에 내려놓는다. 라운지에 들어서니 신라면 냄새가 코를 자극하건만 매운 것을 겁내는 나는 먹을 생각을 포기하고 냄새만 공짜로 즐긴다. 둘러보니 만년설로 덮인 알프스가 그림처럼 펼쳐진다. 스위스가 개발하여 세계에서 몰려오는 관광객들이 그 나라의 살림살이를 보태고 있으니 마냥 부럽다. 주위에 보이는 동화 같은 마을은 이상향처럼 꿈을 헤매는 것 같다. 그러나 막상 뚜껑을 열면 그 내용은 상상과 엄연히 차이가 있다. 농부들이 온 식구를 동원하여 땀 흘려 배당된 지역을 가꾸고 목초를 거두어 소 풀을 준비하고 말려서 겨울을 준비한다. 나라의 감시가 엄격하여 조사에 합격하면 금융 보조가 나오지만, 생활에 보탬 정도여서 대부분이 다른 직업을 가지고 있다. 막상 동네에 가까이 다가가 보면 멀리서 보던 꿈같은 모습은 사라지고 냄새가 진동한다. 곧 소의 분비물과 비료 등이 뒤섞인 농촌 특유의 실체가 낯선 이들을 현실 속으로 이끈다. 모든 목조 건물이 험한 기후에 낡아서 그것 수리도 만만치 않은 일이다. 가까이 가서 실체를 보고 냄새를 맡고 하면 꿈속에 아른거리던 광경은 절반 이상이 사라져간다. 이 세상에는 참으로 우리가 찾아갈 낙원은 없는 게 사실인 것 같다. 그냥 그림으로만 즐길 것을 공연히 마음의 고향 하나를 또다시 잃은 듯하다.

고속도로

박정희는 1970년 경부고속도로를 완공했다. 곧이어 중화학공업으로 1, 2차 산업을 마무리했다. 김대중은 IMF를 극복하고 2000년에 광케이블을 전국 곳곳에 그물망처럼 깔기 시작, 2005년에 완성하면서 정보고속도로를 완성했다. 21세기 인터넷 강국으로 세계 선두 주자로 나섰다. 두 사람 다 10년 앞을 내다보는 혜안의 총명함이 나라를 구했다. 단 이런 찬사는 경제를 기준에 두고 내린 판단이다. 도덕을 기준으로 내세울 때는 두 인물의 생애는 하늘과 땅처럼 비교가 불가능하다.

박과 김의 결단과 총명으로 나라 경제를 일으킨 점은 유사하지만, 그 기준은 오직 경제를 기준으로 하여 내린 결론이다. 그러나 그 기준을 도덕에 둘 때는 다르다. 박정희는 인혁당 사건을 꾸며서 생사람들을 하루 밤새에 사형했다. 김대중은 자기를 죽이려다 미국 백악관의 저지로 실패한 전두환을 용서하고 청와대로 초청하여 화해했다. 이두 가지 사건으로 인생 종착역 기차표 색깔이 갈린다.

향수 제사

마리아는 총명했다. 언니 마르다가 "손님 접대로 바빠 죽겠는데 나와서 돕진 않고 얌체처럼 주님 앞에 쪼그리고 앉아 있으니 별꼴이로구나"라며 좋알댔지만 꿈쩍도 하지 않는다. 생명의 말씀이 내 앞에서 물 흐르듯 떨어지는데 욕먹어도 할 수 없다. 설거지와 뒤 청소로 보답하면 되리라. 어찌 한 마디라도 이 말씀을 놓치리오. 그러고는 곧 전 재산과 같은 향수로 주의 발을 씻긴다. 목숨 바쳐 하나님을 사랑하라는 계명을 실천하는 순간이다. 웬만한 집 하나를 살 만한 값어치의 향수다. 진리를 발견하기도 어렵지만, 그 진리에 모든 소유를 쏟아붓는 여인의 결단은 매우 고결하다. 향기의 제사요 영과 진리의 제단이 펼쳐진 광경이다.

그냥 부자

그냥 부자다. 사업이나 재산 상속 때문에 모인 돈이 아니다. 일제와 자유당과 군바리 시대를 거치며 흘러간 돈이 모여서 큰 부자들이 미국과 캐나다를 비롯해서 세계 구석구석으로 스며들어 '그냥 부자'로 기생하지만, 긴긴 세월에 완전히 세탁되고 말았다. 아무도 손댈 수 없다. 해방 후 적폐 청산 못 한 채 덮어버린 일이 이 모양이 될지 아무도 몰랐다. 그 후유증인지 아직 무속인들의 굿 잔치가 온 나라를 휘감아 돌고 돈다. 이 뒤 청소의 주인공이 바로 제2의 세종대왕이 되련만 민초들이 깨어나서 옛날 동학군처럼 죽창을 들고 일어나면 이번엔 성공할 확률이 매우 높다. 우선 양심과 도덕 회복이 먼저다. 돈이 다시 최고의 가치가 되면 나라가 다시 고통의 나락으로 떨어질 수밖에 없다. 이제는 의를 찾을 단계도 되었다.

노애

진시황의 아비는 막장사하던 여불위다. 여불위의 씨를 받은 조희라는 첩을 적당히 속여 조금 모자라는 왕손에게 시집보내고 나중에 진시황이 태어난다. 여불위는 국무총리가 되어서 천하를 호령하며 6국을 마음대로 주물렀지만 한 가지 고민은 기력의 쇠퇴해가는데 과부로 남아 한없이 불러대는 조희의 불타는 애욕이었다. 그래서 꾀를 내어 들여보낸 자가 노애다. 노애는 대물의 소유자로 명성을 떨치고 있었다. 오동나무 가지로 대물 주위를 묶고 수레바퀴 가운데로 넣고 돌리기를 하루에도 여러 번 반복해서 시장통에서 먹고 살다가 하루아침에 태상 황제의 자리를 얻게 되지만 십 년 가까이 비밀로 지냈다. 영악한 진시황은 여불위가 자신의 친부라는 사실과 내궁에서 벌어지는 흉악한 정사를 알면서도 모른 척하며 때를 기다리고 있었다. 나이 20세가 되면서 여불위의 세력을 정리하다가 일시에 친아버지를 체포하여 죽여버리고, 어미의 둘째 보이프렌드까지 없애버린다. 그러나 노애와 어미 사이에 두 아들까지 있는 줄은 몰랐다. 그는 자루에 자신의 두 동생을 넣고 철 몽둥이로 두들겨 패서 죽였다. 그 후 패 죽일 놈이라는 말이 생긴 것 같다. 중국의 죄와 벌도 러시아의 죄와 벌 만큼 그로테스크하고 역동적이기까지 하다.

탄생

세상에서 가장 힘든 일 중에 하나가 두려움이다. 갓 태어난 아기가 갑자기 펼쳐진 새 세상에서 첫 번째 느끼는 감정은 두려움이다. 그래서 나오는 반작용으로 고래고래 소리를 지르며 운다. 이 두려움을 중화하는 접촉이 있다. 어미의 젖과 포근한 품이다. 그래서 고아는 과부와 더불어 주위의 손길이 필요하다. 그들을 돌보는 자들은 창조주의 생명책에 그 이름이 기록되리라. 탄생처럼 귀한 사건이 어디에 또 있으랴!

뉴라이트

태어나서 20세까지가 피보호 세대다. 두 발로 뛰며 자기 긍정과 부정 속에서 삶을 배운다. 역시 부모의 손길이 필요한 성장기다. 그들에게 가장 영향을 주는 자들이 부모와 교사다. 지금 생존하는 70~80대는 한국 전쟁과 유신 독재의 열악한 환경에서 자랐다. 물자 부족과 사상의 빈곤 속에서 하루하루 버텨낸 세대다. 형이상학에서는 반공으로 충분했다. 형이하학에서는 무조건 출세면 만사형통이다. 철학은 물론 사회정의가 꽃을 피우고 말고 할 여유가 없이 하루하루 견뎌냈다. 학교나 가정에서 보고 배우는 것이 이 두 가지만 목표로 삼고 자란 세대다. 여기서 싹트고 자라난 나무가 극우요 친일이다. 아스팔트 태극기 부대요 뉴라이트다. 단순 세포요 아메바류다. 청소년의 교육이 인생의 전 과정을 좌우한다. 황무지에서 자란 나무에서 풍성한 열매를 기대한다는 자체가 불가능한 일이다.

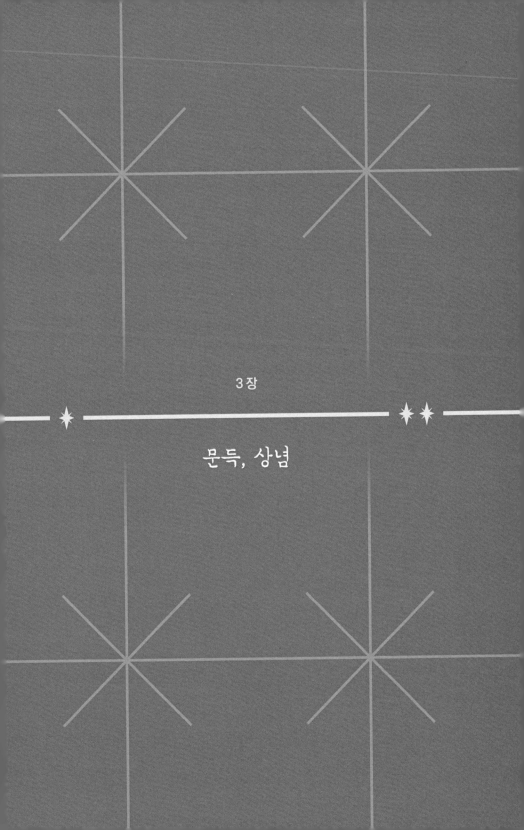

3장

문득, 상념

게티센터

1997년 12월 16일에 개장한 LA 게티센터를 설계할 때의 숨은 이야기는 유명하다. 세계적인 건축 설계자들이 모여 앉아 제각기 자기의 주장을 고집하다가 말다툼으로 번지니 천재들의 외골수는 알고도 남겠다. 결국, 소리소리 지르다가 육두문자까지 내뱉으며 헤어지니 소위 엉망이 되어버렸다. 다시 수습되고 또 의논하다 싸우고 다시 만나 조금씩 양보하여 태어난 작품이 바로 게티다. 과연 현대식 건축물 중에 최고의 걸작이 탄생한 것이다. 사심 없이 공공의 이익을 위해 최선을 다하는 중에 일어나는 분쟁이나 다툼은 실책이나 사치가 아니라 필수 과정이 아닐까 싶다. 산타모니카 산 정상에 걸터앉아 넓은 태평양을 노려보며 그 위용을 뽐내고 있는 게티센터는 당연히 세계적인 자랑거리요 남가주의 자존심이다.

레이커스

32세가 넘은 선수들이 10명 이상이나 모인 레이커스 농구팀이 좀 짠하고 그렇다. 인생 나이 60세에 해당하는 실버타운이 형성되게 되었다. 작년 성적이 형편없던 터라 공을 잘 넣는 선수들이 필요한 처지가 되었다. 예산도 거의 소진한 상태에서 괜찮은 숫쟁이를 여기저기 기웃거리다 보니 결국 은퇴가 가까운 노장들을 모셔 오는 수밖에 없었다. 연봉에 조금 불만이 있더라도 나성의 레이커스가 아닌가. 찬란한 금빛 상의 아래 받쳐주는 진한 보라색 하의를 입어보다니 얼마나 멋진 그림이냐? 챔피언에 오르자마자 일 년도 안 되어 나락으로 떨어지게 된 형편에 그나마 최선을 다했다고 볼 수 있겠다. 그래도 세계 최고의 포드와 가드, 센터 셋이 버티고 있어 기대도 크다. 올해 한 번 더 먹으면 18번째 우승으로 NBA 최고 기록이 된다. 무서운 세 선수 외에도 경력자들이 마지막 영광의 면류관을 얻으려고 호시탐탐 땀을 흘리고 있다. 마치 관우, 장비, 조자룡 외에 마초, 황충, 위연, 마대, 강유가 칼을 갈고 있다고나 할까? 평론가도 예언하듯이 요는 피차 희생과 양보의 문제가 성공의 열쇠를 결정짓는다고 본다. 산전수전 다 겪은 호랑이들이 자신들의 기록 경신에 몰두하기보다 팀 전체의 조화에 집중할 때라는 것이다. 조화는 어느 사회에서나 요구되는 필수과목인 모양이다. 10월 9일이 시즌 시작이다. 기대가 크다.

세 가지 인생

아인슈타인, 소크라테스, 공자, 피타고라스 등이 천재들이다. 상대성
이론, 너 자신을 알라, 혼령의 존재, 노코멘트 등의 말은 우리 일상 언어
를 능가한다. 이들 천재 다음으로는 수재가 있다. 자기의 고유한 연구
분야에 몰두하여 수많은 지식과 정보를 융합하여 독자적인 창조물을
발굴하는 축이다. 석박사나 학자 중에 나타나는 인물들이다. 그다음 세
번째가 암기왕으로 불리는 초기 단계 AI 수준의 인간들이다. 주로 판검
사로 업을 삼는다. 법조문을 찾아내고 형량도 법전에 있는 대로 참고하
면 된다. 창조하는 영역과는 거리가 멀다. 프롬프터 없이 즉석연설은 애
초부터 곤란하다. 순발력과 임기응변이 넘쳐나는 정치판에 판검사들
이 기웃거리는 일은 피차 장려 사항으로 보기 어렵다. 저질러진 혐의를
다루는 것은 과거에, 정치는 미래를 기획하니 어찌 피차 어울리거나 연
속성이 있을 리가 없다.

몸과 머리

머리는 빌릴 수 있지만, 몸은 그럴 수 없는 것이다. 철학과 출신, 김영삼은 새벽 달리기를 자신의 정치적 상징으로 내세워 실천했다. 요사이 윤석열 대선 후보도 만기친람할 게 아니라 사람을 적재적소에 배치하면 만사 오케이라고 폼을 재며 대인 행세에 합세하고 있다. 이런 유의 정치가들은 유별나게 오만하고 고집스러운 면이 있다. 자기보다 잘난 사람을 기피하고 또 시기하는 경향이 있다. 어느 누가 자신의 업적을 어렵게 보고하거나 자랑스러워하면 즉각 해고다. 그 꼴을 눈 뜨고 못 본다. 그래서 그 주위에는 '예스맨'이 모여든다. 이들의 지식이나 지혜가 주인보다 비슷하거나 약간 못하게 된다. 혹 더 낳은 머리의 소유자가 그중에 섞여 있다 하더라도 입을 다물고 살길을 찾는다. 결국, 모든 계획과 노력은 만사휴의萬事休矣로 끝나버린다. 몸이나 머리는 빌려주거나 빌려오는 물건이 아니다. 둘이 합하여 하나의 인격체로 완성되고 책임과 사랑이 부여되어 창조된 마스터피스다.

테스 형

"너 자신을 알라"라는 말이 이천몇백 년을 넘도록 생생하게 살아서 우매한 인간들을 잠시나마 제정신 들게 하는 사실은 우리를 놀라게 한다. 자신을 알고 살아간다는 것이 얼마나 고귀하고 가치 있는 삶인지를 증명이라도 해주는 것 같다. 여기에 집단 살인자가 자신을 알고 처신함으로 자기 생명을 보전하고 구차하나마 천수를 누린 자가 있다. 바로 전두환이다. "나는 축구는 자신 있지만, 공부는 손들었어. 책벌레나 수재 중에 똑똑한 애들 골라서 똑바로 하라고 단단히 일러두고 간섭하지 마라, 오케이?" 이 거칠고 투박한 말이 신의 한 수가 될 줄은 아무도 몰랐다. 3저 호황에 힘입어 다행히도 경제가 안정되니 그 후로는 자기들의 살 길을 찾아낼 여유를 얻게 된 것이다. 자신을 알고 가끔 소환하여 은근히 낮은 목소리로 쳐다보고 준비한 이상한 사과 상자를 하사하면 만사 '올라잇'이다. 그와 반대로 자신을 알기보다 교만하여 자신을 과대 포장하면서 구름 위를 걸으며 손가락으로 일일이 간섭하면 실패를 넘어 씻을 수 없는 대죄인의 길로 들어서게 된다. 우리는 이런 유형의 인간들을 통해 지옥 골짜기로 처박혀서 허우적거린 경험을 여러 번 겪었다. 다시는 무지하고 오만하면서도 자신을 모르고 설치는 고장 난 AI 같은 자를 무대 위에 올리는 우를 범할 일이 아니다. 자신을 알고 사는 사람은 이미 생의 과반을 성공한 것이라 볼 수 있으리라. 오만은 악이요, 악은 죄를, 죄는 사망을 낳는다.

모범 공직자

튀르키예 대지진으로 희생된 사람이 3만 명을 초과했다. 에르진시는 참사 현장 가까이 있는 4만 2천 명의 소도시이지만 이번 대지진에서 단한 명의 인명 피해 없이 건물도 모두 안전하게 보전되었다고 한다. 어찌 그런 일이 가능했던 것일까? 현지 매체들은 그 이유로 에르진시의 엘마소글루 시장의 결단력을 뽑았다. 이 시장은 그동안 수많은 비판과 정치적 압력에도 불구하고 불법 건축을 한 번도 허가해 주지 않았다고 한다. 모범 공직자 한 명이 온 시민의 생명을 구하는 현장을 목격하는 우리가 깊이 새길 정의 사회의 표본이다.

약속

약속 하나로 세계 최고의 정복자가 된 분이 칭기즈칸이다. 성을 공격할 때마다 성 안에 통지하기를 항복하면 너희의 생명은 물론 재산과 현재 너희의 직업을 그대로 유지토록 하겠다. 단 내 제안을 거부하고 대항할 때는 사람과 짐승까지 숨 쉬는 생물은 하나도 살아나지 못하리라. 이런 뒤에 성공하여 입성하면 약속대로 행했다. 예외는 절대 없었다. 그 후로 쭉 밀고 나가니 소문이 퍼지고 대부분 무혈입성이 가능해진다. 약속은 이처럼 어마어마한 결과를 얻게 된다. 그렇지만 그도 예외를 두었으니 일자무식이 석학을 뛰어넘고도 남는다는 사실이다. 공과 전문가들과 기술자들을 뒤로 빼돌려서 최고의 대우를 하니 그들로 하여금 최첨단의 공성 무기를 생산케 하여 적재적소에 사용했다. 약속과 정직 그리고 뛰어난 지혜로 이룬 세계 정복의 역사는 전무후무할 위업이 아닐 수 없다. 칭기즈칸은 인간의 본성과 양심의 가치를 최고조로 드높인 인류의 스승이다.

민주주의 1

원시시대에는 음식 저장이 어려웠다. 3일 정도 지나면 다시 사냥을 나갈 수밖에 없었다. 동물들은 더 그랬다. 그날의 끼니로 만족하며 내일은 내일에 부탁할 수밖에 없었다. 은행과 냉장고 등 저축 방법이 가능해지면서 인간의 욕망은 하늘을 찌르게 된다. 세계 최고의 부자 2%가 나머지 98%보다 더 많이 가졌다고 한다. 공산주의도 실패했지만 자본주의도 그 명줄의 끝이 보인다. 새로운 정치체제가 유럽의 몇 나라에서 실험 중이다. 민주주의가 그 기대치에 절반밖에 성과를 내지 못하고 있다. 모두 잘났다고만 하지 다람쥐 챗바퀴 돌듯 껍질을 깨고 나와 새 세상 만들기가 이렇게 어렵다는 말인가? 먼 산만 바라보고 있는 나 자신부터 한심하다는 생각이다.

민주주의 2

자유민주주의라는 합성어가 윤석열 대통령 연설 때마다 사용되고 있다. 그냥 민주주의 속에 자유는 제일의 가치로 함의되어 있다. 굳이 민주주의 앞머리에 자유라는 사족을 붙이는 것은 낯설고 부자연스럽게 들린다. 열등감의 발로로 오해받기에 십상이다. 역전앞이나 초가집, 국화꽃 등은 음률 조정상 필요할 수도 있고 관습으로 넘어가는 경우가 많다. 그러나 자유민주주의는 어색하고 정권에 따라 묻힐 꼴통 언어 같다. 참신한 아이디어로 미래의 새 언어가 개발되어야 하리라.

민주주의 3

민주주의는 모험이 항상 따라다닌다. 위험하다. 왜냐하면 국민이 뽑은 지도자는 천사였는데 취임하자마자 악마가 되기도 하기 때문이다. 속았다. 그러나 이미 늦었다. 그 사람의 화려한 거짓말에 넘어간 내 잘못이다. 나는 내 욕심 때문에 공적인 이익을 모른 척했고 정의보다 물욕을 택했다. 병아리를 자라기도 전에 잡아먹으니 배도 채우지 못하고 인내의 기쁨도 사라졌다. 곧 천박한 사람의 손에는 상한 음식뿐이다. 뿌린 대로 거둘 수밖에 없다. 겉만 보고 선택하면 이런 비극이 일어난다. 그러면 어떤 방법이 있는지 궁금하다. 민주주의는 인내와 정의와 지혜를 먹고 자란다. 오늘보다 내일을, 학력이나 외모보다 정직을, 말솜씨보다 지금까지의 업적을 보고 선택할 때만이 그나마 민주주의의 열매를 기대할 수 있다. 민주주의는 맑은 양심의 강가에 피는 아름다운 과일나무다.

팡세의 결론

나는 내가 곧 죽는다는 사실에 대해서는 안다. 하지만 내가 결코 피할 수 없는 그 죽음이라는 것에 대해서 어느 무엇 하나 아는 것이 없다는 점이 나를 허탈하게 만든다. 이럴 바에야 긍정적인 곳으로 다가가자. 곧 죽은 뒤에 영생이 있다고 믿어라. 그래야만 참된 삶을 살 것이다. 진정한 철학은 철학을 조롱하는 것이다. 하긴 바울도 주장했다. 철학은 허황되고 유치한 학문이라고.

선민

선민이라고 으스댈 일이 아니다. 나는 특별하고 남다르다는 생각은 착각이다. 나만을 위해 노력하고 집중하면 그는 선민은커녕 인간 송충이에 가깝다. 인간을 자신만큼 사랑하고 양심의 소리를 듣고 행하는 사람은 선민은 못 되지만 훌륭한 선남선녀가 되리라. 그러면 선민은 누가? 이웃이나 인류를 위해 자기를 희생하는 사람이다. 아무나 자기를 선민이라고 우기면 멸망의 길로 들어서기에 십상이다.

다섯 가지 죄

진리에 배반한 자의 다섯 가지 죄를 열거해 보자.

1) 배반 2) 비굴 3) 변명 4) 이득 5) 방어

이것들을 다시 풀어보자.

1) 진리를 배반한다.

2) 다수가 가는 길 나도.

3) 꾸민 말로 정당화.

4) 자기 배를 채운다.

5) 가난한 자를 멸시.

이것들을 또다시.

1) 진리는 배고프다.

2) 남 따라가면 쉽다.

3) 남 흉보면 나는 무죄.

4) 뇌물은 달고도 달다.

5) 가난은 자신들의 죄.

다섯 가지 죄를 피한 자는 정의의 면류관을 받을 자격을 가진다. 끝까지 참고 세상을 이겨야 한다.

감리교

감리교는 장로교와 더불어 신교의 두 줄기 큰 강이다. 천주교의 일부 장점과 신교의 진취성을 떼어내어 적당히 자유와 절제를 조정하여 개교회의 안정과 발전을 도모하는 치리 기구가 감리교다. 이에 비하여 장로교는 모든 각 교회의 내부 문제를 교인 개인에게 맡겨서 장로들을 선거로 선출하여 교회를 치리하게 하는 제도다. 민주주의의 효시가 장로교로부터다. 고로 개인마다 인격과 경륜이 갖추어질 때는 더없이 바람직한 제도이지만 그것이 현실적으로 가능할 리가 없다. 분쟁이 일고 의견 대립이 생기면 사회나 정치마당처럼 여러 도구나 방법이 없고 서툰 성경 이론으로 대립하여 더 큰 분쟁으로 비화하고 만다. 한편 감리교는 상급 기관의 제재와 조정으로 쉽게 길을 터주니 큰 다툼의 걱정이 희소하다. 그래서 그런가? 미국 장로교회는 많이 위축되고 있다. 다만 한국교회가 의외로 장로교가 성하다. 그 이유는 무엇일까? 그들이 과연 미국교회처럼 완전한 민주주의 체제로 운영하고 있는지 의문이다. 장로교는 인간 중심의 르네상스 시대에 꽃을 피우고 발전한 인류 최고의 종교 제도다. 지금과 같이 자본이 세상을 통치하고 인간의 가치가 돈으로 가려지는 세상에서 인간의 기초 도덕이 땅 위에 굴러다니는 형편에 어찌 개인의 인격과 양심을 기대할 수 있으리오? 신교의 감리교가 끝까지 함께 인류의 영적 성장을 이루어낼지가 기독인들의 마지막 소망이 되고 있다.

돼지

배부른 돼지보다 배고픈 소크라테스가 낫다고 한다. 박정희가 보릿고
개를 날려버리고 빈곤을 극복한 일은 기나긴 한국 역사에 특기할 만한
공로다. 문제는 그 후의 부작용이다. 군인들의 득세와 함께 새로운 기득
권 세력이 형성되면서 친일파와 손을 잡고 철 지난 매카시즘으로 그 기
본 철학을 삼아서 사회악을 키운 것이다. "잘 살아보세"가 수단 방법을
가리지 말고 어떻게든 "부자 되세"로 곡해되어 그나마 남아 있던 양심
을 오염시켜 버리고 말았다. "잘 살아보세" 대신 "사람답게 살아보세"
라고 시작했다면 그 뒤의 사정이 많이 변했으리라고 상상해 본다. 배부
른 돼지는 결국 그 끝이 도살장이요, 배고픈 의인의 끝은 진리의 왕국이다.

인용 습관

창작 활동에는 인용이 적을수록 가치가 있다. 남의 돈을 빌리면 마음이 돌처럼 무겁다. 지적 재산도 잘근잘근 씹어서 위로 보낸 뒤에 내 몸으로 공급할 일이다. 효과적인 영양 공급을 위한 절차다. 그것도 불가피한 경우에만 시도할 일이다. 연결 고리는 윤활제 노릇을 톡톡히 해내는 경우가 많다. 그러나 역시 자기화된 말이 창조물이요 귀한 보석이다. 서책에서 그 많은 이름과 연도와 사상을 뜬금없이 빌려오는 습관은 천박하다. 내가 빚어서 만들어야 가치가 있다. 그것이 곧 창조요 초자연적인 몸부림이다.

팡세

말이 길어지면 거짓말일 가능성이 있다고들 한다. 대부분 다 이미 알고 있는 잔가지 같은 내용은 생략할 줄 알았는데 끝까지 설명을 추가한다. 그래서 꼰대 소리를 듣는다. 고로 쉽고 짧게 정곡을 찌르도록 주의하되 그 안에 알곡을 남겨야 한다. 파스칼은 17세기 프랑스가 낳은 사상가다. 천재적인 재능을 가지고도 그의 간략하게 남긴 단상들을 해석하는 데 골머리를 앓고 있다. 200년의 세월이 지나서야 조금씩 이해되고 있다. 짧게는 성공했지만 쉽게 추리진 못했다고 본다. 심오한 진리를 어찌 쉽게 풀어낼 수 있으리오. 그러나 더 노력해야 한다는 생각이다. 예수님도 온갖 세상 이야기를 비유로 들며 유·무식 차별 없이 하나라도 더 깨우치려 노력했다. 진리를 짧고 쉽게 남긴 책이 성경이다. 정약용이 남긴 말도 우리의 노력에 큰 도움이 된다. "요점만 말하되 그것도 더 줄여라."

자유인

고요하고 캄캄한 우주 속에서 한정된 삶을 살고 있는 인생 중에 그 의미를 아는 자는 행복한 사람이다. 그는 우주 최고의 보물을 움켜쥔 자이기 때문이다. 그 보물의 이름은 진리요, 그 소유자의 또 다른 이름은 자유인이다.

죄와 돌

돌 던진 자들은 용서받지 못한다. 왜일까? 죄를 지은 자가 부끄러워하기는커녕 돌까지 던지니 그 죄가 두 배로 늘어난 셈이다. 그러고도 용서받기를 바란다면 그 죄가 세 겹으로 쌓일 것이다. 그래서 회개가 중요한 모양이다.

내 집

밤하늘 은하수 사이로 끝없이 뚫려 있는 궁창을 보라. 그 주위로 펼쳐지는 침묵의 우주는 너무나도 무정하다. 만일 우리의 영spirit이 혼soul의 껍질을 벗기고 탈출하지 못하고 그냥 동물처럼 정해진 삶을 연장하다가 생을 마감한다면 그 겪어냈던 슬픔과 고통이 너무나 억울하다. 그래서 예외 없이 한 사람도 용서받지 못하고 형장의 이슬로 사라지는 인간의 말로는 너무나 비참하다. 인간은 왜 자기도 모르게 태어나서 수고와 슬픔 속에서 허덕이다가 아침 안개처럼 사라지는가? 확실히 무슨 이유가 있다고 생각은 들지만, 땅과 하늘은 그윽하기 그지없다. 영아! 너의 집은 어드메냐? 아니, 내 집이 어디란 말인가?

스피릿

혼은 몸을 유지하는 데 쓰는 프로그램이다. 영은 신과 교류하는 데 필요한 연락병이다. 몸과 혼 둘만 가지고 사는 것은 동물과 인간이 동일하다. 인간은 보이지 않는 것을 찾을 때가 있다. 급할 때가 그렇다. 또 생명의 위협을 느끼거나 신심의 고통 속에 서도 초능력에 기댈 수밖에 없다. 인간의 한계 때문이다. 허공을 향해 손을 뻗친다고 부끄러워할 필요는 없다. 그 반대로 항거하는 방법도 있지만, 우리에게는 독수리처럼 날개도 없고 사자 같은 완력도 없다. 그야말로 생각하는 갈대가 맞다. 그래서 할 수 없이 하늘에 손을 뻗치며 소리친다. 자신의 영spirit이 이때 나타나 연락을 취한다. 저기 내 주인이 그대의 도움을 애타게 찾으니 좀 건져주셔야deliver겠다고. 이처럼 영과 혼은 같은 집에 거하지만, 그 역할은 판이하게 다르다.

존재

나는 생각한다. 고로 존재한다. _ 데카르트

　내가 생각하니까 그나마 인간 될 자격이 있다. 그러면 생각하는 주체인 나는 무엇인가? 육체는 생각하는 역할이 아니고 오직 지시를 받아 행동한다. 영혼이 지시한다. 여기서 영과 혼이 나뉜다. 혼soul은 육체의 생존을 위해 모든 걸 계획하고 그 행동 지침을 육체에 하달한다. 온갖 동물들의 생존 형식과 유사하다. 다만 인간은 더 낳은 지능으로 생활 방법을 개발 발전시켜 문명을 만드는 게 다를 뿐이다. 이렇게 귀한 혼보다 더 가치 있는 일을 하는 것이 영이다. 초자연에 손을 뻗어서 보이지도 만질 수도 없는 대상을 향해 도움을 청할 때 나서는 것이 영spirit이다. "나는 생각한다"라고 말할 때 그 생각은 세상의 나를 위한 생각이 아니고 보이지 않는 영원한 진리 탐구가 목표요, 푯대가 된다.

밥

"배가 고프면 밥."
"마음이 고프면 말씀."
몸과 마음이 배부르면 자유가 개념 속에서 떠오르리라.

대화

이정우 정책실장이 실수했다. 새로 당선된 대통령 노무현과 국정을 의논 중에 혼자만 너무 떠드는 꼴을 보고 비위가 상했다. "대통령님, 정책도 좋지만, 너무 말이 많습니다. 말씀 좀 줄이시면 어떨까요?" 성질대로 뱉어내고 말았다. 정책실장이 아직 임명되기 전에 실수를 저질러 놓고 후회하며 돌아섰다. 그러나 며칠 후 청와대에서 전화가 왔다. 그렇더라도 미안한 마음이 여전하기는 지금도 마찬가지다.

살생부

테러로 황천 길목까지 갔다가 돌아온 이재명의 눈초리가 범상치 않다. 검사들은 요리조리 올가미를 쳐놓고 그를 끝없이 몰아붙이지만 아무런 증거도 없다. 여기에 연관된 검사들도 그 이름들이 일반인들마저 기억할 정도가 되었다. 그러니 이재명의 뇌리에 그 검사들의 명단이 차곡차곡 쌓여 있으리라. 언제 그 이름들이 살생부로 변할지 아무도 모른다. 이재명이 당한 만큼 되돌려줄지 아니면 몇 배 되는 민·형사로 묶어 그들의 삶이 바닥이 드러날 때까지 파고들어갈지 알 수가 없다. 22대 총선에서 어기적거리던 역행자들을 손도 안 대고 잘라버린 솜씨를 볼 때 조용히 그냥 넘어갈 사람이 아닌 것 같다. 초겨울 하얀 서리처럼 서늘하다. 뿌린 대로 걷는다고 한다지만 검사들도 자신의 미래를 준비해야 한다. 양심고백이라도 서둘러 발표하면 재생의 길이 열릴 수도 있을 텐데 용기백배하기 바란다.

결단

고독을 다스리며 진리와 공놀이를 즐기는 자를 훼방하고픈 고통은 많지 않다.

적송자

중국 고대 삼황 시대 때부터 전해오는 신선의 이름이 적송자다. 진시황에게 나라를 빼앗긴 한나라의 재상인 장자방은 하루아침에 실업자가되어 떠돌다가 우연히 적송자를 만나 신선의 기를 받게 된다. 하루는 강가를 거닐다가 황석공이라는 기인에게 병서를 건네받은 뒤 갑자기 그노인은 사라지고 그 자리에 누런색의 바윗덩이가 나타났다. 자기와 사귀는 적송자를 찾아가 물으니 그가 알려주기를 그대가 들고 있는 병서는 상제께서 내린 것이니 열심히 공부하여 진시황을 멸하고 나라를 회복하기 바란다고 말했다. 그 후 촌구석에서 건달로 지내던 유방을 달래어 가꾸어서 진시황을 멸하고 호랑이 같은 항우를 죽게 하여 천하통일을 이룬다. 유방은 한 고조가 되고 2인자의 자리에 앉아 천하를 호령하게 된 장자방은 다 뿌리치고 적송자를 따라서 산속으로 유유히 사라져신선이 되었다고 전해온다.

그 후 1,800년이 지난 1576년에 시험관이 이순신에게 물었다. "황석공의 제자인 장자방이 적송자를 따라서 신선이 되고 지금까지 살아있다고 믿는 학자도 태반인데 공의 생각은 어떠시오?" 여기서 잘 대답해야 시험에 통과되고 과거시험에 합격한다. 자기 생각을 솔직하게 말한다.

"사람은 누구나 태어나서 죽게 마련입니다. 장자방도 틀림없이 사람인데 어찌 신선으로나마 살아 있을 수가 있겠습니까? 다 아름다운 동화요 각색

된 역사라고 봅니다."

시험관이 놀라서 주위에 두루 알리니 모두 감탄하여 마지않았다고 한다. 그의 담대한 의지와 명석한 판단력을 여실히 보여주는 하나의 예화다.

두 곳

배심원 500명의 투표 결과 280 대 220이 되어 소크라테스의 사형이 결정된다. 30명이 제대로 투표했어도 살아날 수 있었지만 역시 악이 더 우세했다. 소크라테스의 내세관은 두 가지로 나뉜다. 첫 번째는 잠이다. 영원토록 잠자는 것이다. 나쁘지 않다. 꿈도 꾸지 않고 잘 것이니 완전한 안식이다. 두 번째는 그리운 현자들을 만나 진리의 우주여행을 하며 담론을 즐기는 영생의 길이다. 그는 두 곳 중에 어디를 가도 이 세상의 고통보다는 낫다고 생각했다. 그러면서 그는 유언처럼 다음과 같은 말로 마무리했다. "나 같은 선한 자를 죽이고도 잘 살기를 바라는 것이 가능할 리가 없다. 이제부터는 사나 죽으나 고통이 영원토록 너희의 동반자가 되고 두려움이 너희의 겉옷이 되리라."

반짝

칸트는 반짝이는 밤하늘의 별을 보며 인간 양심의 별도 반짝일 수 있으리라 생각하는 것이 버릇처럼 되고 말았다. 이 일로 인하여 그는 두 가지를 하나로 만드는 위대한 업적을 이룬 것이다. 즉 영국의 경험주의와 독일의 합리주의를 병합하여 하나의 영원한 현대 철학을 완성해낸다. 철학에 살다가 구명 뚫린 낡은 철학의 담요를 덮고 사라진 니체와 정교한 칼과 푸른색의 이탈리아 대리석으로 조각한 도덕의 받침대 위에 올려놓은 초월의 가치를 창작해 낸 칸트가 구별되는 천지개벽의 순간을 우리는 모두 맞고 있다. 이것이 바로 하늘의 별을 보며 반짝이는 마음속의 별과 교감하는 환희의 순간이다. 밤하늘의 별과 양심의 별이 함께 손잡고 춤추면서 자유를 누릴 때 인간은 그 본래의 존엄을 휘어잡을 수 있을 것이다.

별

별을 사랑한 사람 세 명이 생각난다. 칸트와 윤동주와 이태다. 칸트는 비교적 조용한 환경에서 별을 보며 형이상학을 파고들 수 있었다. 마치 샤워를 하며 몸을 씻듯이 쏟아지는 별들을 물처럼 생각하며 양심을 깨끗하게 닦아냈다. 그의 외모도 지성의 덩어리 같았지만 안정된 생활이 그를 뒷받침하는 중에 현대 철학의 결론에 도달하게 된다. 반면 윤동주는 빼앗긴 조국을 위해 가슴을 조이며 노래한 시인이다. 황량한 만주 벌판에서 추운 듯이 바람에 흔들리는 밤하늘의 별을 바라보며 고아처럼 버려진 조국을 위해 울었다. 그는 아침이 밝아오며 사라지는 별처럼 침략자의 손에 끌려가서 처참하게 죽었다. 이태는 '어빨'이다. 전쟁 중에 어쩌다 지리산으로 합류하게 된 빨치산이 된 충정도 대학생이다. 그가 식량을 탈취하려고 들어선 외딴집 안방에서 일어난 일은 유명하다. 남편은 창문으로 도망가고 홀로 남아 바들바들 떨고 있는 젊은 여인과 마주치게 되었다. 완전 나체의 여인을 보게 된 그는 순간을 판단 속에서 마루로 뛰어나와 고개를 들어 하늘을 향해 세 번 심호흡을 했다. 하늘에는 별들이 쏟아지듯 반짝이고 있었다. 젊은 그의 마음속에 양심의 별들이 살아나며 빛을 내기 시작했다. 그가 보릿자루를 들고 문으로 향해 나갈 때 뒤에서 여인이 조용히 말했다.

"오늘이 결혼 첫날밤인데 저를 친동생처럼 대하시니 평생 은혜를 잊지 않겠습니다."

빨치산 이태의 얼굴에 승리의 엷은 미소가 스치며 지리산 속으로 사라져갔다. 그 후 나는 칸트와 윤동주와 이태를 내 양심의 척도로 삼고 살아보기로 했다. 어렵겠지만 할 수 없다. 다른 방법이나 길이 없기 때문이다.

엘리 엘리

"나의 하나님, 나의 하나님, 어찌하여 나를 버리십니까?" 내가 나를 버리는 순간의 외침이요 단말마의 고통에서 터져 나오는 절규다. 진실은 겉과 속이 다르지 않다. 감당해야 하는 천지개벽의 짧은 시간에 배려나 동정의 손길이 끼어들 공간이 있을 수 있겠는가? 그 과정을 다 치른 뒤에 나타난 복음은 영원무궁한 진리다. 순도 100%의 정금이다. 가져가라는 이 보물을 주저주저하며 외면하다니 생각할수록 인간은 불가사의한 생명체다.

문고리

내 식구 먹여 살리려고 문 열고 나가서 먹을 것을 구해온다. 몇 푼 쥐고 집에 돌아오면 다시 문고리를 잡는다. 드나들이가 다 문고리에서 시작해서 또 문고리로 마무리한다. 문고리는 하도 볼품이 없어서 문을 열 때나 닫을 때나 모두 무심하게 지나치는 경우가 많다. 그렇게 호기롭게 나가지만 돈 벌기가 곧 전쟁터에서 땀 흘리는 노동이요 집으로 돌아오니 다시 탈진이다. 쉬고 일하고 하다가 이 세상에서 스르르 사라지면 피차 평안하련만 인생살이가 그렇게 만만치가 않다. 팔구십에 수고와 슬픔뿐이요 그나마 신속히 사라지니 바람 속에 떠도는 먼지보다 못하다. 너무 억울해서 새로운 문고리를 찾는다. 영원한 안식과 평화를 향해 손을 뻗는다. 절규다. 이때 문 두드리는 소리가 들린다. 밖에서 문고리 잡고 열면 되련만 탕탕탕 소리뿐이다. 이유는 그 문에는 문고리가 없기 때문이다. 안에 있는 자가 스스로 밀고 튀어나오는 수밖에 없다. 그런 용기도 없는 자기 자신의 운명을 바꾼다는 것은 영원토록 불가능한 일이다. 영의 세계는 영으로 개척할 수밖에 없다. 문고리 없는 문을 주저 말고 두 손으로 밀고 나와야 한다. 끝없이 트인 자유의 마당으로 달려 나가 진리의 손을 잡고 춤추며 즐겨볼 만하건만 모두가 생명의 문을 외면하고 크고 넓은 길로만 빠져든다. 문고리 있는 문은 손이 필요하지만, 문고리 없는 문은 온몸과 영이 필요하다.

노벨상

8년 전 한강의 『채식주의자』가 맨부커상을 받고 나서 즉시 그 책을 구입하여 교회 도서관에 배치해 놓은 곳이 미국 LA에 있다. 한국 정부의 불온 도서로 찍힌 데다가 온통 극보수로 무장된 교회 중에 제일 먼저 나서서 교인들에게 이 책을 추천하고 장려한 교회는 과연 몇이나 될지 궁금하다. 열악한 환경에서 지각을 가지고 새 길을 개척해나가는 좁은 문과 거친 길이다. 그러나 어찌 포기하리오. 외로워도 생명과 큰 상이 보이는데 도중 포기는 어림도 없다는 태도다. 남들은 진보라고 부르지만 보수 중의 보수로 자부하는 용기가 부럽다. 그림! 아무리 LA라도 그렇지 한두 교회는 있어야지 너무했다.

윙크

정치는 타이밍이다. 살아서 움직이는 것이 정치라는데 여기서 순간을 놓치면 소기의 목적을 달성하기 어렵다. 단독 면담인가 하는 자리에서 한동훈 여당 대표가 교장 선생님의 훈시만 듣는 모양새로 물러나서 결국 아무런 이득을 보지 못한 채 숨을 고르는 중에 이재명이 지나가며 윙크한다. 때를 놓치지 않고 던지는 한마디다. "한번 만납시다." 계속해서 조국이 지나가면서 "나하고도 만납시다" 하며 손으로 윙크한다. 윤 대통령과 손발을 맞춰 압수수색을 밥 먹듯 하던 한 대표를 완전히 용서할 수는 없지만, 이때를 못 잡으면 윤과 한을 분열시킬 기회를 놓칠지도 모른다. 여기서 말하는 윙크라는 표현은 남녀 사이의 눈짓이 아니고 순간을 잡고 덤벼드는 무서운 정치판의 막장 드라마 같다는 말이다. 한편의 단막극을 무료 관람하게 되어서 정말 기분 짱이다.

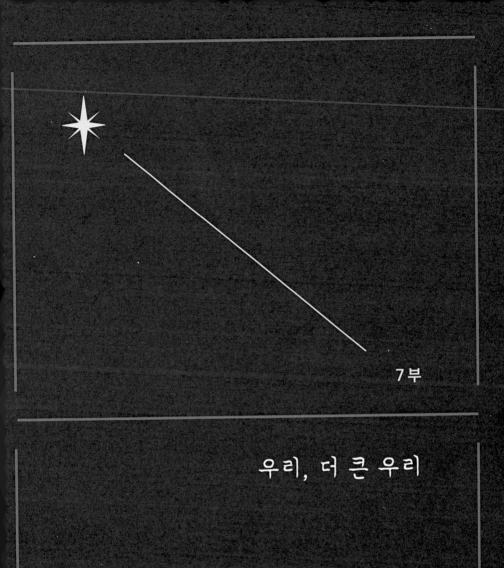

7부

우리, 더 큰 우리

1장

우리

옥류관

옥류관 냉면은 의외로 심심했다. '단짠'에 절여진 나의 혀는 역시 한방을 기대했는데 너무나 자극이 없는 솔직한 자연스러움에 놀라버렸다.

중세 영국 귀족층에서는 유난히 파티가 유행했다. 인도에서 들어오는 배로부터 부잣집에 뿌려지는 생소한 향신료가 음식 경쟁을 부추긴 것이다. 누구 집 향신료가 더 야릇하다느니 더 톡 쏘는 맛이 있다느니 하며 경쟁한 결과는 현재 스코어 꼴찌에 가깝다. 대표 음식으로 현재 남아 있는 것이 피시 앤 칩스 정도로 유럽에서도 내세울 메뉴가 없다. 향신료 경쟁이 낳은 비참한 결과다. 그건 그렇다 치고 다시 옥류관으로 돌아가자. 두세 번 면치기를 하다 보니 점점 더 침이 고이기 시작하며 의자를 바짝 앞으로 당기면서 본격적으로 덤벼든다. 참말로, 나의 간사한 혀, 어느새 변절하여 날름거리는 모습은 측은하고 불쌍하구나. 마치 백성들이 하찮은 이익에 흔들리며 오늘은 이쪽, 내일은 저쪽에 한 표를 던지는 모습과 다르지 않다. 강변 길게 뻗은 난간은 시원한 산책로다. 6월의 훈훈한 바람에 잔가지들을 흔들거리며 모란봉 언덕까지 줄 서 있는 버드나무들이 한가롭다. 금수강산이라는 흔한 말이 빈말이 아니다. 화개장터 가는 길, 섬진강 변에 꽃망울을 터뜨리던 초봄의 매화밭을 볼 때처럼 자랑스러운 광경이다. 옥류관 건물은 한식에 현대미를 가미한 하얀색의 독창적인 예술품을 연상시키는 균형 잡힌 단아한 모습이다. 그곳에서 즐기던 자연 그대로의 맛은 아직 입가에 남아도는 어미 젖의 원초적인 향수처럼 오래도록 맴돌 것 같다.

파친코

소설, 파친코는 다음 글로 그 시작을 알린다. "역사가 우리를 망쳐 놓았지만, 그래도 상관없다."

다른 어떤 선택의 여지가 없는 형편 때문에 가는 데까지 최선을 다해보겠다는 외침이다. 견뎌보기도 하고 정 안 되면 자살도 하며 세월을 넘긴다. 부산 영도에서 근근이 연명하다 일본 오사카로 옮겨져 갖은 수모를 당하며 생을 이어가는 슬픈 이야기다. 이것을 미국 이민 후세가 아이비 대학에서 공부한 인문학을 기초로 일본과 한국을 드나들며 자료를 수집하며 30년을 걸려 엮어낸 대하소설이다. 일본의 원시적이고 배타적인 이민정책이 여과 없이 적나라하게 벗겨져 전 세계로 퍼져나가고 있다. 슈퍼와 세탁소 등에서 땀 흘려 고생한 부모 밑에서 자라난 후세들이 영어권에 진입하면서 한국과 동양의 문화와 역사를 알리고 있다. 이민으로 헤어진 교포에 대한 긍정과 부정의 여론이 분분한 것이 사실이지만 그렇다고 후손들의 자기 본향에 대한 기여를 사양할 일은 아닌 것 같다.

12세기 어떤 사상가가 남긴 말은 깊은 여운을 주면서 우리를 바로 서게 하는 명언이다. "자신의 조국만을 좋아하는 사람은 아직 어린아이와 같다. 어디를 가도 자신의 조국처럼 느끼는 사람은 강한 사람이다. 그러나 이 세상 모두가 다 타국처럼 느껴지는 사람이야말로 완성된 사람이다."

이 학자는 신학자로 보이는 것이 마치 자기 조국은 지구 밖에 있는 듯이 암시하고 있다. 그건 그렇다 치고, 트랜스 내셔널리즘 시대는 저 구름 너머에나 있을까. 이제 시들어가는 로스트 제너레이션들Lost Generations의 시야에는 그와 같은 이상향이 잡힐 리가 없다.

후지모도

후지모도 겐지의 손맛을 본 사람은 행운아다. 묘향산 관광을 마치고 돌아온 이른 오후 고려호텔 구내식당에 모인 일행은 아담하고 청결한 내부를 즐기며 특별 냉면을 기다린다. 엊그제 들렀던 옥류관 같은 맛이려나 궁금해하는 중, 우리 일행은 지금 부엌을 분주히 휘저으며 총지휘하는 사람이 후지모도라는 사실을 전해 듣는다. 미국에서 왔다니 조국을 따따블로 배반한 놈들이 틀림없지만, 현실이 만만치 않으니 막대하기도 그렇고 고민 중에 잘 대접해 보내기로 한 모양이다. 그래서 특식으로 후지모도를 보내 먹여보자는 계획이 선 듯하다. 그는 여러 번 언론에도 나온 최고 존엄 주방장이다. 모두 기대와 호기심으로 입맛을 다시다 드디어 큰 그릇의 냉면이 내 앞에 놓인다. 후루룩, 육수를 들이켜는 순간, 와우, 일본인 셰프 손에서 이런 국물이 나오다니 과연 천재는 국적이 없다. 온몸으로 흘러내리던 전율이 이 순간까지도 남아 있는 듯하다. 육수는 그렇다 치고 국수사리를 삶아내는 시간은 초를 다투는 긴장의 연속이다. 벼락같이 건져내어 얼음물에 치대기를 일생의 원수처럼 사정없이 밀어붙여야 하니 그야말로 총알이 비 오듯 쏟아지는 전쟁터다. 그래서 탄생된 천하제일의 평양냉면이다. 잊을 수 없는 고향 맛이다. 이런 음식은 아무리 그 맛이 좋아도 국제화는 불가능하다. 어느 누가 이 마스터피스를 위하여 총지휘할 것이며 그런 능력의 소유자를 어디 가서 찾아내리오. 쩝쩝.

교포

"해외에서 입국하는 확진자 수가 늘어나니", "유학생은 몰라도 제나라 싫다고 외국 나가 산 사람들을 왜 들어오게 하나?", "나라에 세금도 안 내는 사람들을 위해 왜 국민 세금을 써야 하나?"

이상이 한국인들의 일반 정서라고 역사학자 정우성은 우려한다. 40여 년 전 LA 흥사단과 국민회의 임원들을 만나서 경험담을 들은 적이 있다. 14시간 오렌지밭에서 땀 흘려 번 돈을 쪼개서 임시정부에 보낸 독립 자금 영수증을 떨리는 손으로 보여주었다. 지친 몸으로 귀가해서는 신발도 벗지 못한 채 잠들고 깨어나면 먼동이 트면서 아침 후루룩 들고는 다시 일터로 달렸다는 이야기를 듣고 눈시울을 붉게 물들였던 기억이 난다. 미 동포들의 실질적인 도움은 이봉창과 윤봉길 의사의 의거에 직접적인 자금줄이 된 것은 역사적 사실이다.

수백만의 북미 교포는 오늘도 한인 타운을 누비며 한국 상품 구매에 열을 올리고 2, 3세 젊은이들이 조상들의 조국을 찾아가 국제 언어와 문화 활동에 동참하여 네오 헬레니즘 창조로 K-컬처를 알리는 데 최선을 다하고 있다. 국내에서 높은 자리에 앉아 사익을 취하며 사회악을 만드는 무리가 어찌 멀리서 말없이 고국의 안위와 번영을 기원하는 무명의 교포보다 나으리오. 군자는 마음이 넓다. 따뜻하다. 좁은 마음으로는 대국의 국민이 될 수 없다. 교포가 많아질수록 국토가 확장된다고 보면 틀림없다.

동북공정

2022 베이징 동계올림픽에 한복을 입은 여인이 손을 흔들고 있다. 황당하다. 중국의 소수민족으로 소개해 보려는 의도가 너무 부자연스럽게 보인다. 대선 후보들도 투덜댄다. "동북공정에다 문화공정까지? 김치, 한복에 연예인까지 자기네 것이라더니 올림픽에서도 억지를 부리는구나. 평화의 제전에서 이러는 이유를 밝혀야 하리라. 그 큰 덩치로 요 정도밖에 안 되나?"

맞는 말이다. 여기서 갑자기 오래전에 겪은 일이 떠오른다. 버스는 을밀대를 오른쪽으로 스치고 대동문을 지나 모란봉 쪽을 향해 달렸다. 내가 먼저 입을 열었다. "남쪽엔 없는 핵무기를 보유하고 미국과 남쪽을 향해 큰소리를 치니 어떻게 안심하고 당신들과 대화가 가능할까 걱정이요. 아무래도 북쪽이 더 큰 소리로 으스댈 듯하다 이 말입니다." 내 옆에서 빙긋이 미소를 지으며 J 교수는 자기들의 깊은 속마음을 드러내 보이기 시작했다. "우리의 적은 남쪽과 미국 두 나라만이 아닙니다. 저 중국 아이들이 솔직히 말해서 더 위험하단 말이지요. 음흉합니다. 이 조그마한 반도를 핵 없이 저 큰 나라의 손아귀에서 어찌 지킬수 있겠어요. 길고 긴 역사에서 종노릇한 우리가 이제부터라도 자주를 지켜야 합니다." 나는 놀라면서 그를 향해 한마디 보태지 않을 수 없었다. "생각이 깊고 역사의식이 살아 움직입니다. 놀랍습니다."

주체사상

고려호텔을 떠나 오늘은 묘향산행이다. 두어 시간 달리는 중에 버스 속 앞에 우리를 마주 보고 앉은 정 교수는 주체사상 교육에 열을 올리고 있다. 헤겔이 어떻고 변증법의 변천 과정이 어떻고 하며 이것저것 비벼서 결국 한 시간을 넘기더니 주체사상이라는 레시피를 소개하며 강의를 마친다.

벌써 여러 번 짝꿍을 하다 보니 제법 정이 들었다. 그는 황장엽이 남쪽으로 망명한 후 그 빈자리를 임시 채우고 있는 학자로 이번 재미 교포들을 위해 긴급 투여된 인물이다. 나는 무례하게도 그의 강의를 칭찬할 생각은 아니 하고 불평을 털어놓았다.

"너무 어렵더군요. 주체사상 교육이 그렇게 철학적 주제로만 다루면 우리 같은 바보는 도저히 이해할 길이 없지 않습니까? 일반 인민들은 또 어쩌구요? 학자들은 복잡하고 어려운 문자 놀이가 취미인 모양입니다."

이미 우리는 농을 주고받는 사이였기에 가능한 불평이었다. 그는 여유 있게 빙그레 웃으며 재미있는 일화를 소개했다.

김일성 주석과 아프리카 어느 대통령의 면담이 한창이었다. 통역을 맡은 담당자가 아무리 주체사상을 설명해도 못 알아듣는 그 외국 대통령을 옆에서 물끄러미 바라보던 김 주석은 둘 사이에 들어서며 일갈하였다. 이 일화가 북쪽의 학자들 사이에서 큰 화젯거리로 떠돈다는 말이다.

"누구레 음식을 차려놓구 서리 먹어보라는데 보아하니 낯선 음식이란 말이다. 기렇치만 어카갔어. 정성을 봐서라도 입에 처넣고 씹어야디, 사람. 기캐서 먹을만한지 두어 번 씹다가 달면 삼키구 쓰면 뱉으란 말이야. 개구온 놈 눈티보지 말구 내 뱃장대루 하야디. 옆에 눈치보는 것은 자주가 아니야. 도쿠 실쿠를 내 맘대로 하야디 자주 아니갔어? 그게 바루 주체사상이란 말이디. 데까닥 통역하라우, 알간? 내래 참 답답하구만, 쯔쯔."

나는 정 교수의 손을 잡으며 화답했다.

"바로 그거외다레, 거란. 하하하."

피를 소개하며 강의를 마친다.

보통강

1994년 핵 위기를 극복하기 위해 클린턴 대통령이 파견한 전직 대통령 지미 카터와 김일성 주석이 평양 보통강 다리 위를 지나며 나눈 대화다. 지미 카터가 물었다.

"주석님, 저 강가에 낚시꾼이 많이 있습니다. 그려."
"아, 네, 그럼요. 요사이 보통강에 고기가 꽤 많이 잡힙니다."
"아, 그래요? 그러면 몇 마리까지 허용이 되나요? 또 크기의 제한은 없는지 궁금합니다."
"아, 그 어종 보호 차원에서 보면 규제가 필요하지요. 하하, 그게 말입니다. 저도 낚시를 해보지만 잡힐 땐 잘 올라오다가도 보통 안 잡힐 때는 반나절을 허비하는 게 낚시질 아닙니까? 그걸 알기 때문에 너무 심하지만 않게 조정하고 보통은 눈감아주는 편입니다. 하하."
"그렇군요. 역시 주석님은 법보다 관용과 자유를 더 소중히 여기고 있는 것 같습니다. 아주 보기 좋은 광경입니다. 하하."

카터는 오랜 세월 시골 주일학교 교사를 지냈다. 진실과 소탈함이 대화 속에 묻어나왔다. 그 후 회담은 급진전되고 핵 폐기가 선언되었다.
이로써 1994년 10월 북·미 간 공식 제네바 기본 합의의 토대가 마련되고 이후 8년간 북한은 플루토늄을 생산하지 않았다. 지금 미국은 아웃복싱으로 세월을 보내는 한심한 상황이다. 특사는 거물급이면서도 믿음이 가는 인물이어야 할 텐데 말이다.

섬나라

자연재해나 불의의 사고로 변혁이 생기게 되면 북한은 혹 중국에 협조를 요청할 가능성이 크다. 끔찍하게도 중국 인민해방군이 압록강을 건너와 진주할 경우 남한은 어찌할 것인가? 우선 형님, 미국에 손을 내밀 수밖에. 미국은 핵전쟁을 각오하고 상 · 하원의 결의를 거쳐 한반도로 진격, 참전할 것인가? 지금은 옛날처럼 두목이 사라지고 각자도생의 시대다. 미국의 적극적인 개입이 없다면 아무도 우리를 도와줄 나라는 없다. 이렇게 되면 한국은 꼼짝없이 섬나라가 되고 만다.

내 돈과 기득권을 지키기 위해서 허튼짓하면 크나큰 재앙이 닥친다. 그래서 지금이 바로 영웅이 필요한 때다. 속히 개성공단과 금강산 관광을 재개, 확장하여야 한다. 제한적으로나마 자유 왕래를 실행하고 있다가 북의 급변 사태가 생기면 긴급 구호의 손길을 펴고 새로운 정권 수립에 협조함으로 안정을 찾아서 중국의 개입을 원천적으로 차단해야 한다. 이때 누구를 보내서 북을 안정시킬 것인가? 딱 한 사람이다. 문재인을 특사로 보내서 수습하는 길이 최선이다. 정신 못 차리고 바보를 뽑아서 맥 놓고 있으면 나라의 반쪽이 떨어져 나가고 남쪽은 꽉 막혀 고립된 섬나라로 변하게 된다.

옥동자

박근혜의 실수 중에도 제일 아쉬운 것이 하나 있다. 개성공단 폐쇄다. 분하고 원통하기 그지없다. 통일과 한반도 중흥의 출발을 꿈꾸며 탄생한 옥동자요 하늘의 놀라운 선물이다. 이 아이가 자라서 걸음마를 시작하고 기저귀까지 떼어놓을 수 있을 때 철없는 인간의 손에 의하여 한순간에 무너지고 말았다. 오호통재라. 이 일을 어찌할꼬? 다시는 그런 기회가 올 수 없으리니 이제부터는 남북조시대로 들어서서 한없는 세월을 허리가 부러진 채로 보낼 수밖에 없도다. 하늘이 준 기회를 놓치지 말고 현명하게 대처하는 방법을 찾아야 할 터인데 그와 같은 옥동자가 언제 또 오시려나.

악마

용감하고 시원한 전쟁보다 비굴한 평화가 백배 낫다. 인도적 지원으로 선하게 대하며 약간 손해를 보는 일이 있더라도 다툼보다 평화가 최고의 덕목이다. 그러나 국가 간에는 대등한 군비가 필수요 또한 그 사실을 적국에 인지시켜야 한다. 상대가 비록 거칠게 나오더라도 의젓한 자세로 미소를 잃지 않도록 유의할 일이다. "한번 붙어 볼래?" 하는 지도자가 나타날 경우 모지리들은 주먹을 휘두르며 소란을 피울지 모르는 일이지만 그 지도자는 얼빠진 바보요, 나라와 민족을 구렁텅이로 밀어버리는 악마다.

금수강산

절경 하면 한반도다. 과연 금수강산 맞다. 더하여 사계절이 뚜렷하니 완벽하다. 그런데 문제가 있다. 도대체 먹을거리가 넉넉하지 않다. 남미에서는 길 가다 쑥하고 뽑으면 감자나 고구마 비슷한 먹거리가 되어 한끼를 때운다. 또 파리를 벗어나 시골로 들어서면 끝없이 펼쳐지는 평야가 구경꾼을 압도한다. 그들이 뻐기는 문화와 국력이 어디서 비롯되었는지 알겠다. 얼마나 볼거리가 없으면 평범한 땅에 쇠 탑을 높이 올리고서 이름을 에펠탑이라며 자랑하겠는가. 도대체 자연 절경은 전무하다. 센 강변에 있는 노트르담 성당과 루브르 박물관 등 이 부럽기는 하지만 강 자체는 한강의 10분의 1밖에 안 되고 청계천의 두 배가 못 되는 넓이다. 영산강, 소양강이 더 커 보이고 아담한 언덕과 늘어진 버들이 약한 나라 돌아다니며 강도질해서 채워놓은 박물관보다 훨씬 더 귀한 풍경이다. 먹거리 대신 멋진 산하를 가졌으니 배는 좀 주리고 살았으나 마음씨가 맑고 기개가 출중하여 세계적 인물들이 넘치게 태어나고 있다. 한반도의 미래가 밝을 것이라고 믿어 의심치 않는다.

LA 폭동

평화, 평화해도 1970년 전후의 LA에서처럼 평화가 고픈 때가 없었다. 이민가서 자리 잡고 그럴듯한 인생을 살아보자고 정든 고향과 친구를 이별하고 왔건만 어느 누가 아는 체나 하리오. 적막강산이 따로 없다. 장학금으로 온 학생들은 부자나라와 풍족한 학교 재정으로 공부하게 되지만 가족을 데리고 정착한다는 사실은 완전 밀림 개척처럼 어려운 일이다. 선배도 없고 말은 통할 리 없는 완전 고립이다. 힘든 노동일을 시작으로 고생고생하다가 주일을 맞아 한인 교회로 나간다. 고독을 해소하고 정보도 얻어 보려는 계산이다. 다행히도 반겨준다. 그러다가 시간이 지나면서 목사파나 장로파로 나뉘면서 본인도 한편에 들어가서 맹활약을 펼친다. 직장의 서러움과 스트레스가 엉뚱하게도 말이 잘 통하는 교회에서 펼쳐지는 것이다. 유난히도 시끄러운 분쟁은 미국 신문과 스페인 언론에서 다루기 시작한다. 외국인들은 자기 동네 작은 마켓 주인이 한국인이고 유난히 신경질적으로 불친절하다는 사실을 떠올리면서 교회에서까지 싸우는 특이한 종족이라고 소문을 낸다. 외국인들은 우리의 사정을 이해할 수가 없었다. 말은 안 되지, 좀도둑은 들락날락하지, 몸은 힘들지, 얼굴에 미소를 지을 기력이 없다. 이 기류가 쌓이고 쌓여서 축적되어 터지니, 곧 LA 폭동이다. 미국 이민자들이 온몸으로 당해낼 수밖에 없었던 무섭고 떨리는 이민 초기의 눈물 나는 역사다. 그 후 2000년으로 들어서면서 차차 자리를 잡으니 후배들의 이민은 선배들의 개척된 길로 들어서서 탄탄대로로 달리기 시작하고 다민족 사회에서도 편협된 오해도 거의 사라지고 있다. 3세까지 이어지니 사방에 국회의원까지 생겨나고 부자도 많다. 고국에도 진출하여 춤도 추고 노래도 부르며 어울리니 괄시받던 게 언제인지 잊고 살 때가 많아 행복하다.

도망자

간혹 미국 교포를 도망자라고 비웃는 분이 있다. 제발 부탁한다. 그러지 마라. 여기서도 괄시, 내 고향에서도 고개를 돌리면 교포들은 슬프다. 마치 고향을 떠나 서울 가서 막일하며 고향 부모 형제를 생각하면서 하루하루를 보내는 신세와 다르지 않다. 보릿고개 전후에 일차로 울며 떠난 이민자들도 많다. 힘들 때 입 하나라도 덜어보고자 애쓴 자들을 도망자라고 말하는 사람은 너무 냉정하다. 나라의 산업과 그 재정을 도우려고 서독으로 갔던 광부나 간호사와 크게 다르지 않다. 그 결과 그들의 2, 3세들이 역이민 와서 본 터 영어로 부모의 고국을 돕고 있으니 얼마나 좋은가? K-팝은 물론 K-푸드 등의 세계화에도 좋은 도구 역할을 담당하고 있다. 교포는 국력이요, 결국 한국 땅덩어리를 확장하는 가성비 좋은 재료들이다. 집 떠난 자식도 자식이다. 그렇게 손 저으며 내치면 너무나 서럽다. 끝없는 짝사랑은 정말 외롭다.

민족혼

떴다방의 바람잡이 농간에 속아 넘어가서 부동산 투기에 실패한 사람이 있다. 바로 단군 할아버지다. 아마도 초가을에 땅을 구입하신 모양이다. 바람잡이와 중개인들에 둘러싸여 한반도를 둘러본 단군은 빼어난 금수강산의 절경에 매료되면서 산과 들에 주렁주렁 매달린 과일에다 그 밑에 노니는 노루와 꿩, 사슴들에 놀라고 또 강과 바다 위로 용처럼 뛰어오며 춤추는 물고기들의 광경에 지체 없이 도장을 콱 찍어버렸다. 혹독한 겨울을 몰랐고 들과 밭에 씨 뿌리는 봄까지의 보릿고개를 알 턱이 없었다. 그 후 5천 년을 굶주림 속에서 오랑캐들의 침략까지 수천 번을 당하며 살아왔다. 이런 고통과 절규를 견뎌내는 방법은 노래와 춤과 제사로 신께 의존하는 것밖에 없다. 죽음과 같은 고통에서 솟아나는 몸짓과 소리는 혼을 담아 하늘로 퍼지더니 때가 이르니 전 세계 인류의 혼을 흔들어놓고 있다. 백범의 예언과 김대중의 대담한 문화 개방으로 민족의 혼과 농익은 인류애가 지구 끝까지 퍼져나가고 있다.

된장

경치는 기가 막히게 좋은데 척박한 환경에서 반만 년을 견뎌온 민족이다. 보릿고개를 매년 당하며 생을 유지해왔다. 기나긴 엄동설한에 입에 풀칠이라도 하려면 여름에 말려둔 쑥과 고사리를 물에 불려 된장을 풀어 끓여서 한 끼를 때운다. 채식하면서 몸은 허약하나 정신은 맑아지는 상태였다. 너무 속상해서 절규하며 소리 질러 슬픔을 달래니 여기서 판소리와 서편제 등이 터져 나오더니 닐리리 춤과 어울린다. 21세기 들어서며 세계로 퍼져나가게 되니 BTS가 앞장서서 깊고 서러운 인생사를 외치고 있다. 된장과 고추장의 힘이요 김치의 덕이다. 발효식품의 위력은 온 세상을 휩쓸고 있다. 블랙핑크의 다리가 너무 가냘파 병자라고 고개를 돌리더니 어느새 변해 지금은 건강의 표준이란다. 김치 냄새의 따돌림이 어느덧 향수로 변해간다. 단군 할아버지가 떴다방에 속은 줄 알고 우리 후손들이 투덜댔지만 아닌 것 같다. 세월을 길게 보고 나중에 올 축복을 예견하신 것이 맞는 듯하다.

사할린

1937년에 일제가 강제로 징발하여 이주시킨 한반도 남쪽 지역의 백성들이 일본의 항복 후에도 돌아오지 못하고 소련의 사할린에 남았다. 아무도 그들에게 손을 내밀지 않았다. 해방된 조국에서 배를 보내 자기들을 고향으로 데려간다는 소식에 눈물을 흘리며 동쪽 바다 수평선을 바라보기 한 해가 다 가도록 아무런 소식이 없었다. 그들이 기다리던 코르사코프 항구는 지금은 그들의 공동묘지가 되고 죽어서라도 가고 싶다며 망향의 언덕으로 그 이름을 바꿔 부른다. 버려진 백성으로 그 척박한 땅에서 살길을 찾아야 했다. 다행히 사할린은 인구도 적고 산과 바다가 원시시대처럼 남아 있었다. 산에는 미나리와 고사리는 물론 온갖 산나물로 가득하고 강과 바다도 오징어와 낙지, 고동과 조개 등이 그대로 남아 있었다. 본토인들은 아예 거들떠보지도 않고 있었다. 된장 등 발효식품은 무엇하고 비비거나 무쳐도 최상의 음식이 된다. 점점 유명세를 타고 유행하게 되면서 K-푸드의 확장에 큰 도움을 주고 있다. 미국과 유럽에 이미 무서운 속도로 알려지고 있는 한식이 사할린을 거점으로 러시아 대륙까지 정복해주기를 기대해본다. 이것도 다 선조들의 피와 땀으로 이루어진 결과이지만 그들이 짊어지고 가신 길이 너무나 가슴이 메도록 고통스럽게 다가온다.

산나물

열두 살 먹은 여승이 아침 일찍 일어나 산에 오른다. 부엌 보살님의 명령을 받아 오늘 반찬거리 나물을 캐러 나섰다. 참나물과 다래를 소쿠리에 담고 있는데 노루 어미가 새끼 세 마리를 데리고 나타나 아침 식사를 하고 있다. 가만히 살펴보니 그들의 음식이 방풍나물과 씀바귀, 엉겅퀴다. 그것들을 뜯어서 절로 돌아와 보살님께 보이며 자기가 본대로 보고하니 그때부터 먹을 식량이 더 풍부해졌다는 풍문이다. 그 후로 나물들을 데치기도 또 삶기도 하여 독성을 제거하고 말려서 넣어두었다가 엄동설한에 요긴하게 먹거리로 대신했다. 이렇게 개발한 한식이 널리 알려져 21세기에 들어서면서 김치, 된장을 중심으로 발효식품의 위력을 발휘하고 있다. 2024년 2분기 총 한국 발효식품의 수출액이 4,800만 달러에 이른다고 하며 곧 몇 배의 증가가 예상된다니 어릴 때 그렇게 싫어하던 메주 냄새가 금덩어리로 변할 줄 누가 알았으리요. 먹거리까지 세계를 뒤흔들어놓다니 오래 살고 볼 일이다.

한글

세계 최고의 글이라는 석학들의 발표는 귀가 아플 지경으로 들려온다. 한국의 고속 발전에 기여한 선두 주자로도 볼 수 있다. 용비어천가를 아부의 대명사처럼 사용하지만 그렇더라도 세종은 그 이상의 칭송을 받을 자격이 있다. 집현전 천재들은 아무런 제약 없이 자유를 구가하며 창조 사업에 전념했다. 그야말로 아이디어가 이곳저곳에서 펑펑 터진 것이다. 마치 18세기 유럽의 고전 음악이 지금까지 유유히 지배하는 것처럼 귀한 창작 활동에 필요조건은 뭐니 뭐니 해도 완전한 자유가 아닐까 싶다. 우리에게 자유를 허락하신 창조주를 찬양하지 않을 수 없다.

아리아

한국은 수출로 먹고 사는 나라다. 명석한 두뇌와 젓가락을 사용하며 얻은 손재주로 한강의 기적을 만들어냈다. 혹독한 사계절의 변화 속에서 단련된 강철 같은 의지도 한몫했다. 그런데 요사이 애써 만든 물품에 더하여 밑천이나 재료가 훨씬 절약되는 노다지가 수출되고 있으니 곧 아리아 상품이다. 아리아는 공기다. K-팝과 영화 등 한국 고유의 문화와 창작품들이다. 굶주림과 혹한의 겨울 그리고 끝없는 외국의 침략 속에서 생명을 유지해 온 민족이 분출하는 절규의 문화를 승화한 아리아가 아리랑이 되고 K-팝으로 재탄생한 것이다. 남들이 흉내 내기 어려운 특이한 민족이다.

미국 교포

미국에서 활동하는 대니얼의 청아하고 맑은 목소리와 분명한 영어 발음은 주위에 있는 사람들의 이목을 집중시킨다. 두 살 때 이민을 왔으니 한국어보다 영어가 더 익숙하리라. 그래서인지 본토인들의 유창한 영어 발음을 넘나드는 태도와 자신감은 색다르게 다가온다. 그와 같은 당당한 모습의 한인 교포는 이민 반세기 만에 처음으로 보게 되어 매우 놀랍다. 솔직히 인종 차별을 당하지 않는 것이 이상한 현실임이 틀림없다. 한 가닥 소망의 빛이 보이기 시작한다. 30년이 가기 전에 한인 대통령이 이 땅에 나타날 것 같다. 왜 그런가 하니 정치는 정직과 능력의 영역이기에 어쩔 수 없는 선택 앞에서 국민은 가장 현명해지면서 자신을 위한 선택을 할 것이기 때문이다.

홍익인간

고조선부터 내려오는 홍익인간은 그 가치관이 지금의 민주주의를 능가하는 제도이다. 온 국민에게 이익을 골고루 돌아가게 하여 노무현의 주장처럼 세끼 밥 먹고 등 따시게 지내면서 최소한의 자존심을 지니고 살아가는 세상을 구현해보자는데 그게 그렇게 힘이 들어서 속들을 썩이고 있다. 한민족의 조상들은 그 기상이 준수하여 다른 민족을 침략하거나 노략질을 절대로 삼가고 그 성품이 강직, 용맹, 근엄하면서도 후덕하였다고 전해온다. 즉 측은지심이 있어서 차마 인간의 도리를 저버리지 못한다고 기록되어 있다. 어찌 이웃 나라를 이유도 없이 침략하거나 강도질을 하면서 부를 쌓아 올린 소위 강대국들을 부러워할 리가 있으리오. 그렇게 쌓아 올린 정신과 한풀이와 노랫가락들이 모여서 K-팝이 탄생하고 세상의 양심을 찾아가 흔들어댄다. 5,000년의 홍익인간이라는 형이상학이 온 지구를 구석구석 찾아 들어가 인간 승리의 춤을 춘다. 이것이 백범 김구가 바라마지않던 소망이었다. 세계를 문화와 도덕으로 정복하는 대한민국의 꿈이 현실로 이루어지고 있다는 것이다.

고통

탈북민들의 이야기는 슬퍼요. 오래전 환향녀 이야기도 가슴이 아픕니다. 1950년도 전후로 고등학교 졸업한 우리 선배 중 책 좀 읽은 사람들이 어찌하다 빨치산이 되어 지리산과 덕유산으로 숨어 들어가서 상한 짐승처럼 떠돌다가 낙엽처럼 떨어져 흙에 묻혔습니다.

또 하나 슬픈 이야기가 있지요. 고난의 행군 때 죽어간 300만 북쪽 동포 이야기는 정말 기가 막힙니다. 그때 남쪽에 살던 사람 중엔 매우 독한 말을 내뱉는 부류도 있었습니다.

"쌀이 창고에서 썩어가도 빨갱이한테는 못 주지."

무서운 말입니다. 소름이 끼칩니다. 나는 열두 살에 그곳을 떠난 처지라 친구와 친척이 다 생각납니다. 나도 그들과 조금도 다르지 않았는데 마치 나를 저주하는 것처럼 들리더라고요. 최소한 인간으로 태어나서 굶어 죽으면 안 되죠. 비극입니다. 그러나 더 심한 비극이 있어요. 구경만 하고 저주까지 퍼붓는 일은 곤란합니다. 오죽하면 이런 일에 대비코자 주님이 일찌감치 못 박아 놓으셨습니다.

"네 이웃을 네 몸과 같이 사랑하라."

"네 원수가 주리거든 먹이고 목마르거든 마시우라. 네가 억울한 일이 있다면 내가 꼭 갚아 줄 테니 너희는 친히 원수를 갚지 말라."

그러나 한 가지 명심할 일이 있지요. 배 두드리며 악을 여전히 행하는 사람은 절대로 우리가 사랑할 대상이 아닙니다.

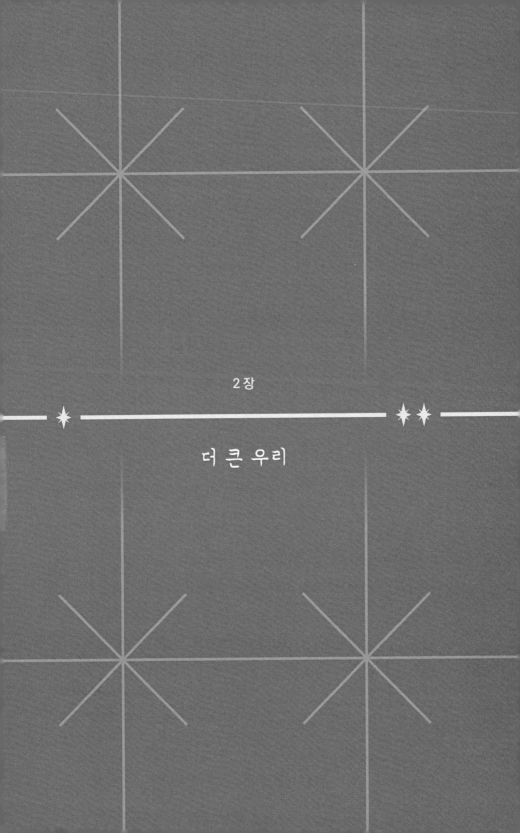

2장

더 큰 우리

일란성 쌍둥이

미얀마는 참 껄끄러운 상대였다. 동남아 축구팀 중에 감히 한국 축구를 못살게 구는 나라는 미얀마뿐이었다. 자그마한 체구에서 뿜어내는 독한 기운은 서늘하기까지 하다. 몇 번인가 비기다 지다 하다가 한두 번 이겼던가. 1960년대 이야기다. 그런데 네윈이라는 군인이 나와 아웅산 수치 중심의 민주 체제를 무너뜨리고 정권을 강탈하니 학생 데모가 불같이 일어났다. 네윈은 3,000명을 사살했다. 무자비한 학살을 주저 없이 저질렀다. 마치 부마항쟁을 탱크로 밀어버리자고 주장하던 차 모 비서실장의 결의를 실행한 것과 같다. 그 후 더 이상의 반항은 완전히 소멸되고 말았다. 1958년에 일으킨 쿠데타 후에 민정 이양하여 상왕 자리를 꿰차고 있다가 1962년에 다시 빼앗아 그 후로는 쭉 해 먹었다. 다시 학생들이 맹렬히 들고일어났지만, 또다시 네윈은 사정없이 사살해버리고 욕심을 채웠다. 그 후 60년 동안 주거니 받거니 하며 군인 중심으로 상류 카르텔을 형성하니, 마치 한국의 친일 세력과 정치군인들이 곳곳에 뿌리를 내리고 부정과 비리를 코로나-19처럼 퍼뜨리는 모양새와 조금도 다르지 않다. 곧 아시아의 일란성 쌍둥이다. 검은 늪에서 허우적거리는 백성들의 고통과 절망은 끝이 아니 보인다. 한반도와 미얀마 두 나라가 축구 시합하듯이 서로 달리며 불행의 멍에를 벗어던지고 누가 먼저 자유를 휘어잡을지 경쟁할 때가 아닐까 싶다.

돈과 소망

돌아오라, 소렌토로.

아름다운 우리의 고향

나의 이 그리운 마음도

기억하고 돌아오라, 소렌토로.

떠나가는 이민선을 바라보며 소리 높이 부르던 아리아가 소렌토라는 가곡이었다고 한다.

제1차 대전의 후유증과 흉년으로 인한 경제 파탄은 남이탈리아를 가난으로 몰아넣었다. 그로 인해 이민선이 뜨게 되고, 1920년 전후로 남미로의 이주가 시작되었다. 사랑하던 여인을 떠나보내야 하는 안타까운 마음이 절절히 넘쳐나는 노래다. 그 무렵, 브라질은 전쟁도 없고 풍부한 자원과 기름진 땅으로 유럽을 능가하는 경제력을 뽐내는 강국이었다. 그 후로 잔잔히 국가를 운영하면서 민주주의와 복지를 정직하게 펼쳤으면 지금쯤은 미국과 버금가는 대국을 이루고도 남았을 터이다. 그러나 그 꿈은 어느덧 사라지고 말았다. 룰라를 따르는 민주 세력이 감옥에 가고 판검사 카르텔이 다시 일어나 집권하니 그 결과는 보나 마나 비디오다. 역시 민주주의는 피와 투쟁의 결과물일 수밖에 없다는 사실이 우리를 슬프게 한다.

천지창조

이탈리아는 자랑거리가 많다. 지나는 곳마다 고대 유물과 예술품들이 즐비하다. 자기 조상들이 2천 년 전에 직접 만든 것이 아직 잘 보전되어 오고 있다. 운도 좋고 그 정성 또한 칭찬받을 만하다. 특히 로마는 지붕 없는 박물관이다. 영국과 프랑스도 박물관을 크게 지어놓고 그 이름을 대영이니 루브르니 하며 떠들어대지만 대부분 도둑질로 모아놓은 장물 전시회일 뿐이다. 식민지 땅에서 강탈한 떳떳할 리 없는 인류 전체의 귀한 보물들이다. 그래서 이탈리아의 자부심은 유별할 수밖에 없고 그럴 자격도 충분히 있는 것 같다. 더욱이 두 천재 화가의 작품이 남아 있어서 빛을 발하고 있다. 미켈란젤로가 천지창조를 그려놓은 천장은 인간의 한계를 의심케 하는 대작으로 전 세계에서 몰려든 관광객의 눈과 입을 두 배나 벌려놓고 있다. "아, 저 많은 인생의 믿음도 저 관광 열과 비례하게끔 자라날 수는 없을까?" 하고 갑자기 건방진 생각에 빠졌다가 '에쿠' 하고 정신을 차려본다. 너무 부끄러워서 바티칸 뜰을 밟는 내 발길이 유난히 묵직하다.

드골

드골은 나치에 협력한 언론을 겨냥했다. '갈보 언론인'이라는 이름을 붙여서 가차 없이 사형시켰다. 드골은 주장했다. "언론인은 도덕의 상징이기 때문에 제일 먼저 처리하지 않고는 나라의 장래가 몰락할 수밖에 없다." 수천 명의 언론인과 그 외 나치 협력 죄로 사형당한 지식인들이 4만 명을 초과한다고 기록되었다. 과연 프랑스 대혁명으로 자유와 인권을 세계에 안겨준 최고의 선진국으로 자리매김했다. 모든 삶의 기준이 돈에 매몰되어 벌레처럼 연명하는 대부분 국가와의 격차는 점점 더 멀어져가고 있다.

지연작전

이봉창에게 넘겼던 폭탄이 불발하다니 나의 불찰이로구나 하고 김홍일은 원통해 했다. 그래서 이번에는 실험에 한 달을 넘겨 가면서 20여 번을 치른 뒤에 윤봉길에게 넘겼다. 무서운 폭발음으로 천지가 뒤집히는 소리를 한 달여 쫓아다니며 귀청이 얼얼했던 김구도 이번에는 틀림없을 것이라고 만족해했다. 윤 의사의 거사 성공은 이 세 사람의 치밀한 계획으로 이룬 쾌거였다. 김홍일은 자신보다 임정의 성공을, 또 일제의 멸망을 위해 전심전력한 애국자다. 한국전쟁이 터지자 정부 요인이고 뭐고 다 숨기 바쁜 형편에 한강 남쪽에서 몰려드는 국군 패잔병들을 수습하고 처음으로 전투부대의 모습을 구축했다. 거침없이 진격하던 인민군은 예상하지 못한 국군의 조직적인 저항에 멈칫하며 당황하지 않을 수 없었다. 3일간의 결사 항쟁은 미군 참전의 시간을 마련하는 데 결정적 역할을 했다. 그 후 낙동강 전선을 구축하여 반격의 토대를 만들게 한 장본인이 바로 김홍일이다. 그래서 대부분 전문가는 김 장군을 한국전쟁에서 나라를 구해낸 구국 영웅 제1호로 올려놓고 있다.

해방 후 그는 김구, 이시영, 신익희 등과 함께 귀국했다. 그러나 그렇게 그리던 조국은 이승만과 친일파의 무대로 변해가고 김구와 임정의 인사들이 사살되고 퇴락해갔다. 그런 중에도 김홍일은 포기하지 않고 하나의 목표를 향해 나가니 곧 조국의 정예 군대 창설이었다. 장개석의 중화민국 육군사관학교를 졸업하고 중국 육군 중장으로 항일 전선에서 혁혁한 공을 세운 그가 장개석을 설득하여 임정의 중경 이동을 가능하게 한 공로도 기억할 쾌거 중의 하나이다. 1961년 5월에 엉뚱하게 군인 졸개들이 혁명이네 무엇이네 허풍 떨며 설레발칠 때도 나라의 미래를 걱정하며 민주의 부활을 염원하였다. 그러나 독이 오른 정치군인들의 기세는 만만치 않았다. 무서운 해일처럼 군림하니 어찌하리오. 야당으로 대항도 해보다가 모두 기진하여 주저앉아버리니 그도 다 내려놓고 칩거 중 집권당의 요청으로 호랑이굴로 들어갔다. 그들을 올바른 길로 들어서게 하려고 동분서주하였지만 만사 후의가 되고 말았다. 근본이 악한 그들과 아무리 애써본들 무슨 보람이 있으리오. 결국, 결별하니 각기 자기 갈 길을 가고 말았다.

본인은 국공 연합의 장군으로 항일을 위해 온몸을 불태웠다. 그러나 그는 일본 육사 출신의 장성들을 이해하며 감싸준 거인이었다. 오직 조국 재건에 합심하여 피차 최선을 다하기만을 염원하였다. 만주 벌판을 달리며 바라마지않던 아름다운 조국의 한을 품은 채 1980년 81세로 졸하니 또 하나의 귀한 인물이 이슬로 사라져갔다. 그의 드넓은 가슴과 애국혼은 후세에 영원히 전해지리라 믿어 의심치 않는다.

선택의 순간

드디어 내 차례가 오고 게바가 나타나 손짓하여 고개를 돌리니 박정희와 김대중이 버티며 내 앞에 서 있다. 둘 중 하나를 선택할 순간이다. 마치 선조 대왕이냐 이순신이냐 둘 중 하나의 손을 잡고 가라는 형국이다. 소크라테스의 손을 잡을래, 히틀러의 손을 잡을래와 같은 순간이다. 박과 김은 그 인생 역정이 판이하게 다르다. 좋은 것만 골라서 추려보면 박은 보릿고개를 없애버렸고 김은 금 모으기 운동으로 IMF를 넘겼다. 누가 더 악하고 선한지는 내 소관이 아니고 베드로의 것이다. 단 그들 둘은 같은 고을에 살 리가 없다. 하나가 동이면 또 하나는 서다. 자, 선택의 순간이다. 그러나, 그러나다. 네가 살아있는 동안 저축해 놓은 행동과 말이 지금의 너의 선택과 동떨어지는 경우 너는 가중 처벌의 형을 면치 못하리라. 공정과 정의가 이 재판의 기준이다. 이 현장에는 다음과 같은 말은 완전 무효다. 글쎄, 하지만, 그러나, 잠깐만 등의 수식어나 레토릭은 절대 허용이 안 된다는 것이다. 재심, 대법원, 헌법재판소도 없다. 단심이다. 한순간이다. 그러나 그 결정은 영원하다. 간단하다. 뿌린 대로 거두는 자연의 이치와 같다.

홍의장군

귀신처럼 동에 번쩍 서에 번쩍하며 붉은색 비단옷을 걸치고 왜군과 싸워 공을 세운 의병장이 있다. 곽재우다. 도요토미 히데요시가 조선 침략을 계획하면서 완전히 놓쳐버린 변수가 조선 의병 출현이었다. 그렇게 자생적으로 일어난 별동대는 전쟁 역사에서 찾기가 어려운 일이었다. 어찌 꿈엔들 이와 같은 일이 유약한 한반도 땅에서 일어날 수가 있단 말인가. 그는 자기 아내의 간곡한 충고를 무시한 것을 후회했다. 그녀는 세상 무서운 줄 모르고 날뛰는 남편에게 이와 같이 말했다고 전해진다.

"조선은 평평한 일본 땅과 달라서 온 나라가 험한 산맥으로 병풍처럼 둘러싸여 있다고 합니다. 사람들도 남모르게 기가 세고 지조도 바위같이 굳어서 침략이 만만치 않다는 의견이 많습니다. 다시 생각하시기를 바랍니다."

그러나 기고만장한 졸장부의 귀에 이런 지혜의 말이 들릴 리가 없었다. 자신과 이웃의 죄 없는 백성과 자기 조국까지 모두 결딴을 내고야 만 역사의 죄인으로 남았다. 이와 같이 우리가 끝까지 놓치지 않고 지켜나갈 가치가 늘 우리 앞에 놓여 있다. 속으로부터 불타오르는 기개와 지조의 선비정신이다. 주위를 둘러싼 강국들이 수천 년을 지내면서 먹어 치우기를 계속했지만 모두 토해내고 만 이유는 이와 같은 무서운 선비정신이 백성들의 심장으로 묵묵히 흐르고 있기 때문이라. 의병들의 의기는 사익이 아니고 공익을 위한 온전한 자기희생으로 인류가 실천해 온 미덕 중에 최고의 덕목이라고 해도 과언이 아니다. 자랑스러운 한국의 산 역사다.

도루묵

낙동강에서 밀렸으면 또 하나의 쿠바가 탄생할 뻔했다. 들도 보도 못한 유엔군들, 16개국에서 십시일반으로 군인들을 보내어 듣도 보도 못하던 한국을 구해냈다. 참으로 전광석화처럼 이루어진 희한한 일이다. 그렇게 전쟁을 치르고, 자유당, 4 · 19, 유신, 광주 학살, 3당 합당, IMF, 민주정권 이양, 이명박근혜, 도루묵, 촛불혁명, 문재인 정부, 그다음이 3월 9일 대선이다. 49대 51의 싸움, 마지막 운명의 결전이다. 도루묵이냐, 선진형 복지국가냐의 갈림길에 서 있다. 프랑스도 대혁명 후 100년의 산고 끝에 비로소 민주정권이 탄생되었다. 그때가 1880년 전후였다. 이번 대선의 결과에 따라 30년의 긴 세월을 건너뛸 수 있을지 흥미롭다. 해방 후 지금까지 70년, 그리고 다시 도루묵 하면 최소 30년, 합하여 100년이다. 프랑스가 100년 걸려 이룩한 현대화를 코리아는 70년 만에 해낼는지, 아니면 30년을 더 견디고 부활할지는 오직 양심의 손이 어디를 찍어주느냐에 달렸다. 순간의 결정이 30년을 건너뛸지, 아니면 그냥 팔자대로 주저앉을지 결정하게 된다. 앞으로 전진이냐, 올 스톱 도루묵이냐의 대전투다.

다윗의 기본소득

부솔 시내에 모여 앉은 600명은 아말렉 전투에서 빼앗아 온 전리품을 배분하기 시작했다. 그러나 여기에 문제가 발생했다. 끝까지 전투에 참여한 400명과 중도에 낙오한 200명에게 똑같이 분배하라는 다윗의 명령이 떨어진 것이다. 자연히 불평이 일어나고 갑론을박으로 시간을 보낸 뒤에 다윗이 그 이유를 말했다.

> "나이 든 이와 병약자들이 낙오한 것은 어쩔 수 없는 일이다. 그들이 최선을 다해 노력한 것은 너희도 인정할 것 아니냐. 사람은 다 늙고 병들게 되어 있다. 내가 똑같이 나누라고 한 것은 자기의 최선을 다해 노력한 사람에게 기준을 둔 것이다. 너희도 다 늙을 수밖에 없지 않으냐. 내 말을 따르도록 해라."

과연 다윗이다. 처음으로 시도해 보는 통치 철학이 탄생하는 순간이다. 다 알다시피 신약에서도 균등 사상이 나타나 우리를 놀라게 한다. 포도밭 주인이 8시간 노동자와 1시간 노동자에게 똑같이 한 데나리온을 그날의 임금으로 지불했다. 우리는 여기서 긴장하지 않을 수 없는 순간에 직면하게 된다. 곧 모태 신앙은 말할 수 없는 축복이지만 긴장하지 않을 수 없다는 말이다. 즉 끝까지 믿음을 지키는 일이 중요하다는 것이요, 또 바른길을 가고 있는가 여부도 똑같이 요구되고 있다는 사실이다. 지금, 대선 유세가 한창이다. 이재명이 주장하는 코로나 지원금 100% 지급도 성경 내용과 다르지 않은 것 같다. 4차 산업 이후에 나타날 대량 실업을 대비한 그의 기본소득 사상은 깊이 연구할 가치가 있다고 본다. 기본소득은 이 세상에서는 아직 낯설 수밖에 없지만, 사랑으로 가득 찬 새 세상에서는 하늘의 민법이 아닌가 싶다.

서시

서시의 고향은 양쯔강 지류에 걸쳐 있는 강동마을이다. 쌀농사로 풍성한 삶이 보장된 고을에서 고이 자란 미인이다. 그러나 양귀비와 쌍벽을 이루는 천하 미인은 불행하게도 강국 오나라 식민지 월나라 백성으로 태어났다. 그래서 그의 인생역정은 드라마처럼 펼쳐진다. 월나라 총리와 부총리 그리고 왕의 애인이 되는 수모를 당하게 된 것이다. 그 모든 일이 채홍사로 책임을 맡고 활동하던 총리 범려의 기획으로 인한 일이었다. 미인 서시를 이용하여 월나라를 식민지로 만들어놓고 괴롭히는 오나라 왕, 부차를 타락시켜서 멸망하게 만들자는 것이다. 다시 말하지만 첫 번째로 총리에게 뽑혀서 범려와 첫사랑을 치른 서시는 시키는 대로 부총리와 왕에게도 몸을 허락하게 되고 그 후 6개월의 혹독한 훈련을 마친 뒤 오왕 부차에게 처녀로 바쳐진다. 부차는 그녀의 미에 완전 현혹되고 만다. 궁궐을 중국에서 최고로 높고 크게 지어놓고 복도에는 지하에 큰 독을 수백 개를 묻은 위에 향나무 널빤지를 깔아서 서시가 그 위를 걸어갈 때 향냄새와 윙윙하는 음향이 사방으로 퍼져나가게 만들었다. 서시와 같이 황음무도로 나랏일에 손을 놓아버리니 3년 만에 식민지였던 월왕 구천에게 나라와 자기 목숨까지 다 내주고 말았다. 와신상담과 오월동주 등의 고어가 여기서 시작되었다. 그러면 서시는 어찌 될는지 궁금하기 짝이 없다. 서시는 두 가지 설로 나뉘어 전해진다. 하나는 강물에 몸을 던져 목숨을 끊었다고 하지만 그런 게 아니라 첫사랑 범려가 잠수부를 시켜 건져내서 산동성으로 내뺐다는 설도 있다. 사실

범려가 그 후 크게 농지를 개척해서 사업을 일으킨 일은 정사에 남아 있다고 한다.

동방의 등불

공자의 평생 소원은 고조선 여행이었다. 나는 왜 도둑소굴 같은 노나라에 태어나 이 고생이람. 홍익인간이라, 그 이상의 도덕률이 어디 있으랴. 왕검성은 무릉도원, 내 생전에 가보고 싶다. 살인자는 사형, 도둑은 노비가 되고, 살해한 자는 곡식으로 배상한다는 8조법은 단군왕검의 지혜로운 율법. 강산이 수려하여 그 기상도 반듯하다는데. 시간이 지나고 지나, 적산과 공장을 이어받고, 다시 올 테니 기다리고 있으라던 일본 사장. 얼떨결에 열쇠를 받은 사환 아이는 새 주인이 되고, 부패 권력과 손잡고 시바스 리갈 향기 속에 대재벌.

대한해협, 달려드는 트럭, 차디찬 감옥에서 살아난 후광 김대중, 야곱처럼 절름발이가 된다.

IMF 극복, IT산업, 남북 화해, 지역주의 폐지, 의약 분업, 전 국민건강보험, 대 일본 문화 개방, 지자체 실시. 노무현의 제단에 놓인 향불이 촛불로 퍼지니, 600년 쌓인 불의가 걷히고 정의가 솟아오른다. 문재인과 180석의 일꾼들이 쟁기 들고 나아간다. 전 세계의 문화와 철학을 이끈다. 21세기 동방의 등불.

극약처방

러시아의 공산 혁명이 성공하고 그 이웃인 중국으로 그 세력을 뻗치던 21세기 초, 톈진의 한 성당을 찾아 문을 두드리는 초로의 여교수 양손에 바게트와 포도주가 들려 있었다. 교인은 아니지만 20여 년을 교류하며 격동기를 이겨내고 있는 동료다. 문을 열어주며 반갑게 맞는 사람은 프랑스 신부다. 진한 커피를 마시며 대화를 시작하니 여교수가 진지한 모습으로 묻는다.

"중국에서 과연 공산 혁명이 가능할까요? 신부님."

"성공합니다. 중국은 부조리와 부패의 총본산입니다. 이럴 때 공산혁명이 러시아에서 성공했다는 것은 정말 큰 의미로 다가옵니다."

신부는 깊은 사색 속에서 유영하듯 고개를 들어 허공을 응시하며 계속 이어나갔다.

"그 혁명은 중국이 갈망하던 모든 문제를 해결할 가장 적합한 열쇠를 쥐고 나타났다는 사실입니다. 이런 경우에 중국인들은 운명이라고 하겠습니다만 우리 종교인들은 신의 섭리라고 하겠지요."

"신부님, 신의 섭리라니요? 공산주의는 무신론을 주장하지 않습니까?"

"맞습니다. 교수님, 그러나 신의 영역은 인간 사고의 한계 안에 구속되지 않습니다. 따라서 신의 선택은 인간의 이성과 판단의 영역을 초월하는 경우가 있지요. 생각해 보세요. 무서운 부패의 늪에 잠기던 러시아와 중국에 공산혁명이 아니면 그 어떤 다른 방법이나 극약처방이 가능하겠어요?"

"왜 구미식 민주주의도 있는데."

"교수님, 민주주의는 오랜 시간의 희생 없이는 불가능합니다. 목표를 이루기 위해서는 오랜 전지 작업이 필요하지요. 그러나 신의 선택에는 필연성이 있습니다. 절대로 우발적이거나 맹목적인 경우가 없습니다. 착오나 실수가 결코 있을 수가 없다는 말입니다."

"신부님 말씀은 중국이 공산 혁명을 성공하더라도 그것을 신의 개입으로 볼 수 있다는 것인가요?"

"맞습니다. 바로 신의 섭리라고 봅니다. 인간 이성이 접근하기 불가능한 역사 현상입니다."

항우와 유방

항우는 어금니, 유방은 혀다. 차돌처럼 단단한 성격의 항우와 밀가루 반죽처럼 물렁거리는 유방은 비교하기 손쉬운 두 가지 형태의 인간이다. 항우는 백전백승하던 역발산의 무서운 장군이지만 어쩔 수 없는 강골이다. 유난히 정도 많고 가까운 장수들을 사랑했지만, 고집과 불공정은 그 성격에 비켜가기가 어려웠다. 잘하다가도 불같은 성격이 터지면 감당하기 힘든 경우가 많았다. 한편 우유부단한 유방은 어떤가. 이쪽 말에 솔깃하다가 저쪽 말로 뒤집어 놓고 또 제삼자의 말로 결정하니 비록 미련한 자들도 겁 없이 자기의 의견을 들이대니 백가쟁명의 혼란 속에서 보물을 가로채는 재주가 남달랐다. 물렁물렁한 유방에겐 온갖 종류의 인간이 몰리고 그중에서 추려내어 골라서 크게 쓰니 그 결과가 점점 결실을 맺게 된다. 처세술과 임기응변의 대가인 진평, 고귀한 사상과 실천 철학자로 사면초가의 창조자인 장량, 배수진으로 항우를 몰아붙인 불세출의 영웅 한신, 큰 살림살이로 백성의 생활을 안정시키며 군수품 조달청장 노릇을 성공적으로 마친 소하 등은 다 흔들거리며 멍청한 듯했던 유방의 기가 막힌 공로다. 일통천하 후 어쩔 수 없이 한신의 최후가 오고 말았다. 차마 죽이기가 너무나 안타깝던 유방 한 고조는 한신과 마지막 고별 타임을 마련하는데 그 대화가 아직 전해온다.

"장군은 나보다 월등한 머리와 전략이 있는데 이렇게 내 손에 죽고 마니 어쩐 일이요?"

"전쟁터였다면 입장이 바뀌었을 것입니다. 그러나 그 이상의 국가 경영에는 사람이 필요한데 그것은 제가 부족합니다."

"전투에서의 나의 능력은 어떠한가?"

"만 명 정도는 다스릴 수 있다고 봅니다."

"그럼 장군은 몇 명 정도나…?"

"저는 많으면 많을수록 더 잘 다스릴 수 있다고 봅니다."

"그렇지, 그것은 이미 증명된 사실이다. 장군의 그 특출함이 장군 자신의 운명을 결정지었도다. 내가 그대를 존경하면서도 사면 못 하는 게 한스럽도다."

이 몰인정한 유방 한 고조를 중국 역사상 최고의 통치자로 인정하는 역사가들이 많은 이유는 아직도 명확하게 밝혀지지 않았다.

1분 삼국지

적벽대전이 터졌다. 조조의 군사는 100만, 손권의 군사는 20만, 범 같은 장수도 100 대 20 정도다. 무슨 수로 당하리오. 손권은 벌벌 떨면서 주구장창 회의만 열고 부하들의 눈치만 보고 있다. 그러나 그의 밑에서 충성하던 신하들은 아무 걱정 없이 편안하다. 항복하면 그만이라는 배짱이다. 마치 일본에 나라를 고스란히 바치고 부와 명예를 거머쥔 이완용 무리와 똑같다. 이 긴장의 시기를 놓치지 않고 유비는 제갈공명을 투입한다. 공명은 강동 손권의 오나라로 잠입하여 대신 회의에 참석한다.

"당신들은 이렇게 산과 강으로 둘러싸인 자연의 혜택과 방패를 가지고 창고에 곡식도 넘쳐나는 처지에 때가 오매 충성할 생각은 아니하고 나라를 통째로 역적 조조 놈에게 바치려고 안달하고 있으니 가관이로다" 하며 전쟁을 부추긴다. 그다음으로 주인 손권을 만나서는 "빨리 항복하십시오" 하고 딴소리를 한다. 손권은 항복하면 자기와 가족이 결딴날 것을 알고 있다. 그러나 조조는 계속 사람을 보내서 회유하며 달랜다. 네가 누리던 자리를 그대로 물려준다며 안심하란다. 어찌할꼬. 이럴 때 공명이 나타나 항복하란다. 과연 국제 사기다. 유비를 데리고 동가식서가숙하며 떠돌기가 몇 해던가. 떼거지가 따로 없다. 이 넓은 천지에 송곳 하나 꽂을 땅도 없이 문간방 월세도 못 내는 한심한 신세다. 3,000명의 군대로 무엇을 어찌해볼 도리가 없는 처지에 남의 나라에 와서는 감 놔라 배 놔라 간섭하고 있으니 이럴 때 슬쩍 술수를 부려 살길을 찾아보자. 급하면 이성을 잃고 마는 인생 역정이다.

2분 삼국지

손권은 따지고 든다.

"선생, 왜 당신 주인 유비는 저렇게 항복을 아니 하고 버티고 있으면서 나보고는 항복하라고 하시오?"

공명은 진지한 표정으로 대꾸한다.

"우리 주인은 한나라 황제의 삼촌 격인 황숙으로 비록 형세는 가련한 처지지만 어찌 조조 같은 반역자에게 항복한단 말입니까? 세상에 못 할 짓이라고 봅니다."

이때, 손권은 얼굴이 벌겋게 달아오르며 노란 수염이 바르르 떨린다. 벌떡 일어나 내궁으로 들어가버린다. 이것이 공명이 노린 격동 작전이었고 절반의 성공을 거둔 순간이었다. 조금 전 손권을 보는 순간 공명은 바로 알아차렸다. 눈은 푸르고 얼굴은 길게 아래로 유려하게 내려앉은 영웅의 기상이 뚜렷하다. 보통 말로는 넘기기 어려운 상대다. 한 방 먹이고 그 후에 달래보자. 바로 그것이 격동 작전이요 남아의 자존심에 상처를 입혀놓은 뒤 달래며 어루만지는 극약처방이다. 공명의 그물에 일단 걸려든 것이다. 두 번째 만남에서는 유려한 공명의 혀로 손권을 아픈 가슴을 위로하며 틀림없이 조조를 깨부술 비법이 있다고 바람을 불어넣게 되고 적벽대전은 시작된다. 그다음으로 이 전쟁에 절대 요소가 동남풍이다. 화공으로 조조의 군함들을 몽땅 불 질러버릴 준비가 되었건만 절대 필요한 동남풍이 겨울철에 불어올 리 기 없다. 계속 서북풍만 매일 부니 언제 공격을 해본단 말인가. 이때 공명은 손권의 병사들에게 높은 제단을 쌓게 하고 온갖 색상의 깃발을 둘러치게 하니 그럴듯한 모양이 이루어지고 공명은 목욕재계 후에 머리를 풀고 맨 위에 올라 기도를 드린다. 과연 그의 기도가 응답받을지 궁금한 일이 아닐 수 없다.

삼국지 끝 편

제단 위에서 며칠을 보내니 서북풍이 잦아들고 훈훈한 기운이 감돌기 시작하니 좋은 징조라. 한밤중에 졸고 있는 군사들을 피해 나와서 말 위에 올라 빠져나가 곧 삼십육계 내빼니 혹 자기의 속내를 눈치챈 군신들의 추격을 겁냄이라. 강변에 다다르니 약속대로 한 편의 배에서 조자룡이 나와 반긴다. 마침 세차게 불어오는 동남풍에 돛을 올리고 쏜살같이 내뺀다. 이 동남풍이 기도의 덕인지 우연히 만난 행운인지 자기도 확실치 않지만, 여하튼 두 나라가 지금 전쟁을 시작한 것은 명확하다. 공명이 무사히 본진으로 돌아온 후 곧 사업에 착수하니 바로 부동산 사기 사업에 뛰어든다. 우선 사문서 위조로 가짜 서류를 만들어 관운장과 장익덕과 조자룡에게 안겨주고 약간의 전투와 거짓말로 속여서 형주성과 그 외 총 9개 성을 차지한다. 이제야 유비는 눈물겨운 방랑을 멈추고 안정을 취하게 되니 그동안의 고초를 어찌 형용할 수 있으리오. 두 나라를 싸움 붙여놓고 그 틈을 타서 부정으로 남의 땅을 갈취하니 지금의 한국 땅에서 부동산 비리와 사기가 횡행하는 것과 다르지 않다. 유비가 덕이 있고 의리 있는 지도자로 알려졌지만, 누구나 급하게 되면 이성이 마비되기는 마찬가지인 것은 어쩔 수가 없는 것 같다. 비교적 나은 사람은 있을 것 같은데 그들이 아마 평화를 사랑하는 자들이 놓인 곳이 아닐까 싶다.

안하무인

조자룡은 달린다. 천리마 타고 은빛 가루 날리며 화살같이 달린다. 마치 갈색 헬리콥터 위에 은으로 만든 바람개비가 돌아가는 형상이다. 타타 타타 소리 대신 퍽퍽퍽퍽 소리가 나고 있다. 퍽 소리 한마디마다 잘린 머리가 공중으로 튀어 오른다. 갈색 몸통 위에 은빛이 번쩍이는 것은 자룡이 휘두르는 창칼이 워낙 빨리 돌아가서 주인은 가운데 있건만 보이지를 않는 것이다. 덤비는 적군마다 목이 잘려 나가는 무서운 광경이다. 시인은 이같이 기록하고 있다. "하늘에서 서설이 내리고 흰 꽃잎이 하늘하늘 나부낀다." 조조의 이름 높은 장수들도 멍하니 바라볼 뿐 썩 나서지 못하고 몸을 사린다.

애초에 그러는 게 아니었다. 황충이라는 70 노인이 요사이 너무 기고만장하더니 일을 내고 만 모양이다. 조조가 30만 대군을 이끌고 쳐들어오고 있다. 전면전을 해야 막을 둥 말 둥 한데 황충이라는 노인 장군이 어디서 갑자기 나타나더니 내가 가서 조조 군사의 사기를 꺾어놓겠다나 뭐라나 큰소리치며 나선 것이다. 일찍이 관운장과 맞상대로 싸워 무승부를 했을 때부터 목이 굳어지더니 조조의 다섯 명장 중에서도 뛰어나다는 하후연의 목을 뎅강 베어버린 뒤로는 제 세상 만난 듯 안하무인이다.

제갈공명은 그를 말리며 주의를 준다.

"황 장군의 용맹은 천하를 호령한 바 있지만, 조조는 상장군만 200명이 넘는 무서운 군대입니다. 무슨 수로 장군 혼자 그들을 대적한단 말입니까?"

"아닙니다. 저에게 3천의 군사만 주시면 됩니다. 그래서 성공을 못 하면 나의 이 흰 머리를 대신 바치겠습니다. 제가 군령장을 써놓고 가리다."

현덕도 옆에서 말렸지만 막무가내다. 할 수 없이 공명이 허락한다. 그러면서 옆에서 잔잔히 미소를 짓고 서 있는 조자룡을 쳐다보며 그를 도우라고 하명한다.

"조 장군은 따로 3천 명의 군사를 가지고 같이 가서 황 장군을 도우시오."

_____

공명이 나를 딸려 보낼 때는 저 노인이 아무래도 위험하니 나보고 눈치껏 알아서 적군의 밥이 되지 않게 하라고 해서인데 큰일이구나. 오늘 아침, 저 아래 구름처럼 모여 있는 적군들을 멀리 바라보면서 두 사람은 투닥투닥 언쟁 중이다.

"조 장군, 당신은 부장이고 내가 주장이니 내 말대로 하시오. 이곳에서 내가 이기고 돌아올 때까지 기다리다 같이 돌아갑시다."

"아니, 황 장군, 다 같이 나라 위해 일하는데 주장 부장이 무엇이오? 그러지 마시고 같이 갑시다."

"왜 내가 혼자 공을 세워 보겠다는데 방해한단 말이오? 이번 일에는 절대로 양보 못 합니다."

이렇게 떵떵거리면서 황충이 자기 군사 3천을 데리고 싸우러 떠난 지가 반나절이 지났다. 정오까지 돌아오지 않을 경우에는 조자룡이 도우러 갈 테니 그리 아시오 하고 약조했는데 지금 해가 중천이다.

'아, 이 노인이 사고가 났구나. 이젠 구하러 떠날 시간이다. 이 사람이 죽으면 내가 무슨 명목으로 공명의 얼굴을 보리오. 무조건 달려가 살려내야 한다.'

장판파의 상산 조자룡이다. 주인의 외아들, 아두를 갑옷 속에 품고 20만 적군 속을 홀로 휘저으며 싸워 이겨낸 천하무적의 영웅이다. 누가 당하랴.

달려라, 천리마야. 오늘은 너와 내가 죽는 날이다. 무조건 적군 속으로 뛰어든다. 휘두르는 창칼에 떨어져 나가는 사람 머리들이 공중에서 피를 뿜으며 꿈틀댄다. 번쩍이는 은빛 가루 안에 칼 주인은 아니 보이고 백설이 만건곤하다. 서설이 내리고 흰 꽃잎이 춤을 춘다. 달리는 조자룡의 앞길이 하얗게 벌어지니 바로 모세 앞에 갈라져 생긴 물길처럼 물 대신 인간들이 만드는 벼락 대로가 생겼다. 결국 밀리고 밀리며 외로운 싸움을 하고 있는 황충을 발견하고 번개처럼 달려 그를 구해냈다. 새까맣게 포위하고 있는 적군 속을 빠져나오고 있건만 개미한 마리 얼씬 못 한다. 한숨 돌리니 이제야 서로 얼굴을 대한 노인의 얼굴이 눈물에 흠뻑 젖어 있다.

"장군, 무슨 말을 하리오. 고맙고 또 고맙소."

그러나 자룡은 겸손하다.

"다 같이 나라 위해 충성하는 일인데 괘념치 마시기 바랍니다."

"……."

사마의

제갈공명은 적벽대전의 영웅 주유를 죽였다. 그것도 전쟁으로 인한 총칼로 없앤 것이 아니고, 가짜 집문서와 지저분한 사기^{fraud}로 오나라 소유의 9개 성을 슬쩍해버렸다. 그런 꾀에 넘어갈 주유가 아니건만 조조와 죽기 살기로 싸우던 중에 그 짓을 당했으니 공명도 현덕도 너무한 것 맞다. 속아서 빼앗긴 땅을 찾으려다 또 속고 또 속아서 전에 화살 맞은 상황이니 이번에는 조조의 상장군 사마의라는 영웅이다. 물론 공명이 사마의보다 한 수 위이었지만 사마의가 승리한 한 가지 이유가 있다. 그것은 사마의가 공명이 자신보다 훨씬 낫다는 사실을 알고 비굴할 정도로 몸을 사리고 주의에 또 주의했다는 사실이다. 겸손이 승리한 것 맞지만 그것도 하늘의 뜻과 운행 원리에는 당할 수 없는 모양이다. 조조 3대에 이르러 다 없애버리고 나서 왕이 되더니 자기의 3대 후손도 그대로 당해서 똑같이 망하고 말았다. 오장원에서 숨을 거두며 외쳤던 공명의 한탄은 모든 인간의 운명이 자신들의 계획대로 이룰 수가 없다는 사실을 일깨워준다.

> "내가 집을 떠날 때 '너는 아무리 용을 써도 현덕의 제사상 위에 올려 놓일 제물로 바쳐 지리라'고 일러주셨건만 제 욕심 부리다가 이렇게 죽습니다. 그려."

에필로그

교회 창립 초인 1975년 1월 첫 주일에 제1차 당회가 모였다. 한 5분이나 지났을까, 헝가리개혁교회 목사가 갑자기 나타나 시간이 10분이나 지나서 다음 우리의 주일예배를 준비해야 하니 방을 비우란다. 두어 시간이 남아 있는데도 애초부터 규율을 잡겠다는 엄포다.

그다음부터는 내 집에서 당회를 시작하니 보통 새벽 1시경에 파한다. 집사람의 접대가 계속되면서 세 아이가 내게 항의한다. 교회 봉사와 부엌일도 많은 자기 엄마가 그렇게 자주 다른 봉사까지 집에서 하면 언제 쉬겠느냐는 논리다. 대답할 말을 못 찾고 있는 나를 대신해 본인이 나서 변명조로 달랜다.

"너희들 건강하게 잘 크면 그 이상의 기쁨이 없다. 솔직히 나가서 돈 벌랴 집 일에 교회 일까지 힘들지만, 이민 1세의 희생은 불가피한 필요조건이다. 다행히도 돈이 곧 축복이라는 낙천적인 근본주의 물결을 거스르며 진리의 길을 찾으려는 곳에 우리 식구들이 열심히 나가서 말씀을 배우니 그 수강료만도 엄청난 액수라고 생각한다. 몸은 힘들지만, 소망 속에 기쁨이 넘친다. 엄마 걱정 말고 각자 자신에 충실하면서 감사하며 살자꾸나."

말은 알아들은 것 같지 않았다. 다들 아직 십대였으니. 그러나 말이 없이 일만 하던 엄마의 확고한 태도와 즉석 연설에 굴복하지 않고 어쩌리오? 나는 즉시 기회를 놓치지 않고 친구 건설사에 연락하여 여유 있던 뜰에 당회용 거실을 증축하기 시작했다.

완공 후 불타는 화덕을 보며 당회원들이 넓게 자리 잡고 자유토론으로 교회 일과 인생을 논하니 그럴듯한 광경이었지만 부엌의 중년 여인의 손과 발은 새벽이 지나도록 분주하기는 변함이 없었다.

세월이 가고 나니 다 지난 일이요 둘이다 '파파 노인'이 됐다. 첫째 가아들인데, 뉴욕에서 '다이고'라는 이름의 식당 체인을 운영하면서 뉴욕타임스지 주말 특별 칼럼에 소개되었고, 지금은 부동산에도 관여한지 여러 해가 넘었다. 둘째는 딸이다. 중학교 심리상담을 하고 있는데 우리집에서 한 시간 되는 곳에서 지낸다. 학위는 석사다. 막둥이는 집안의 유일한 박사다. 얼마 전까지 워싱턴DC 미 중앙정보국에서 일하다가 엄마 보고 싶다고 다시 LA로 돌아왔다. 별로 내세울 일이 아니라 숨기고 싶은 마음이지만 김 박사의 충고도 있고 해서 그나마 용기를 내어 두서없이 적어본다.

남가주 바닷가 오두막집에서,

청송 드림